本书是国家社会科学基金项目"海外矿业投资经营管理风险评估与预警系统研究"（12CGL008）主要研究成果和江西理工大学清江青年英才支持计划项目"'一带一路'沿线国家矿产资源开发利用风险评价技术研究"阶段性成果

江西理工大学清江学术文库

海外矿业投资经营管理
风险评估与预警系统

A Risk Evaluation and Early Warning System for Overseas
Mining Projects' Operation and Management

郑明贵 著

中国社会科学出版社

图书在版编目（CIP）数据

海外矿业投资经营管理风险评估与预警系统/郑明贵
著 . —北京：中国社会科学出版社，2018.5
ISBN 978 - 7 - 5203 - 2608 - 7

Ⅰ.①海…　Ⅱ.①郑…　Ⅲ.①海外投资—矿业投
资—经营管理—风险管理　Ⅳ.①F407.1

中国版本图书馆 CIP 数据核字（2018）第 117879 号

出 版 人	赵剑英	
责任编辑	卢小生	
责任校对	周晓东	
责任印制	王　超	
出　　版	中国社会科学出版社	
社　　址	北京鼓楼西大街甲 158 号	
邮　　编	100720	
网　　址	http：//www.csspw.cn	
发 行 部	010 - 84083685	
门 市 部	010 - 84029450	
经　　销	新华书店及其他书店	
印　　刷	北京明恒达印务有限公司	
装　　订	廊坊市广阳区广增装订厂	
版　　次	2018 年 5 月第 1 版	
印　　次	2018 年 5 月第 1 次印刷	
开　　本	710×1000　1/16	
印　　张	18.25	
插　　页	2	
字　　数	279 千字	
定　　价	78.00 元	

内容简介

随着我国国民经济的持续快速发展，对各种矿产资源的需求也大幅度增加，国内主要矿产资源已经不能满足需要，对外依存度不断上升，而海外矿业投资则是获取矿产资源的重要途径之一。由于经营与管理活动始终贯穿在海外矿业投资过程中，对其风险进行评估与预警研究，有利于矿山企业降低海外投资风险。本书旨在研究一套海外矿业投资经营管理风险评估模型与预警系统，为我国海外矿业投资经营管理风险防范提供必要的决策支持方法和模型，有利于完成海外矿产资源的开发工作。

本书以大量海外矿业投资典型案例为具体研究对象，从并购过程、并购成败原因等方面进行了系统分析，给出了主要风险提示，为海外矿业投资经营管理主要风险因素的辨识提供了实践依据。在分析海外矿业投资经营管理风险构成要素的基础上，研究了其风险生成机制，揭示了其内在演化规律；建立了基于云物元的海外矿业投资经营管理风险评估模型并进行了应用；建立了基于 BP 神经网络的海外矿业投资经营管理风险预警系统并进行了应用；根据海外矿业投资经营管理风险的生成机制，以规避和降低风险为目标，结合海外矿业投资生命周期不同阶段风险防范的侧重点不同以及相关具体案例，给出主要风险防范策略。

前　言

　　未来 15—20 年，伴随着印度、东南亚、南美等众多发展中国家，包括中国在内近 30 亿人口的全球新一轮工业化高潮的到来，对矿产资源的需求将会又一次高涨。新一轮工业化国家涉及的人口是上一轮工业化国家人口总和的 4 倍，对资源消耗的速度和数量将比 20 世纪六七十年代更为猛烈，因此，必须从战略上高度重视。当前，必须紧紧抓住未来十几年这个稍纵即逝、难得的利用世界矿产资源的战略机遇期，尽最大努力开发和利用矿产资源，尤其是海外矿产资源，为我国现代化建设奠定雄厚的资源基础。

　　现代社会风险问题越来越引起人们的注意和重视。风险研究首先要面对的是风险的概念问题，解读风险构成了风险管理的框架基础；其次是风险因素的识别及其生成机制问题，其构成了风险管理的理论基础；再次是风险的评估与测量问题，其构成了风险管理的技术基础；最后是风险的预警问题，实际上是风险的预测问题。针对我国海外矿业投资项目，研究其经营管理过程中的风险生成机制与演化规律，探索其风险评估与预警的理论和方法将成为今后我国海外矿业投资经营管理中的重点研究领域之一。

　　本书在内容方面的特色主要体现在三个方面：第一，具有较强的针对性。以大量海外矿业投资典型案例为具体研究对象，从并购过程、并购成败原因等方面进行了系统分析，并给出了主要风险提示，为辨识海外矿业投资经营管理的主要风险因素提供了实践依据。第二，具有较强的系统性。在分析海外矿业投资经营管理风险的构成要素基础上，研究了其风险的生成机制，揭示了其内在演化规律；建立了基于云物元的海外矿业投资经营管理风险评估模型并进行了应用；

建立了基于 BP 神经网络的海外矿业投资经营管理风险预警系统并进行了应用；根据海外矿业投资经营管理风险的生成机制，以规避和降低风险为目标，结合海外矿业投资生命周期不同阶段风险防范的侧重点不同以及相关具体案例，给出主要风险防范策略。第三，具有较强的科学性。在风险因素识别、指标权重确定等环节均采用专家调查法进行意见征询，较好地利用了专家的知识与经验。

本书的学术价值主要体现在三个方面：第一，为风险因素识别及其生成机制的研究提供了一般范式。从案例研究角度，梳理和预测已经显现的海外矿业投资经营管理风险，明确了海外矿业投资经营管理风险的含义、构成要素及特征；基于海外矿业投资经营管理风险主体间关系、主体活动、资源相互依赖这三个维度要素，以及在此基础上形成的一般性要素结构和各种特殊类别的要素结构特征与演变，研究了海外投资经营管理风险的生成机制，揭示了其内在演化规律。第二，丰富了风险评估模型的构建理论与评估方法。给出了风险因素度量及指标分级的主要方法，建立了海外矿业投资经营管理风险评估指标体系，将云物元理论引入风险评估中，建立了基于云物元的海外矿业投资经营管理风险评估模型。第三，丰富了风险预警系统的构建理论与预警方法。给出了风险预警指标选取及指标分级的主要方法；将变权原理引进来评估预警系统训练样本历年风险所处等级，建立了基于 BP 神经网络的海外矿业投资经营管理风险预警系统。

本书的特色之一在于不断结合具体案例进行研究，直接触摸海外矿业投资实际。其应用价值主要体现在两个方面：其一，可为我国企业海外矿业投资经营管理全过程的风险评估与预警提供支持。为其提供案例借鉴、风险评估理论与方法、风险预警理论与方法、风险防范策略等，进而帮助矿业企业降低投资风险。其二，可为我国政府及相关部门制定海外矿产资源开发政策提供依据。通过对不同区位、不同项目的风险评估与预警，可以为海外矿产资源开发战略区位及项目的选择提供指导，为政府部门及金融机构等制定相关投资政策提供依据。

在似乎全世界都已经深切地感受到中国这头巨龙朝向海外的强劲呼吸，中国海外矿业投资经营管理风险评估与预警系统的研究则具有了更加广泛和更加丰富的内涵。科学地梳理和预测已经显现的海外矿业投资经营管理风险，建立针对中国作为发展中大国的海外矿业投资经营管理风险评估与预警系统，有利于增强中国企业海外投资经营管理的能力，促进中国海外矿业投资发展。

江西理工大学是我国有色金属工业和钢铁工业重要的人才培养和科研基地，被誉为"有色冶金人才摇篮"。江西理工大学矿业贸易与投资研究中心成立于 2011 年 6 月，旨在建立矿业贸易、矿业投资、矿产资源国家安全科学研究基地、人才培养基地和对外交流基地，使中心研究成果能够对我国合理开发与利用国内外矿产资源提供参考依据，为我国社会主义现代化建设贡献自己的力量。

本书由江西理工大学郑明贵教授负责整体设计、组织协调和统稿。袁纬芳和陈家愿两位研究生做了大量的资料收集与具体研究工作。本书在评审、出版过程中，得到了江西省社会科学规划办公室、江西理工大学科学技术处、江西理工大学外语外贸学院各位领导和老师的大力支持与热情帮助，在此一并表示感谢！

由于笔者水平有限，书中不足之处在所难免，敬请广大读者予以批评指正。

"霜殒芦花泪湿衣，白头无复倚柴扉。"

今年是我母亲辞世二十五周年了，谨以此书献给我的母亲！

她是中国农村千千万万个母亲中最普通的一员，她勤劳、善良，热爱生活，对孩子们的疼爱，真是无微不至。

母亲留给我的，是自强不息的精神，是宽厚仁慈的心，是绵绵不绝的无限思念。

在儿子的心目中，母亲种出的庄稼是最好的，缝制的衣服是最漂亮的，做出的饭菜也是最好吃的！

郑明贵

2018 年 2 月 1 日

目　录

第一章　绪论

第一节　研究背景

一　我国进行海外矿业投资的必要性

经济全球化使世界经济经历了一场全面的、深刻的变革，各种资源在全球范围内进行着更为有效的配置和流动，越来越多的国家和企业参与到全球经济一体化之中。在贸易全球化、技术全球化、金融全球化以及生产国际化的背景下，作为全球最大的发展中国家，我国经济发展正面临着国内市场消费巨大、资源相对缺少、技术创新落后等问题。而矿业是国民经济的支柱产业，矿产资源是人类社会生产最原始的劳动对象，是生产资料和生活资料的重要来源，是人们赖以生存和发展的基础。世界上95%以上的能源、80%以上的工业原料、70%以上的农业生产资料以及30%以上的工农业用水均来自矿产资源。由于矿业在我国国民经济发展中的特殊地位和功能，决定了它们必然要融入经济全球化的浪潮中，去实现全球资源的有效配置和整合，在不断改善和提高企业自身国际竞争力的同时为中国经济的增长做出贡献。

从世界范围来看，由于矿产资源的地质属性，其在世界各国、各地区的分布是极不均衡的，矿产资源的开发利用也是很有限的，而且其品质和开发的技术经济条件差别也很大，尤其是在经济欠发达国家。世界矿产资源丰富，大部分支柱性已探明储量的矿产储采比超过40年，铁矿、铝土矿超过100年。20世纪60年代末以来，发达资本主义国家陆续完成工业化进程，对主要矿产品的消耗量也趋于下降或稳定。与此同时，由于发展中国家尚未大规模进入工业化快速发展的矿产资源高度耗费阶段，全球矿产资源供应整体上仍处于供大于求的格局中，这为我国经济合理地利用国内、周边国家乃至全球的矿产资源提供了千载难逢的好机会。

从中国范围来看，截至 2004 年，我国已发现矿产 173 种，探明有储量的矿产 162 种，其中金属矿产 54 种。[①] 我国正处于大量耗费矿产资源的工业化后期发展阶段，但大宗支柱性矿产无论是总量还是人均储量均与我国占世界 18.8% 人口的比例极不相称。石油、天然气、铜、铁、铝、镍、金等占世界总储量的比例均小于 5%，且资源保障年限远低于世界水平。主要金属矿产已探明人均储量不足世界人均值的 1/4，铜和铝的人均储量只有世界平均水平的 1/6 和 1/9，即使是较为丰富的煤炭资源，人均储量也只有世界平均值的 90%。进入 21 世纪以来，随着我国国民经济的持续快速发展，对各种矿产资源的需求也大幅度增加，国内主要矿产资源已经不能满足需要，对外依存度不断上升。铁矿、铜矿、铝土矿、镍矿、金矿等都需要大量进口，钴、铬等金属矿产资源也严重短缺，而这种趋势在较长时期内将不会发生明显变化。[②] 充分利用全球矿产资源是我国经济、社会持续发展的必然选择。

在未来 15—20 年，伴随着印度、东南亚、南美等众多发展中国家，包括中国在内近 30 亿人口的全球新一轮工业化高潮的到来，对矿产资源的需求将会又一次高涨。新一轮工业化国家涉及的人口是上一轮工业化国家人口总和的 4 倍，对资源消耗的速度和数量将比 20 世纪六七十年代更为猛烈，因此，必须从战略上高度重视。由于历史原因，我国错过了 20 世纪七八十年代全球资源供应的宽松时期。当前，必须紧紧抓住未来十几年这个稍纵即逝、难得的利用世界矿产资

---

① 雷涯邻：《我国矿产资源安全现状与对策》，《中国矿业报》2006 年 10 月 26 日第 C03 版。

② 李志民：《中国海外矿业投资决策过程基本框架和方法》，《钢铁研究学报》2008 年第 6 期。

源的战略机遇期，尽最大努力开发和利用矿产资源，尤其是海外矿产资源，为我国现代化建设奠定雄厚的资源基础。

二 我国海外矿业投资的发展历程

（一）起步阶段（1978—2000 年）

自十一届三中全会召开以来，我国开始实行改革开放政策，这是新中国成立后在经过 30 年的社会主义建设历程，第一次把吸引外国直接投资和发展本国对外直接投资作为政策确立，它为外国公司进入中国和中国企业的海外投资发展开辟了道路，在 20 多年的发展历程中，我国取得了举世瞩目的成就，虽然我国已成为世界上的外商投资大国，但是我国的海外投资相对于引进外资来说起步较晚①，其中海外矿业投资也不例外。

我国海外矿业投资起步于 20 世纪 80 年代末 90 年代初。最早在海外进行矿业投资的主要是一些国有大型企业，如中钢集团、中信公司、首钢集团以及中化集团，这几个企业都是在 1988 年走出国门，迈开了海外投资的第一步，其中，中信公司被誉为"中国第一家跨国企业"，而中钢集团现已成为我国主要铁矿石进口商之一。

（二）快速发展阶段（2000—2009 年）

到 21 世纪初，在这些大型矿业集团的积极带动下，我国迎来了海外矿业投资初潮，投资的资源类型也变得越来越丰富。在 2008 年国际金融危机的经济背景下，我国矿业企业海外矿业并购较为活跃。从 2008 年 1 月到 2009 年上半年，我国矿业企业海外并购案 80 多例，涉及金额近 300 亿美元（不包括石油、天然气等油气类并购案）。总体来看，并购目标矿种以金属矿居多，非金属矿次之，煤炭行业相对较少。② 其并购特点主要有以下四个方面：

1. 并购主体为大型矿业公司

我国矿业企业海外并购的主体 70% 以上是大型矿业公司，其中主

① 朱春湖：《中国石油企业对外直接投资的区位选择研究》，硕士学位论文，湖南大学，2006 年。
② 姜雅：《我国矿业企业境外并购现状及思考》，《国土资源情报》2009 年第 10 期。

要以中国铝业、中国五矿、湖南华菱、武钢、鞍钢、中钢集团、中国神华集团、云南锡业集团、中金岭南、金川集团等大型国有控股企业为主。

涉案总金额约为 300 亿美元，其中大型矿业集团公司的并购案值占 80%，非国有控股企业的涉案金额占 20% 左右。这些企业的境外并购资金来源十分多样化，既有国有资金，也有通过 A 股募集的资金，还有从银行和基金融资等多种方式。

2. 并购矿种以铁矿居多

主要是铁、铜、铅锌、铀、黄金等金属矿，按并购的活跃程度分，大致可降序排列为：铁矿石→黄金等贵金属→铜和铅锌矿→铀矿→稀有金属→非金属。其中，以收购铁矿山居多，占总并购案的 20% 左右；其次是黄金等贵金属矿，占 13% 左右；再次是铜矿和铅锌矿，各占 9% 左右；铀矿也是较为热门的矿种，共有 4 例并购案，占总并购案的 5% 左右。另外，还有一些稀有金属，如钛、镍、锰、钨、钴等，各占 4% 左右。最少的是非金属矿产，主要是光卤石等，占比不足 3%。

3. 并购方式以参股为主

并购方式可以分为参股、控股和投资开设公司自主经营三大类。以参股的方式并购项目，并购的股权不超过 50%，这种方式投资风险较小，但企业的经营控制话语权不足。控股方式的并购项目，收购的股权从 50.1%—100% 完全收购，完全自主经营，风险较大。在不完全统计的 80 多例并购案中，85% 的矿业企业获取矿产资源的方式为部分参股。控股乃至完全收购的情况只有 9 例，占涉案总数的比重不足 12%。还有少数企业选择合资在当地开设矿业子公司，购买矿业权进行矿产资源勘查开发活动，这类企业约占 2%。

4. 并购资金主要流向澳大利亚、加拿大等资源大国

在不完全统计的 80 多例并购案中，并购资金主要流向澳大利亚、加拿大等资源大国，其中澳大利亚有 29 例，加拿大有 13 例，加起来占涉案总数的一半左右。这两个国家掌握的全球矿产资源较多，其矿业公司手中不仅控股有本国领土内的矿山，还有很多在中南美洲、非洲国家的矿山。

其次是南非，共有 9 例，然后是南美洲的巴西、秘鲁。由于这些

国家许多矿山的控股权都在英国力拓、澳大利亚等发达国家的矿业公司手里，因此要想获得这些国家的矿业开采权仍然需要从澳大利亚等国家的矿业公司手中购买。最后是老挝、印度尼西亚、菲律宾、蒙古国、缅甸等亚洲周边国家。其他还有一些，如欧洲主要是挪威和德国的矿业公司，中东有阿富汗艾克娜地区的铜矿。铀矿主要投资国是独联体的哈萨克斯坦及澳大利亚和南非。

（三）调整发展阶段（2010 年至今）

该阶段为调整发展阶段，对外矿业投资单个项目规模在 3000 万—3 亿美元，截至 2010 年，已对外投资达 2588 亿美元，投资足迹遍布129 个国家和地区。

1. 从所投资的矿种来看

涉及的海外投资矿种不仅包括铁矿石、锰矿、铬矿等黑色金属，还有金矿、铜矿、铅锌矿、铝土矿、镍矿、钨矿等有色金属，以及煤炭、石油、天然气等能源矿产，至于每种矿产投资发展状况，由于行业自身的一些特性，加之受国内、国际宏观环境影响程度不一，从而存在差异。有些矿产资源的海外投资整体发展较快，如黑色金属矿产和石油能源矿产，而有些矿产资源的海外扩张步伐则相对较缓，如铜矿。

2. 从交易额和交易数量来看

2010 年，中国对外矿业投资总额占全球矿业交易总额的 10.5%，共 161 宗交易，69.2% 的交易由央企主导，但有 60% 的交易以失败告终。[①] 根据中国矿业联合会的数据，2011 年，中国企业的海外矿业投资项目为 284 项，中方协议投资额 226 亿美元，涉及的投资主体有215 个，仅次于 2008 年，居历史第二高位。而截至 2012 年 6 月，中国企业海外矿业投资项目仅为 53 个，投资额 36 亿美元，两项指标同比均大幅度下滑。2013 年前三季度，中国企业海外矿业投资在金额和数量上均小幅下滑：中矿联共受理中国企业境外矿业投资项目103例，同比减少 8%；项目协议投资总额 31.36 亿美元，同比下降

① 安邦咨询：《2010 年中国海外矿业投资仅四成成功》，中国经营网，2011 年 6 月 14日，http://www.cb.com.cn/economy/2011_0614/224333.html，2012 年 7 月 8 日。

10.9%。根据香港特区国际矿业协会和海外矿投网统计，2016 年，中资对固体矿产宣布和完成投资 74 宗，宣布和完成投资金额达 280.79 亿美元。其中，完成投资项目 43 宗，完成投资金额达 89.32 亿美元。

　　3. 从海外矿业上市公司市值来看

　　2011—2014 年，中资海外控股参股矿业上市公司 97% 的公司市值大幅缩水。2011 年 1 月初，106 家公司总市值为 2219 亿美元，户均约 21 亿美元。市值大于或等于 1 亿美元的有 45 家，市值在 0.5 亿—1 亿美元的有 16 家，市值小于或等于 0.5 亿美元的有 45 家。2014 年 11 月，中资海外控股参股矿业 106 家上市公司的总市值降至 1357 亿美元，户均 12.8 亿美元，缩水 39%。市值大于或等于 1 亿美元的有 21 家，市值在 0.5 亿—1 亿美元的有 7 家，市值小于或等于 0.5 亿美元的有 77 家。92 家公司股票跌幅 50%—99%，11 家公司股票跌幅在 50% 以下，仅有 3 家公司股票上涨。

　　种种迹象表明，过去十几年，中国矿企大张旗鼓"走出去"的步伐正在明显放缓。这与全球经济放缓、中国经济结构调整以及市场对矿产品消费快速增长的预期减弱不无关系。除此之外，放缓的真正原因是投资成功率太低、亏损严重，其主要障碍因素包括投资环境恶化、文化冲突、缺乏收购和经营管理技巧、政策驱动性过强、盲目要求控股以及过度追求规模和速度，而忽略了风险控制等。因此，我国的海外矿业投资虽然取得了较大进展，但与发达国家和新兴工业化国家的海外矿业投资相比，还存在一定差距，国际竞争力也相对较低。

第二节　研究内容、方法与技术路线

一　研究内容

本书的研究内容主要包括：

（一）海外矿业投资经营管理风险的构成要素及生成机制

为辨识海外矿业投资经营管理的主要风险因素，从并购过程、并购成败原因等方面系统分析若干个我国海外矿业投资典型案例，并给出主要风险提示。对相关概念进行界定；系统分析海外矿业投资经营管理风险的概念、构成要素及其特征；研究海外矿业投资经营管理风险的生成机制，揭示其内在演化规律。

　　（二）海外矿业投资经营管理风险评估模型

　　通过对大量海外矿业投资案例的研究，全面总结和归纳我国海外矿业投资经营管理过程中所面临的主要风险，然后通过专家调查法，识别存在的主要风险，给出风险因素度量的主要方法，进而设立风险评估指标体系。风险识别是构建海外矿业投资经营管理风险评估指标体系的一项基础性工作，它是指对海外矿业投资经营管理过程中所面临的以及潜在的风险源和风险因素加以判断、归类，并鉴定风险性质的过程，即要找出风险之所在和引起风险的主要因素，并对其后果做出定性或定量的估计。

　　为了进行有效的评估，必须对指标进行规范化处理。由于海外矿业投资经营管理风险评估所涉及的一级风险指标主要是描述经营管理风险的面数据，其决定在于二级的主要影响因素，而二级主要影响因素之间又有较强的相关性，并且各个影响因素的相互关联程度很难把握，因此，需要研究新的方法对数据进行规范化处理。评估指标权重的确定是综合评价中必不可少的一步，可采用的方法有主观赋权法、客观赋权法和主客观综合赋权法。

　　利用云模型在处理随机性和模糊性问题方面的优势，结合物元理论在处理事物间矛盾关系的特点，将包含多个指标的经营管理风险使用多维物元来进行定量描述，将云物元理论引入进来，建立基于云物元的海外矿业投资经营管理风险评估模型。以典型案例为研究对象，对所构建的海外矿业投资经营管理风险云物元评估模型进行应用。

　　（三）海外矿业投资经营管理风险预警模型

　　在海外矿业投资经营、管理风险评估指标体系的基础上，考虑到指标的敏感性以及风险预警的便捷性，对指标进行重新筛选，建立基于 BP 神经网络的海外矿业投资经营管理风险预警系统，该系统包括经营风险预警系统和管理风险预警系统，以提高分析的自动化水平和处理能力，逐步提高风险预测的准确性和及时性。

为了对预警系统进行训练学习，利用变权理论评估预警系统训练样本历年风险所处等级，再对 BP 神经网络智能预测系统加以训练学习。利用训练好的风险预警系统对典型案例未来三年的经营管理风险进行预警。

（四）海外矿业投资经营管理风险防范策略

根据海外矿业投资经营管理风险的生成机制，以规避和降低风险为目标，结合海外矿业投资生命周期不同阶段风险防范的侧重点不同以及相关具体案例，给出主要风险防范策略。

二　研究方法

本书以海外矿业投资经营管理风险评估与预警系统为研究主线，采用定性分析与定量研究相结合，以定量研究为主的研究方法，但在对不同内容进行研究时，将使用不同的研究方法。主要运用企业管理、国际投资、跨国公司、风险管理、系统工程、控制论、决策理论等方法进行综合研究，具体包括物元理论、云模型理论、变权理论、模糊评估技术、神经网络、案例分析、预测技术等，尤其利用云物元模型、神经网络，建立风险评估模型与智能化风险预警系统。

三　技术路线

本书的研究思路及技术路线如图 1 - 1 所示。

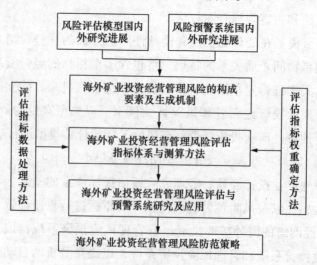

图 1 - 1　研究思路及技术路线

第三节　研究意义

一　理论意义

通过基础理论研究，厘清海外矿业投资经营管理风险评估与预警的基本定义、内涵和外延，提出有中国特色的海外矿业投资经营管理风险评估与预警体系，这将引领国内学界海外矿业投资经营管理风险评估与预警研究的前沿。

通过对大量海外矿业投资案例的研究，提出针对中国作为发展中大国的海外矿业投资经营管理风险评估与预警体系框架，增强中国企业海外投资经营管理能力。

通过跨学科的交叉研究，对学科发展具有重要推动作用。通过海外矿业投资经营管理风险评估与预警仿真的研究，结合矿业工程、企业管理、国际投资、跨国公司、风险管理的理论研究与国际国内形势相结合，全局性的、普遍性的现实问题研究与前瞻性的、战略性的未来趋势研究相结合，从而促进多学科、跨学科、综合的、交叉的、新的海外矿业投资经营管理风险评估与预警学科的发展。

二　实际意义

科学地梳理和预测已经显现的海外矿业投资经营管理风险，提高和加强海外矿业投资风险应对能力，促进中国海外矿业投资发展，是中国政府和企业需要面对的共同的、紧迫的现实问题，直接考验着政府的执政能力和中国矿业企业的可持续发展。

海外矿业投资经营风险是指我国企业在海外矿产资源开发过程中由于企业外部和内部环境因素给企业投资目标达成所造成的影响。主要包括两类：一类是外部风险因素，主要有政治法律风险、宏观经济风险、社会风险、矿业市场风险和自然资源风险五个方面；另一类是企业内部环境生产技术风险。海外矿业投资管理风险主要是指由于管理不善而影响管理水平甚至导致投资失败的可能性。海外矿业投资的管理风险主要是指财务风险、跨文化风险、人力资源风险、无形资产风险和决策风险等。

与国内矿业投资经营管理风险相比，除具有生产、销售风险外，还具有一定的特殊性，即投资方不仅要研究自身经营管理成本，还要考虑东道国文化、价值观、风俗习惯等差异。由于经营与管理活动始终贯穿在海外矿业投资过程中，对其风险进行评估与预警研究，有利于矿山企业降低海外投资风险。

第四节　文献综述

一　海外投资区位选择研究进展

（一）国外研究进展

1. 区位理论起源

区位选择理论是从企业对外投资理论发展中衍生出来的，最早的区位论起源于 19 世纪二三十年代，由德国经济学家阿尔弗雷德·韦伯（Alfred Weber）[①] 等提出，最初它主要是针对工业、商业等经济活动区位的选择而做的研究，因此，也被称作"西方工业区位理论"。之后众多学者对该理论进行了发展和延续：奥古斯特·勒施（August Losch）[②] 把市场与工业区位理论结合起来，认为企业选址的原则和目标是实现市场利润的最大化，企业在选择经营区位时应尽可能地接近市场；还有梅尔文·格林哈特（Melvin L. Greenhut，1956）[③]、沃尔特·艾萨德（Walter Isard，1956）[④] 等学者对其的扩充而日趋完善，为现代区域经济理论的发展奠定了基础。

2. 现代区位理论发展

国外区位理论从 19 世纪发展至今，已经经历了 100 多年的发展，

---

① ［德］Alfred Weber：《工业区位论》，李刚剑等译，商务印书馆 1997 年版。
② ［德］August Losch：《经济空间秩序》，王守礼译，商务印书馆 2010 年版。
③ Melvin L. Greenhut, *Plant Location in Theory and in Practice*: *The Economics of Space*, Chapel Hill: University of North Carolina Press, 1956.
④ Walter Isard, *Location and Space Economy*, Cambridge: The MIT Press, 1956.

对于现代企业投资区位选择研究，大多数都是与经济领域的其他课题相互交错在一起发展起来的，其中具有一定影响力并被广泛采用的理论观点主要有：

（1）心理距离角度。成立于20世纪30年代的北欧学派（代表人物有J. Johansson、J. E. Vahlne 和 Carlson Forsgerno）在其企业跨国投资区位选择的研究中，提出了用"心理距离"理论来分析和解释企业选择海外投资区域的先后顺序。[①]"心理距离"是指阻碍或扰乱企业与市场之间信息流动的因素，包括语言、文化、政治体制、国家有关政策、教育水平、产业发展水平、经济状况等。该理论认为，企业在从事海外投资活动中，面临着在不同的外国市场中进行选择的问题，而大部分企业选择海外市场的顺序通常是遵循"心理距离"原则，即企业一般先选择在与自己国家心理距离小的外国市场进行发展（通常是与本国邻近的周边国家），然后再到地理位置较远的其他国家发展。

阿里斯蒂德斯·比泽尼斯（Aristidis Bitzenis，2006）[②]、道格拉斯·道（Douglas Dow，2000）[③]、约翰·蔡尔德（John Child）、Sek Hong Ng 和 Christine Wong（2002）[④] 以及保罗·布鲁尔（Paul Brewer，2007）[⑤] 等以这一理论为基础对企业跨国投资区位选择行为展开了分析和探究，均验证了基于心理距离角度的海外投资区位选择理论的正确性，研究结果均表明心理距离与外商投资目标市场的选择显著相关。

（2）产业组织理论角度。1966年，哈佛大学教授弗农（Vernon）

---

① J. Johanson and J. E. Vahlne, "The Mechanism of Internationalization", *International Marketing Review*, Vol. 7, No. 4, 1990.

② Aristidis Bitzenis, "Determinants of Greek FDI Outflows in the Balkan Region", *Eastern European Economics*, Vol. 44, No. 3, 2006.

③ Doulas Dow, "A Note on Psychological Distance and Export Market Selection", *Journal of International Marketing*, Vol. 8, No. 1, 2000.

④ John Child, Sek Hong Ng and Christine Wong, "Psychic Distance and Internationalization: Evidence from Hong Kong Firms", *International Studies of Management and Organization*, Vol. 32, No. 1, 2002.

⑤ Paul Brewer, "Psychic Distance and Australia Export Market Selection", *Australia Journal of Management*, Vol. 32, No. 1, 2007.

和赫希（Hirsch）创立了产品生命周期论，利用产品生命周期的变更，从企业垄断优势和特定区位优势相结合的角度，较好地解释了国际生产区位转移的原因。该理论的主要贡献在于第一次从比较优势动态转移角度来考察企业的海外投资行为，同时把东道国的区位优势与企业的所有权优势结合起来，指出了企业的跨国投资首先取决于投资国的某些特定优势，其次取决于目标国的区位优势。该理论的核心内容是：创新国的企业在产品成熟阶段必须到国外寻找低成本的生产区位和新的市场，与东道国的原材料优势和劳动成本优势相结合，以扩充自己的优势，有效地抑制潜在竞争对手和排斥当地的仿制品。

基于产业组织理论角度对企业海外投资中区位选择问题做过研究的学者有：Hongshik Lee（2010）[1]、Pavlos Dimitratos（2009）[2]、Subhadip Ghosh（2008）[3]、A. B. Sim 和 J. Rajendran PanDian（2003）[4] 等，他们都是针对发达国家（地区）向发展中国家（地区）投资的行为进行研究，结果都表明，发达国家（地区）在拥有特定优势（技术优势）的条件下，选择的投资区域通常都是一些拥有比较优势的欠发达地区。

（3）国际贸易角度。1978 年，日本一桥大学的小岛清教授提出了边际产业扩张理论，认为一国应从已经处于或即将处于比较劣势的行业开始从事跨国投资，并依次进行，因此，该理论也被称作"补充比较优势原则"或"外国直接投资的边际产业原则"。小岛清是以 20世纪 50—70 年代日本企业的对外直接投资状况为考察对象进行研究的，对特定历史条件下日本企业的对外发展状况有很好的解释作用，

① Hongshik Lee, "The Destination of Outward FDI and the Performance of South Korea Multi-nationals", *Emerging Markets Finance & Trade*, Vol. 46, No. 3, 2010.

② Pavlos Dimitratos, Loanna Liouka and Duncan Ross, "The Multinational Enterprise and Subsidiary Evolution: Scotland Since 1945", *Business History*, Vol. 51, No. 3, 2009.

③ Subhadip Ghosh, "FDI and the Skill Premium in a North – south Global Economy", *The Journal of International Trade & Economic Development*, Vol. 17, No. 2, 2008.

④ A. B. Sim and J. Rajendran Pan Dian, "Emerging Asian MNEs and Their Internationaliza-tion Strategies – Case Study Evidence on Taiwanese and Singaporean Firms", *Asia Pacific Journal of Management*, Vol. 20, No. 1, 2003.

并且指出进行海外投资的企业不一定要拥有垄断优势，可以鼓励许多发展中国家的企业进行跨国投资，该观点对众多发展中国家的海外投资有较大的启发性。小岛清认为，企业的对外投资应该是促进双方比较优势的发展，投资国和东道国是互补关系，而不是替代关系。

支持边际产业扩张理论展开的对外投资区位选择的研究有：Kevin Honglin Zhang（2009）[1]、Ren Yi（2006）[2]、Mauro F. Guillén 和 Esteban García – Canal（2009）[3] 等，他们的研究对象是发展中国家和新兴工业化国家，研究结果表明，这些国家的对外投资主要是贸易导向型，在寻找到优势互补的投资国后，便将本国的一些劳动密集型产业转移出去。

（二）国内研究进展

国内学者在借鉴和完善西方学者的区位选择理论研究基础上，对企业的海外投资区位选择也展开了大量研究工作，下面对国内相关研究状况进行简介。

1. 基于投资动因角度

从投资动因角度出发，对企业投资区位选择展开研究的国内学者充分考虑了各类投资动机对企业投资区位选择的影响，这类研究得到的结论往往由于企业投资动机的不同而异。

王春兰（2008）[4] 指出，不同的海外投资动因会造成企业对区位选择影响因素的考虑有不同侧重，所以，在研究中若一概而论，仅用一套区位因素评价体系来衡量东道国区位优势状况是不够准确和科学的。因此，她把东道国区位因素分为一般因素和特殊因素两大类，前者是在任何投资动机下都需要考虑的区位因素，后者则为不同投资动

① Kevin Honglin Zhang, "Rise of Chinese Multinational Firms", *The Chinese Economy*, Vol. 42, No. 6, 2009.

② Ren Yi, "Motivation of Chinese Investment in Vietnam", *Chinese Geographical Science*, Vol. 16, No. 1, 2006.

③ Mauro F. Guillén and Esteban García – Canal, "The American Model of the Multinational Firm and the "New" Multinationals from Emerging Economics", *Academy of Management Perspectives*, Vol. 23, No. 2, 2009.

④ 王春兰：《中国对外直接投资区位选择研究》，硕士学位论文，复旦大学，2008 年。

机下各自需要考虑的区位因素，接着利用坐标图示法展示了投资动因——区位选择模型，并提出应用该模型时，不可忽视投资企业的内部因素和投资国的宏观政策等，应综合考虑所有因素后再筛选出可选投资地。

何小芬（2011）[①] 从三种投资动因着手，分别对市场寻求型、资源寻求型和技术寻求型企业的区位选择提出了参考建议。她认为，市场寻求型企业应定位于那些市场规模大、增长潜力强的国家，可考虑发达国家成为备选区域；而对于资源寻求型企业，应该以资源禀赋丰裕的国家和地区为目标地，尤其是那些经济发展水平较低但资源丰富的国家和地区，如非洲、中亚、东南亚部分国家；至于技术导向型企业，投资目的地应主要选择北美、西欧等发达国家和地区，因为世界最新科技信息主要来源于这些国家和地区，它们引领着全球的技术创新。

2. 基于投资影响因素角度

国内学者从影响因素角度对投资区位选择进行的研究工作甚多，其中大多是利用计量经济学等相关数理方法揭示区位选择行为与影响因素变量之间的关系，具有代表性的有引力模型、五阶段模型、投资风险指数法等。

陈静宁（2009）[②]、李金芳（2008）[③] 分别以广东省和山东省企业为研究对象，专门针对这两个省份的跨国企业海外投资区位选择状况进行了分析。陈静宁在具体阐述了广东省企业投资东盟区位选择的实际情况后，对影响广东省企业海外投资国别选择的因素进行了分析，并利用引力模型进行实证研究，根据实证研究结果提出了政策建议；而李金芳首先分析了山东省对外投资区位选择中存在的问题，然后选

① 何小芬：《中国对外直接投资区位选择研究》，硕士学位论文，广东商学院，2011年。

② 陈静宁：《广东企业投资东盟的区位选择研究》，硕士学位论文，广东外语外贸大学，2009年。

③ 李金芳：《山东省对外直接投资区位选择研究》，硕士学位论文，山东大学，2008年。

取了影响对外投资区位选择的主要变量，利用引力模型对其投资区位进行分析。最后，从宏观和微观两个角度提出了有利于山东省对外投资区位选择的建议。

姜华（2006）①利用五阶段模型对跨国公司海外 R&D 投资的区位选择进行了剖析，为我国政府正确引导企业 R&D 全球化提出了若干政策建议。该文的一大亮点在于作者对区位选择影响因素的总结以及相应指标体系的建立，因为作者是以美国和日本跨国公司海外 R&D 投资的资料以及对两国有关企业海外 R&D 机构分布实例的研究结果为基础，对影响因素进行筛选和归纳，然后建立对应的指标体系。

李朋（2008）②对于投资区位选择的研究，是在初步确定了可选投资区后，主要采用投资环境风险指数法对各拟投资地的投资环境进行了分析。通过因素权重与因素分值的乘积之和计算出各目标国的投资环境得分。最后，利用分值比较找出我国境外铁矿石开采的最佳投资区，为我国钢铁集团的海外投资提供了一定的指导建议。

3. 基于投资主体角度

国内对于企业海外投资区位选择的研究，也有学者结合投资主体来展开，与其他研究工作相比，这类研究锁定了某类或具有某些性质的企业为对象，因此更具针对性。

朱春湖（2006）③利用博弈分析方法就我国石油企业对外直接投资的区位选择展开了研究。为了深入发掘世界各国石油海外投资区位选择存在的规律，作者从投资国、东道国和同行业竞争者三方面对影响石油企业投资区位选择的因素做了较全面的分析；然后通过构建博弈多赢模型和三方博弈模型，对我国石油企业海外投资的区位选择进行了定量分析；最后，结合我国当前的能源形势，基于博弈模型分析

① 姜华：《跨国公司海外 R&D 的国家区位选择研究》，硕士学位论文，四川大学，2006 年。
② 李朋：《我国钢铁集团境外铁矿石资源投资研究》，硕士学位论文，中国地质大学（北京），2008 年。
③ 朱春湖：《中国石油企业对外直接投资的区位选择研究》，硕士学位论文，湖南大学，2006 年。

结论，对石油企业海外投资的区位选择提出了参考性政策建议。

李轶鹏（2009）[①]就外商对我国服务业投资的区位选择进行了研究。作者利用因子分析法，把一些具有错综复杂关系的变量归结为少数几个综合因子，确定了第一主成分宏观环境因子、第二主成分微观环境及市场化环境因素因子、第三主成分科技因子，然后利用主成分回归分析得出主成分综合模型，最后，根据模型计算综合主成分值（地区对外商投资吸引力的综合指数），并对各省份服务业投资环境指标进行排序，客观地呈现了各省份区位因素对外商投资行为的影响程度。

曾山（2008）[②]对广东省高新技术产业的区位选择影响因素及对策进行了分析。作者首先对广东省高新技术产业的现状和发展模式展开了剖析，其次利用聚类分析法对广东省高新技术产业布局进行实证分析，最后通过回归分析，基于分析结果及政府的"双转移"政策对广东省高新技术产业的发展提出了对策建议。

二 海外投资新兴研究进展

（一）实物期权理论

以实物期权理论研究海外投资活动，是实物期权理论应用领域的一个扩展，更是海外投资理论研究的一种新思路。实物期权理论能在海外投资研究中得到应用和发展，这主要是因为该理论以投资灵活性和多种选择为主要研究对象，而海外投资和经营过程中恰恰面临着多种选择，选择的正确与否直接决定着其投资活动的成败。在海外投资的多种国际化经营方式中，直接投资这种方式可使投资者在投资中掌握更多的信息，并做出最符合实际的选择，从而最大限度地实现灵活性的价值，而实物期权理论也因此能够发挥最大的作用。[③]

---

① 李轶鹏：《中国服务业外商直接投资的区位选择研究》，硕士学位论文，厦门大学，2009 年。

② 曾山：《广东高新技术产业的区位选择影响因素与对策分析》，硕士学位论文，暨南大学，2008 年。

③ 赵明、金芳：《实物期权理论——跨国公司理论研究的新视角》，《外国经济与管理》2006 年第 10 期。

Adrian Buckley 和 Kalun Tse（1996）[1] 以及阿德里安·巴克利（Adrian Buckley，1996）[2] 提出了构建 FDI 也就是跨国公司投资实物期权理论的构想，但他们的研究只是将"扩展的 NPV"（附加期权净现值）概念引入 FDI 研究，并未从战略层面分析 FDI 的期权特征，因而也就没有对跨国公司对外投资的动因及过程决定等问题做出恰当解释。不过，这一构想却可以丰富跨国公司的理论研究，为跨国投资决策及发展找到更科学理论依据。

布鲁斯·科格特和纳林·库拉蒂拉卡（Bruce Kogut and Nalin Kulatilaka，1994）[3] 也认为，寻求随市场条件变化而在不同国家转换生产场所的可能性是海外投资形成的重要原因之一。此后，布鲁斯·科格特（1998）[4] 在对跨国公司的进一步研究中指出，关于跨国公司优势的研究不应再仅局限于关注它们首次对外投资的优势，而应该把关注的焦点转向能够协调多国经营网络的系列优势，其中最重要的一个优势就是跨国公司进行国际套利的能力。跨国公司准备在某一地区投资时可行使的各种选择权以及在全球化背景下进行的全球性套利活动都属于跨国公司的实物期权决策范畴。

目前，有关海外投资的实物期权研究基本上沿用实物期权定价和投资临界条件分析的方法，关注对不确定性的表述。尽管从分析思路来看，实物期权理论非常适合用来研究海外投资行为，而且也已奠定了一定的文献基础，但从总体上看，这些研究基本上都侧重于对实物期权分析模式的简单推广和套用，忽略了对海外投资行为和特征的分析，从而使实物期权理论在海外投资方面的应用研究陷入了一种固定模式，失去了其在海外投资研究中的特殊意义。因此，若要使实物期

① Adrian Buckley and Kalun Tse, "Real Operating Options and Foreign Direct Investment: Asynthetic Approach", *European Management Journal*, Vol. 14, No. 3, 1996.

② Adrian Buckley, "International Capital Budgeting, Real Operating Options and FDI", *Managerial Finance*, Vol. 22, No. 1, 1996.

③ Bruce Kogut and Nalin Kulatilaka, "Operating Flexibility, Global Manufacturing, and the Option Value of a Multinational Network", *Management Science*, Vol. 40, No. 1, 1994.

④ Bruce Kogut, "International Business: The New Bottom Line", *Foreign Policy*, No. 110 (Spri.), 1998, pp. 152 – 165.

权理论能够在海外投资研究中得到有效扩展，就必须从分析海外投资行为和特征入手，揭示海外投资各种决策背后的原因和依据，为投资行为的发生找到更好的理论解释。

（二）网络理论

简·约翰森和拉斯－冈纳·马特森（Jan Johanson and Lars – Gunnar Mattsson，1985）[①] 在用网络方法研究企业国际化的过程中，把商业网络定义为："企业与它的商业伙伴如客户、经销商、供应商、竞争对手、政府之间的关系。"企业就在这个商业网络中进行分工与合作。威尔金森和马特森（Wilkinson and Mattson，2000）认为，商业网络是市场化的结果，具有自组织性质，而政府的政策作用是有限的。切蒂和霍尔姆（Chetty and Holm，2000）研究了商业网络对中小制造型企业国际化的作用，认为企业与网络的互动与合作为企业创造了新的商业机会。雷蒙德和布利利（Raymond and Blili，2001）、奥弗比和明（Overby and Min，2001）研究了互联网和电子商务的广泛应用对商业网络发展的意义。[②]

（三）全球学习效应理论

坎特韦尔和托伦蒂诺（J. Cantwell 和 P. E. Tolentino，1990）[③] 在研究第三世界国家跨国公司的技术积累时认为，由于研发能力薄弱，利用特有的"学习经验"具有特别重要的意义。John A. Mathews 和 Dong – Sung Cho（2000）[④] 在研究韩国半导体企业成长和国际化中发现，是否具有学习能力和实现模仿创新的后发优势，是中小企业成长为跨国公司的关键因素。福斯格伦（M. Forsgren，2002）[⑤] 在研究企

[①] Jan Johanson and Lars – Gunnar Mattsson，"Marketing Investments and Market Investments in Industrial Networks"，*International Journal of Research in Marketing*，Vol. 2，No. 3，1985.

[②] 田耘、申婷婷：《跨国公司对外直接投资动机理论的文献综述》，《经济论坛》2007年第21期。田耘：《服务业外商直接投资行为研究》，硕士学位论文，上海大学，2007年。

[③] 康荣平：《大型跨国公司战略新趋势》，经济科学出版社2001年版。

[④] John A. Mathews and Dong – Sung Cho，*Tiger Technology：The Creation of a Semiconductor Industry in East Asia*，Cambridge：Cambridge University Press，2000.

[⑤] M. Forsgren，"The Concept of Learning in the Uppsala Internationalization Process Model：A Critical Review"，*International Business Review*，Vol. 11，No. 3，2002.

业跨国化过程的学习问题时指出，包括对外直接投资在内的企业国际化成长，依赖于模仿性学习、企业间合作以及引进专业技术人才等各种不同手段。学习积累导向理论突出了外部积累的作用。他们都强调学习模仿，认为即使处于优势地位的发达国家企业也需要不断学习，通过持续积累提高国际竞争地位，并且第三世界国家的企业具有有利的外部积累条件。

（四）寡占反应和交换威胁理论

20世纪70年代，弗雷德里克·尼克博克（Frederick T. Knickerbocker，1973）①、爱德华·格莱汉姆（Edward M. Graham，1974，1978）②和爱德华·布朗·弗劳尔斯（Edward Brown Flowers，1976）③等从对外投资行业的寡占特点出发，以寡头之间"跟随对手行动"的特殊反应来解释战后发达国家间厂商的交叉直接投资行为，建立了著名的"寡占反应论"和"交换威胁论"。对交换威胁解释是垄断优势理论的扩展，交换威胁来源是寡头公司间交互作用和竞争。根据交换威胁观点，竞争公司对外投资可能源于对其对手海外投资的反应，或者为了争夺总体市场份额而跟随竞争对手的行动。这种竞争反应可以分为跟随战略、交换威胁和动态竞争三类。对这种行为的解释是对市场风险和不确定性的反应。

三 风险管理研究进展

风险管理的发展在很大程度上依赖于从20世纪50年代起对风险管理的学术研究和70年代衍生产品定价方面的成果。20世纪80年代以来，市场环境发生了巨大变化，企业面临一个变化迅速而且难以预测的买方市场，其外部环境比以往任何时候都更具动态特征和不确定

---

① Frederick T. Knickerbocker, "Oligopolistic Reaction and Multinational Enterprise", *Thunderbird International Business Review*, Vol. 15, No. 2, 1973.

② Edward M. Graham, Oligopolistic Imitation and European Direct Investment in the United States, Ph. D. dissertation, Harvard University, 1974. Edward M. Graham, "Transatlantic Investment by Multinational Firms: Arivalistic Phenomenon?", *Journal of Post Keynesian Economics*, Vol. 1, No. 1, 1978.

③ Edward Brown Flowers, "Oligopolistic Reactions in European and Canadian Direct Investment in the United States", *Journal of International Business Studies*, Vol. 7, No. 2, 1976.

性。当前，企业的任何经济行为都会涉及风险问题，风险已经成为金融理论、保险理论和决策理论等社会科学领域的重要研究对象之一。规避风险比获取超常收益更加重要，这是企业界的共识。控制企业环境中的风险和不确定性已经成为企业经营管理的核心问题。①

（一）风险的含义

现代社会风险问题越来越引起人们的注意和重视。风险研究首要面对的问题是风险的概念问题。解读风险构成了风险管理理论的基石。目前，学术界均未能对风险下一个适用于各个领域并被一致公认的定义，都只是从自身的研究视角进行描述和刻画的。例如，按照尤金·A. 罗莎（Eugene A. Rosa，1998）② 的看法，"虽然关于风险主题的研究文献仍然在快速增长，但事实上很明显人们对于风险意味着什么很少取得一致"。凯瑟琳·E. 奥尔索斯（Catherine E. Althaus，2005）③ 从不同学科的角度总结了对风险的理解：科学把风险看成是一种客观现实；人类学把风险看成是一种文化现象；社会学把风险看成是一种社会现象；经济学把风险看成是一种决策现象；心理学把风险看成是一种行为和认知现象；艺术学把风险看成是一种情感现象；历史学把风险看成是一种讲述。

从经济学角度来看，早在19世纪，西方古典经济学著作就提出了风险的初步定义，认为风险是生产经营活动的副产品；经营者的经营收入是对其在生产经营活动中所承担的风险的报酬和补偿。④ 其后，美国学者威雷特于1901年给出了比较准确的风险定义。他认为，风险是关于人们不愿看到的事件发生不确定性的客观体现。这个风险定

① 汪忠、黄瑞华：《国外风险管理研究的理论、方法及其进展》，《外国经济与管理》2005年第2期。Timothy W. Ruefli, James M. Collins and Joseph R. Lacugna, "Risk Measures in Strategic Management Research: Auld Lang Syne", *Strategic Management Journal*, Vol. 20, No. 2, 1999.

② Eugene A. Rosa, "Metatheoretical Foundations for Post - normal Risk", *Journal of Risk Research*, Vol. 1, No. 1, 1998.

③ Catherine E. Althaus, "A Disciplinary Perspective on the Epistemological Status of Risk", *Risk Analysis*, Vol. 25, No. 3, 2005.

④ Baruch Fischhoff, "Managing Risk Perceptions", *Issues In Science And Technology*, Vol. 2, No. 1, 1985.

义中的两点内涵成为学者后来研究有关风险问题的基础：第一，风险是客观存在的。风险的存在具有客观性，不以人的意志为转移，人们可以规避、控制、转移风险，但是不能够从根本上消灭风险。第二，风险的本质与核心是不确定性。风险事件的发生具有不确定性，影响的结果同样具有不确定性。威雷特关于风险的定义特别指出了不确定性在风险中所处的核心地位。

1921 年，美国经济学家 F. H. 奈特在威雷特有关风险理论的基础上进一步对风险与不确定性进行了明确的区分。1964 年，美国学者威廉和汉斯把人的主观因素引入风险分析之中，认为风险虽然是客观的，对同一环境中的任何人都是以同样的程度存在；但不确定性的程度则是风险分析者的主观判断，不同的人对同一风险的认识和判断可能不同。[1]

1992 年，耶茨和斯通（J. F. Yates and E. R. Stone）[2] 更进一步提出了风险结构的三因素模型，透彻地分析了风险的内涵。他们认为，风险是由三种因素构成的：①潜在的损失；②损失的大小；③潜在损失发生的不确定性。风险三因素模型从本质上反映了风险的基本内涵，是现代风险理论的基本概念框架。

虽然风险概念很多，各学科也有自己不同的风险理解，但总体上可以从三个大的维度来概括：第一是时间维度上的未来指向，比如概率和预期值。风险不是已经发生的事情，而是可预见的、可能将要发生的事情。第二是结果维度的消极指向，比如事件、后果和不确定性。可以分为客观属性和主观属性两个方面，客观属性体现为事件发生的频数，主观属性体现为当事者价值损失的程度。第三是行为维度的情境指向，如人的现实活动。风险需在实际情境中现实化、具体化。[3]

---

① ［德］Ulrich Beck、Johannes Willms：《自由与资本主义》，路国林译，浙江人民出版社 2001 年版。

② Yates, J. F. and Stone, E. R., "Risk Appraisal", In J. F. Yates eds., *Wiley Series in Human Performance and Cognition*, Risk Taking Behavior, John Wiley & Sons Ltd., New York, 1992.

③ 伍麟：《风险概念的哲学理路》，《哲学动态》2011 年第 7 期。

从企业经营管理角度来看，企业在实现其目标的经营管理活动中，会遇到各种不确定性事件，这些事件发生的概率及其影响程度是无法事先预知的，这些事件将对经营管理活动产生影响，从而影响企业目标实现的程度。这种在一定环境下和一定限期内客观存在的、影响企业目标实现的各种不确定性事件就是风险。

（二）风险管理的发展历程与研究过程

为了避免事件发生的不良后果，减少事件造成的各种损失，降低风险成本，人们逐渐引用管理科学的原理和方法来规避风险，于是风险管理便应运而生。风险管理始于战后的德国。1931 年，美国管理协会保险部开始倡导风险管理，并研究风险管理及保险问题。1953 年，通用汽车公司的一场火灾震动了美国企业界和学术界，这场火灾成了风险管理学科发展的契机。1963 年，美国学者格伦·L. 伍德（Glenn L. Wood）等发表了《企业的风险管理》一文，引起欧美各国的普遍重视。此后，对风险管理的研究逐步趋向于系统化、专门化，使风险管理成为企业管理领域的一门独立学科。20 世纪七八十年代，风险管理研究迅速发展，美国、英国、日本、法国、德国等国纷纷建立全国性和地区性风险管理协会。1986 年，欧洲 11 个国家共同成立了欧洲风险研究会；同年 10 月，在新加坡召开的风险管理国际学术讨论会表明，风险管理运动已经走向世界，成为全球性运动。近些年来，各种风险管理国际学术讨论会更是热情高涨，风险管理引起的重视程度和关注程度前所未有。

在各国风险管理研究中，美国的风险管理研究起步较早，理论研究与应用范围也非常广泛。与美国相比，英国的风险管理研究也有自己的成熟理论，而且许多学者很注意把风险分析的研究成果应用于大型工程项目。英美两国在风险研究方面各有所长，且具有很强的互补性，代表了该学科的两个主流。法国的研究也有自己的特色，其模式属于经营管理型，而德国是从风险管理政策的角度来开展研究的。

目前国际上关于风险管理的过程已达成共识，英国国家标准

Bs8444（BSI，1996）关于风险管理的过程解析如图 1 - 2 所示。① 认
为风险管理过程遵循"风险辨识—风险评估—风险测量—风险响应、
风险监测"这样的程序，同时是一个循环系统。风险会出现许多变
化，通过对变化信息的及时反馈，风险预测和识别者就能及时地对新
情况进行风险评估及分析，调整风险处置计划，并实施新的风险处置
计划。这样的循环系统，保持了风险管理过程的动态性，才能达到风
险管理的预期目的。

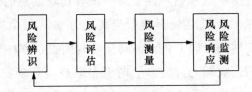

图 1 - 2 风险管理的过程解析

根据国际清算银行（The Bank for International Settlements，BIS）
的定义，风险管理的过程可以划分为风险识别、风险度量、风险评级
和报告以及风险控制和管理四个环节。风险识别是根据风险的来源把
风险归类到市场风险、信用风险、操作风险和包括流动性风险、模型
风险、法规风险等的其他风险中。风险度量是应用各种模型通过数
据进行风险度量与分析，采用包括波动率、β 系数、VaR 等模型给出
风险水平的度量。风险评级和报告是及时地评估、报告和监控风险。
风险控制和管理是采用一系列的商务决策，对风险限额的选择和权
衡，确定可承担的风险头寸，使用衍生工具对各类风险进行管理和
控制。②

（三）风险分析模型与评估方法

风险管理的关键环节就是在辨识风险的基础上，建立解决问题的

---

① 黄国英：《大型能源项目投资风险管理研究》，硕士学位论文，西安科技大学，
2011 年。

② 王志诚、周春生：《金融风险管理研究进展：国际文献综述》，《管理世界》2006 年
第 4 期。

系统模型，对风险因素的影响进行定量分析，并估算各种风险的发生概率及其可能导致的损失大小，从而找到该项目的关键风险，为重点处置这些风险提供科学依据。风险的随机性、复杂性和变动性特点决定了建立数学模型分析风险的困难性。20多年来，尽管风险研究获得了较快发展，但只有少数项目在策划阶段成功地运用风险评估和管理策略，而且至今仍没有处理各类风险的通用、系统的方法。为此，国外许多学者一直试图通过风险分类研究来取得突破。目前，风险管理研究在金融风险分析和项目风险管理方面有比较成熟的研究结论与应用成果。总体来看，风险分析模型与度量方法从两个方面产生了突破：一方面是在时间方向上，对不同交易时期收益率序列分布相互独立、同方差的假定放宽为异方差、时变参数模型和随机波动率（Stochastic Volatility，SV）模型等；另一方面是近十年来人们开始广泛应用的风险值（Value – at – Risk，VaR）方法。VaR方法是根据现代金融理论，应用最新的统计分析方法和计算技术发展起来的风险分析与度量技术。

1. 波动率模型

过去20多年里，文献中给出了大量针对波动率进行建模的方法。波动率模型对期权定价、组合选择和风险管理来说都是非常重要的一个核心环节。波动率估计模型从使用的方法和模型的构建思想角度可以划分为使用历史波动率进行移动平均或加权方法的模型、时变参数的GARCH系列模型、随机波动率模型以及通过衍生产品的内含波动率型四大类别（Ser – Huang Poon and Clive W. J. Granger，2003）。[①]对波动率模型的预测进行改进的模型还包括使用增加样本量的高频数据模型、考虑多种资产之间关系的多元波动率模型等。

2. VaR方法

VaR方法是G30的全球衍生品研究小组于1993年开始推广使用的风险管理方法。随后J. P. 摩根提出了Risk Metrics方法并从1994年

---

① Ser – Huang Poon and Clive W. J. Granger，"Forecasting Volatility in Financial Markets：A Review"，*Journal of Economic Literature*，Vol. 41，No. 2，2003.

起向公众提供计算全球 400 多种资产和指数的日与月 VaR 所需的数据集。国际掉期与衍生品协会、国际清算银行和巴塞尔银行监管委员会都推荐使用 VaR 系统来估价市场头寸和评估金融风险。到目前为止，VaR 方法已经成为金融机构进行风险管理的主要方法之一，并被认为是对银行和其他金融机构的市场风险进行度量的最佳方法。

从本质上说，VaR 是一个统计估计值，可以在各种统计假设之下应用多种统计方法来得到 VaR 的估计。VaR 方法由三个基本要素组成：相关风险因素的当前头寸、头寸随风险因素变化的敏感性和对风险因素向不利方向发展的预测。第一个要素是非常明确的，VaR 的不同计算方法主要来源于对第二和第三个要素的不同处理。虽然一个组合 VaR 值的计算方法有许多种，但它们基本上可以划分为分析方法、历史方法和蒙特卡罗模拟法三类（Philippe Jorion，2000）。①

（1）分析方法。也称为参数方法，是通过假定资产的收益服从某一类参数分布，用历史数据对分布的参数进行估计而得到预期的收益分布，再进行 VaR 的计算。

（2）历史模拟法（Historical Simulation Method，HS 方法）。没有对复杂的市场结构做出假设，而是假定采样周期中收益率不变，借助过去一段时间内的资产组合风险收益的频率，通过找到历史上一段时间内的平均收益以及置信水平下的最低收益水平来推算 VaR 的值。其隐含的假定是历史数据在未来可以重现。HS 方法简单，易于操作，但其弊端在于用过去的数据来预测将来的发展，误差可能较大。②

Boudoukh Richardson 和 Whitelaw（1998）改进了历史模拟法，提出用指数加权的历史收益数据进行模拟的方法。赫尔和怀特（Hull and White，1998）用当前波动率与历史波动率两者的比率对历史收益进行调整，将调整后的市场因子用于组合的再定价，进而形成经验分

① Philippe Jorion, *Value at Risk: The New Benchmark for Managing Financial Risk*, New York: McGraw - Hill Higher Education, 2000.
② 申靖：《关于风险管理中 VaR 方法的文献综述》，《中国集体经济》2011 年第 24 期。

布或直方图以估计相应的VaR值。[①] J. S. Butler 和 Barry Schachter (1996)[②] 则提出利用高斯核估计和高斯 Legendre 积分相结合来求得 VaR 的值和对应的置信区间。

（3）蒙特卡罗模拟法（Monte Carlo，MC），其基本思想是用市场因子的历史数据生成该市场因子未来的可能波动情景，并通过模拟来确定真实分布，从而确定 VaR 的值。由于 MC 方法可以较好地处理非线性、非正态问题，可以用来分析各类风险，故优越性较明显。在此基础上形成的 Delta – Gamma – Theta 蒙特卡洛、网格蒙特卡洛和情景蒙特卡洛等模拟更简化了计算。

蒙特卡罗模拟法的主要优点是：可产生大量情景，比历史模拟法更精确可靠；是一种全值估计方法，可处理非线性、大幅波动及厚尾等问题；可模拟收益的不同行为（如白噪声、自回归等）和不同分布。主要缺点有：计算量大、计算时间长，比历史模拟法和分析方法更复杂；依赖于特定的随机过程和所选择的历史数据；产生的数据序列是伪随机数，可能导致错误结果，而且随机数中存在群聚效应从而浪费了大量的观测值，降低了模拟效率。[③]

3. 其他风险分析与评估方法

现代数学和计算机技术的迅猛发展为风险研究提供了大量的模型技术，如决策树分析法、故障树分析法、计划评审技术、影响图、效用理论、敏感性分析、综合应急评审与响应技术、风险评审技术、随机网络法、层次分析法等。

近年来，有关综合决策技术的新发展，如神经网络专家系统，为海外投资决策提供了更科学、更理想的方法和工具。该系统由人工神经网络（ANN）和专家系统结合而成，且兼有两者的优点，显示出人

---

① ［美］Philippe Jorion：《VAR：风险价值——金融风险管理新标准》，张海鱼等译，中信出版社 2000 年版。［意］皮埃特罗·潘泽（Pietro Penza）、［美］维普·K. 班塞尔（Vipul K. Bansal）：《用 VaR 度量市场风险》，綦相译，机械工业出版社 2001 年版。

② J. S. Butler and Barry Schachter, *Improving Value – at – Risk Estimates by Combining Kernel Estimation with Historical Simulation*, Manuscript, Vanderbilt University, 1996.

③ 郑冲：《VaR 计算方法的最新进展》，《广东财经职业学院学报》2003 年第 1 期。

工智能和专家系统的巨大潜力，在模式识别、自动控制等领域得到了大量应用。[1] 在涉及认知判断的对外投资领域，包括企业国际成长战略定位、区位、产业选择、进入方式、投资时机等，人工神经网络能有效地弥补传统分析方法和工具存在的信息占有和提取、静态性、主观偏差和过分专家经验等局限。

新应用的风险分析与评估方法也有很多，如失效模式与效应分析[2]、危险指数评估法[3]、概率风险技术[4]、基于可信性的风险评估方法[5]和模糊综合方法[6]等，其中，模糊综合评估方法是一种对不易定量的多因素事件进行量化分析的方法。应用模糊方法对系统的失能性和失效后果进行定量分析评估：①可将定性描述与人的主观判断用量化形式表达出来；②既能减少获得风险评估输入数据的难度，又能结合专家的实际经验和判断构造模糊隶属函数；③有较大的灵活性和适应性，适合于各种多因素多能级的风险评估，评估结果更精确。

四　风险预警系统研究进展

预警思想和预警方法古已有之，经济预警方法的起源可以追溯到19世纪末期。1888年，在巴黎统计学大会上就提出了以不同色彩作为经济状态评估的论文。20世纪30年代中期，经济监测预警系统再

---

① 王文铭、颜培争：《基于神经网络的矿山企业智能诊断专家系统》，《中国矿业》2004年第8期。陈孝华、魏一鸣、叶家晃：《地下矿山采掘计划神经网络专家系统研究》，《云南冶金》2002年第5期。张幼蒂、李新春、韩万林：《综合集成化人工智能技术及其矿业应用》，中国矿业大学出版社2004年版。W. Thomas Miller Ⅲ, Richard S. Sutton and Paul J. Werbos eds., *Neural Networks for Control*, Cambridge: The MIT Press, 1996. S. McLoone, M. D. Brown and G. Irwin, "A Hybrid Linear/Nonlinear Training Algorithm for Feedforward Neural Networks", *IEEE Transactions on Neural Networks*, Vol. 9, No. 4, 1998.

② 李霞、石明安、李随成：《多目标模糊决策理论应用于失效模式与效应分析的研究》，《西安理工大学学报》2007年第3期。

③ 马玉林：《道氏火灾爆炸危险指数法在天然气输气管线风险评价中的应用》，《青海环境》2010年第1期。

④ 陶俊勇、王勇、陈循：《复杂大系统动态可靠性与动态概率风险评估技术发展现状》，《兵工学报》2009年第11期。

⑤ 边亦海、黄宏伟、李剑：《可信性方法在深基坑施工期风险分析中的应用》，《地下空间与工程学报》2006年第1期。

⑥ 刘凤：《国外矿产资源开发选区风险评价研究》，硕士学位论文，中南大学，2009年。

度兴起，到 20 世纪 50 年代，不断改进、发展并开始进入实际应用时期。① 20 世纪 40 年代初期，随着雷达、计算机的出现和战争的需要，诞生了雷达预警系统，并正式提出了预警系统（Early Warning Sys-tem）的科学概念。科学系统的预警研究理论和方法的产生距今不过 50 多年的时间。随着系统科学的不断发展，科学预警的思想与方法便迅速地向其他领域和学科延伸，预警的系统方法被广泛地应用于经济、社会、人口、资源和环境等方面。②

20 世纪 70 年代以来，特别是 1973 年的石油危机以后，人们认识到经济的高速发展、人口的高速增长，给人类带来了一系列前所未有的全球问题——人口问题、粮食问题、资源问题、能源问题和环境问题，严重地威胁着人类社会的可持续发展，从而广泛地开展了对这些问题的监测、分析和预警。罗马俱乐部于 1972 年提出了《增长的极限》的研究报告，是对全球发展做出预警的一本重要著作。③ 1975 年，联合国环境规划署根据 1972 年联合国人类环境会议的宗旨，在内罗毕总部建立全球环境监测系统（GEMS）规划中心，对全球的环境质量进行监测、实施评估和预测。美国学者怀特（1980）提出了洪水泛滥的风险决策预警系统，发展了单项预警系统；英国学者斯莱瑟（M. Slesse）提出了提高资源环境承载力备择方案的 ECCO 模型；全球环境监测系统（GEMS）于 1985 年建立了全球环境资源信息数据库。④ 德国、匈牙利、奥地利等国家共同研制了多瑙河事故应急预警系统（1997）；等等。

预警系统的研究主要包括信息收集与筛选、预警指标体系的构建、预警方法的选取、预警阈值的界定和报警五个部分⑤，下面结合本书研

---

① 黄继鸿、雷战波、凌超：《经济预警方法研究综述》，《系统工程》2003 年第 2 期。
② 文俊、王龙、李靖：《区域水资源可持续利用预警系统研究进展》，《云南农业大学学报》2006 年第 3 期。
③ ［美］丹尼斯·米都斯：《增长的极限》，李宝恒译，吉林人民出版社 1997 年版。
④ 成金华、覃家君、韩欣：《我国资源宏观预警的理论分析》，《软科学》1992 年第 3 期。
⑤ 李键、杨玉楠、吴舜泽：《水环境预警系统的研究进展》，《环境保护》2009 年第 6 期。

究对象"海外矿业投资经营管理风险评估与预警系统"进行概括。

（一）信息收集与筛选

这是进行预警的第一步。根据预警所涉及的范围，覆盖面应尽可能广泛，把影响经营管理的有关信息收集起来，然后对全部信息进行多次分析与整理，提取有用信息。信息源主要包括会议讨论，对发生的社会风险、行业风险及本企业历史风险汇总分析，制作问卷进行调查，对相关人员进行访谈，进行实地考察等。

（二）预警指标的筛选及指标体系的构建

由于影响海外矿业投资经营管理的因素众多，并且各个影响因子之间又存在各种复杂关系。因此，建立一套科学合理的预警指标体系是建立海外矿业投资经营管理风险预警系统的首要步骤。

（三）预警方法

在预警指标体系建立的基础上，如何对指标体系进行预警分析，也是目前研究较多的问题。总体来看，预警方法可根据所研究的对象、途径、范围分为多种类型。从预警的途径来看，一般可以归为定性方法和定量方法两大类。此外，随着计算机技术的兴起，计算机技术也逐渐被引入预警系统中。

1. 定性方法

定性分析方法是海外矿业投资经营管理预警分析的基础性方法，定量分析必须依据对经营管理预警的基本性质判断为依据。同时，由于定性分析方法是一种实用的预警方法，尤其在预警所需资料缺乏，或者影响因素复杂，难以分清主次与因果，或主要影响因素难以定量分析时，定性分析方法则具有更大的优点。目前定性分析方法主要有德尔菲法、主观概率法等。[①]

2. 定量方法

根据实际经验，预警系统只有建立在定量的基础上，才具有较强

---

① 周锦培：《基于定性方法风险预警模型研究》，总裁网，2009 年 10 月 26 日，http://blog.chinaceot.com/blog－htm－do－showone－uid－31843－type－blog－itemid－591795.html，2012 年 12 月 8 日。

的可操作性。预警的定量方法可以分为统计预警和模型预警。模型预警最为常见，也是预警研究的核心。

（1）统计方法。目前统计定量模型主要是决策树方法。决策树是序贯决策的一种方法，一般"决策树"模型中的各个决策对象之间可以按照因果关系、复杂程度和从属关系分为若干等级，各等级之间用线条连接。

（2）模型方法。模型方法是目前最主要的定量方法。因为使用模型方法进行预警是建立在相当深入研究的逻辑学、数学和其他具体学科的基础上的，具有一定的科学依据。目前，应用比较广泛的预警模型主要包括 SD 预警模型、人工神经网络预警模型、支持向量机模型等。

3. 计算机辅助系统

随着计算机技术的发展，计算机技术在预警中的应用也成为目前研究的热点。计算机技术的引进使预警系统更加完善，弥补了传统研究方法的不足，它强大的数据处理、模拟、监测能力使预警系统的应用更上一个台阶。目前典型的技术主要包括 3S、VB 平台等。

4. 评估方法

在定性定量的基础上，如何对这些指标进行综合，以便对海外矿业投资经营管理风险进行评估，也是目前预警系统研究的重点之一。在预警过程中，通过一些定量化的指标来反映经营管理质量的客观属性，并将这些量化的指标利用数学手段构建起相应的数学模型，从而定量评估经营管理质量的优劣。目前的评估模型主要有模糊综合评估法、层次分析法、综合指数评估法、灰色关联法等。

（四）预警安全阈值

在对阈值进行研究时，警度划分为几个等级并不是确定警度的关键，警限的确定才是问题的关键。警限通常是用来表示警情严重程度的等级分界线，但也可以看作各种状态之间的临界值。由于警情严重程度具有模糊性，而且海外矿业投资经营管理系统是一个多层次、多要素、多功能的复杂系统，其警限的确定是一个复杂的难题。

警限确定和警度划分的方法通常有系统化法、控制图法、突变论法、对比判断法、专家确定法以及综合评判法等多种。但是，由这些方法确定的警限都有一定的主观性，往往并不能很好地反映临界值的情况，因此，如何更为客观合理地确定警限值，是目前预警系统研究的重点之一。

（五）报警

根据综合预警结果发出警报。

五 简要评述

在似乎全世界都已经深切感受到中国这头巨龙朝向海外的强劲呼吸，中国海外矿业投资经营管理风险评估与预警系统的研究则具有了更加广泛和更加丰富的内涵。海外矿业投资及其风险管理在很多方面均具备了较好的研究基础，也出现了一些较好的研究成果，但从整体上看，仍然有待于构建一个海外矿业投资经营管理风险评估与预警系统相对比较完整的逻辑框架和理论体系。并且基于中国所面临的特殊资源禀赋条件和世界当前经济形势的双重约束下，仅仅依靠现有的理论分析工具还是远远不够的。

第二章 海外矿业投资典型案例

辨识风险是海外矿业投资经营管理风险评估与预警的首要任务，为此，需要通过对大量海外矿业投资实例的研究，全面总结和归纳我国海外矿业投资经营管理过程中所面临的主要风险，为评价指标体系的构建提供实践依据。限于篇幅，本章仅列出九个案例。

第一节 中海油并购优尼科

一 并购三方概况及简要并购过程

（一）并购三方概况

中国海洋石油总公司（以下简称中海油），是中国最大的石油公司之一，于1982年在北京成立。主要负责中国海域对外合作开采石油及天然气资源，涉及油气勘探开发、工程技术与服务、炼化与销售、天然气及发电、金融服务等业务板块。在当时成为有国际竞争力的跨国企业是中海油的经营愿景。国际上超过50%的石油公司都是跨国公司，要想在国际石油领域分一杯羹，中海油一定要走出国门。而并购美国优尼科石油公司（以下简称优尼科）不但可以学习优尼科已经成熟的国际化经营战略，获得其拥有的各种资源，而且优尼科与中海油的业务重叠领域少，互补性强，通过并购可以扩大中海油的全球业务范围。

优尼科是世界上最大的独立能源勘探和生产公司，其石油、天然气的勘探地和生产地主要集中在亚洲、北美以及荷兰和刚果。优尼科已探明石油及天然气储量约70%都位于亚洲及里海地区。当时优尼科把汽油业务撇开，专注于其他地区尤其是海外地区的石油勘探和生产，但由于在勘探方面的努力并没有得到回报，优尼科连年亏损，最终向美国政府申请破产，于2005年1月挂牌出售。

美国雪佛龙公司（Chevron，以下简称雪佛龙）始建于1879年，美国第二大石油公司，世界第五大石油公司，业务遍及全球180个国家和地区，业务涉及石油和化学工业的各个方面。雪佛龙因为优尼科在亚洲的大量油气资源和东南亚的大量地热参与收购，最后，雪佛龙成功收购优尼科后成为世界上最大的地热能源商。

（二）简要并购过程

2005年3月，中国三大石油和天然气生产企业之一中海油开始与2005年年初挂牌出售的优尼科高层接触。

2005年6月8日，在中海油向优尼科提交了"无约束力报价"后，雪佛龙提出了180亿美元的报价（包括承担债务）。由于没有竞争对手，雪佛龙很快与优尼科达成了约束性收购协议。6月10日，美国联邦贸易委员会批准了这个协议。

2005年6月23日，中海油宣布以要约价185亿美元收购优尼科。这是迄今为止，涉及金额最大的一笔中国企业海外并购。中海油收购优尼科的理由是，优尼科所拥有的已探明石油天然气资源约70%在亚洲和里海地区。"优尼科的资源与中海油占有的市场相结合，将会产生巨大的经济效益。"

根据国际资本市场的游戏规则，在完成正式交割前任何竞争方都可以再报价。雪佛龙的收购在完成交割前，还需经过反垄断法的审查和美国证券交易委员会的审查。只有在美国证交会批准之后，优尼科董事会才能向其股东正式发函，30天后再由全体股东表决。在发函前如果收到新的条件、更为优厚的收购方案，仍可重议。

2005年7月2日，中海油向美国外国投资委员会（CFIUS）提交通知书，以便于其展开对中海油并购优尼科提议的审查。

2005年7月20日，优尼科董事会决定接受雪佛龙加价之后的报价，并推荐给股东大会。由于雪佛龙提高了报价，优尼科决定维持原来的推荐不变，中海油对此深表遗憾。中海油认为，185亿美元的全现金报价仍然具有竞争力，优于雪佛龙现金加股票的出价，对优尼科股东而言，中海油的出价价值确定，溢价明显。

2005 年 8 月 2 日，中海油撤回并购优尼科报价。①

二 并购失败原因分析

（一）目标企业所在国的政治和政策障碍——最主要原因

美国、欧盟、日本等西方发达国家，虽然对外资比较开放和自由，但外资并购毕竟不同于本国企业并购，因而这些国家政府对外资并购也有不同程度的限制：一是对外商投资领域的限制；二是对外商出资比例的限制；三是通过审批制度来规范外资。中海油并购优尼科就是典型一例。这次跨国并购案是中国企业涉及金额最多、影响最大的海外收购大战，其遇到的政治压力不可小视。中海油参与优尼科并购，触动了美国人最为敏感的能源神经，也很自然地被贴上中国实施能源走出去战略的标签。一件本来对收购双方"双赢"的商业收购案，由于夹杂了大量微妙的政治思维和意识形态而被扭曲。2005 年 6 月 30 日，美国众议院以 333 比 92 票的压倒优势，要求美国政府中止这一收购计划，并以 398 比 15 的更大优势，要求美国政府对收购本身进行调查。2005 年 7 月 30 日，美国参众两院又通过了能源法案新增条款，要求政府在 120 天内对中国的能源状况进行研究，研究报告出台 21 天后，才能够批准中海油对优尼科的收购。这一法案的通过基本排除了中海油并购成功的可能。② 因此，目标企业所在国的政治和政策障碍，是这次中海油公司并购优尼科失败的最主要原因。

（二）企业选择的并购时机不当——直接原因

中海油对优尼科的并购背景比较复杂。当优尼科在市场上竞标出售时，中海油并没有出价，却在雪佛龙与优尼科达成了协议之后出价。来自美国的反应有些情绪化是由于一系列因素所致，首要因素是

① 常志鹏:《新闻背景：中海油并购优尼科历程》，中国经济网，2005 年 8 月 3 日，http：//www.ce.cn/cysc/nygd/200508/03/t20050803_ 4330613.shtml，2013 年 2 月 8 日。
② 李玉楠、李廷:《中国企业跨国并购的政治风险及其原因探讨》，《中国外资》2011年第 18 期。

油价上涨。美国人认为，油价升高的主要原因是国际市场需求猛增，而其中很大一部分新增需求来自中国。中海油此时决定出手并购，时机掌握得并不好。虽然石油和天然气市场是真正全球化的国际市场，但是，如果出现危机，供应出现扰乱，美国会从国家利益出发，毫不犹豫地动用一切力量维护自身利益，甚至会动用军事力量来保护这些资源。中海油并购优尼科，正好赶上伊拉克战争僵持不下、世界油价持续上涨、美国举国上下在讨论能源安全问题的时刻。在这个时候出手，正好触动了美国最弱的一根神经。即使并购成功，也会刺激"中国威胁论"的增长，恶化中国和平崛起的国际环境。

（三）企业缺乏跨国并购经验——重要原因

就发达市场经济国家的企业并购经历而言，一般遵循先国内并购后参与跨国并购的路径，全球前三次并购浪潮先在欧美国家内部进行便是证明。实际上，即使最近两次带有鲜明跨国特征的并购浪潮，也以活跃的国内并购为背景。一般企业在跨国并购之前就已经通过国内并购积累了企业并购的经验。中国的情况则不然，由于属于转型经济，国内企业并购重组尚未形成气候，大多数企业缺乏并购经验。在此情况下，企业贸然参与跨国并购，失败也就在所难免。在中海油并购优尼科大战中，中海油的竞争对手雪佛龙在国际重大收购中所表现出的经验和手段显然要技高一筹。随着并购的加码日趋激烈，雪佛龙使出浑身解数，甚至不惜冒毁掉商誉之险而打政治牌，发动美国40余位国会议员向布什总统递交公开信，以国家安全和能源安全名义，要求政府对中海油的并购计划进行严格审查。雪佛龙打出的政治牌，紧紧抓住并且放大了美国人的忧虑。与此不同的是，中海油的种种努力和友好姿态却被人误解至深。[①] 从客观上说，一个经济大国的崛起，显然是现有国际格局中的既得利益国家所不愿看到的。

（四）政府与国有企业之间不透明的关系——不可忽视原因之一

中海油对优尼科的并购引起了华盛顿的激烈反应。中海油是一家

---

① 蔡惠敏：《中国石化企业跨国并购研究》，硕士学位论文，上海交通大学，2008年。

中国香港上市的公司，70% 的股份归未上市的母公司所有，母公司的全部股份则为一个中央政府机构所有。这个机构就是国务院国有资产监督管理委员会，它是中国政府认定的"战略"行业中的约 190 家主要企业的控股股东。这种关系足以让许多人相信，中海油不过是中国政府的一个部门。中国的能源安全规划者希望，中国企业能直接控制外国能源储备。此外，中海油严重依赖国有母公司提供的补贴，这不可避免地令人质疑其独立性。由于中国政府和企业的关系复杂而不清晰，因而使外国政界和并购对手有了合理原因来强烈反对中国国有企业收购外国公司。

（五）融资方式单一，容易引发财务等风险——不可忽视原因之二

雪佛龙公司最终以价值 171 亿美元的股票加现金的方式并购优尼科，并且承担了其 16 亿美元的债务，而中海油则以 185 亿美元现金的并购方式落败。中海油拟支付的 185 亿美元，既有来自高盛和摩根大通的过桥贷款 30 亿美元，又有中国工商银行的贷款 60 亿美元，还有中海油本公司提供的资金支持，虽说做到了融资多元化，但这都是从单纯提供资金的角度而言的。巨额的现金支付无疑会对企业的流动性造成不利影响，一旦遭受财务风险，将对并购方造成巨大损失，同时还易招致政治及其他风险。

三 主要风险提示

主要风险提示有政治法律风险、财务风险和决策风险。

第二节 中铝投资力拓

一 并购双方概况及简要并购过程

（一）并购双方概况

中国铝业股份有限公司（以下简称中国铝业或中铝）成立于 2001 年 2 月 23 日，是中央直接管理的国有重要骨干企业，从事矿产资源开发、有色金属冶炼加工、相关贸易及工程技术服务等，是全球

第二大氧化铝供应商、第三大电解铝供应商和第五大铝加工材供应商，同业综合实力位居全国第一。中铝 2008 年实现营业收入 1260 亿元；截至 2008 年年底，公司资产总额达到 2595 亿元。

力拓集团（Rio Tinto，以下简称力拓）成立于 1873 年，是全球第三大多元化矿产资源公司，总部位于英国，目前该公司是全球前三大铁矿石生产商之一，同时还涉及铜、铝、能源、钻石、黄金、工业矿物等业务。力拓 2008 年净利润减半至 36.76 亿美元，主要受 84 亿美元资产损失相关费用的拖累，并称净债务减少 65 亿—387 亿美元。在收购了加拿大铝业后，力拓身上担负了 370 亿美元的巨债。

（二）简要并购过程

中铝并购力拓事件经历了首期注资、再次收购和参与配股三个阶段。2008 年 2 月至 2009 年 2 月，中铝首次注资力拓为第一阶段并购事件。2008 年 2 月，中铝携手美国铝业在市场高峰期以近每股 59 英镑的价格、斥资 140.5 亿美元合作收购力拓 12% 的普通股股份，并持有力拓 9.3% 的股份成为其单一最大股东。其中，美国铝业以认购中铝新加坡公司债券形式出资了 12 亿美元，其余 128.5 亿美元均为中铝出资。

2008 年国际金融危机爆发后，截至 2009 年 2 月，中铝首期投资已经浮亏了 70% 以上。与此同时，中铝开始实施第二阶段注资计划。2009 年 2 月 12 日，中铝与力拓签署战略合作协议，中铝主动斥资 195 亿美元将其在力拓整体持股比例由目前的 9.3% 增至约 18%。2009 年 6 月 5 日，力拓单方面宣布撤销中铝第二次注资的协议，这就宣告原本将成为迄今为止中国最大规模的海外投资交易彻底失败。而按照双方签署的协议规定，力拓只需向中铝支付 1.95 亿美元的毁约费。

中铝第二次注资失败后，整个并购事件并没有完结。第三阶段事件是中铝参与力拓"152 亿美元配股融资"方案。经证实，中铝至 2009 年 7 月 1 日已出资近 15 亿美元，全数执行力拓新股认购权，以维持现有的持股比例，摊低此前斥巨资入股的成本。以此时力拓收盘价每股 21.7 英镑计算，中铝仍然浮亏近 90 亿美元。①

二 并购成败原因分析

如果排除国际金融危机的影响，中铝首期收购的方式和效果都是相对较成功的。然而，第二次收购却以失败告终，这引起了社会各界的热烈讨论。

（一）首期注资成功原因

对比中铝两次注资力拓的结果，可以看出，中铝第一次成功收购力拓 9.3% 的股份很好地利用了天时地利。

1. 联合美铝共同完成对力拓股份的收购

一方面，中铝能够有效地利用美铝在国际重大交易谈判上的技巧和经验，促使力拓在双方博弈中不敢轻举妄动；另一方面，联合美铝能够表现出是一种市场化的操作行为，更容易得到国际社会对中铝市场化收购的认可。

2. 是一种间接收购行为

即绕道英国伦敦股票交易市场收购力拓 12% 的股份。这实际上避开了地缘政治的阻力，因为英国政府比澳大利亚政府更崇尚自由贸易。

3. 有专业中介机构支持

首次收购受到雷曼、中金两家专业中介机构的资本运作支持，交易的操作过程相对比较迅速，减少了可能面临的监管和财务风险。

4. 注册了新公司

首次收购借助新注册公司且保密工作做得好，减少了来自力拓内外的阻力，使这次大规模收购并没有成为众矢之的，得以较为顺利地完成。

（二）二次注资失败原因

当力拓出现危机濒临破产边缘时，中铝第二次大规模投资使力拓重现生机。实际上，这次力拓借助中铝也是无奈之举，并不是真心地想与中铝合作，而是利用"缓兵之计"拖住中铝，等待时机成熟起死回生。由此可见，双方在时机博弈上的较量至关重要。首先，力拓采用"挑拨离间"的策略，尽力诱使中铝抛弃美铝单独参与收购协议谈判。事实上，联合美铝参与收购恰恰是中铝首次收购事件成功的关键原因。其次，力拓的拖延策略为其赢得股市回升的时机。力拓通过影响媒体制造社会舆论进一步影响政府、监管机构以及民众，促使交易审查期由原定的 30 天延长到 90 天，引起澳大利亚民众对中铝"国家控制"的强烈抗议。这为力拓赢得喘息机会来谋划和实施下一步"暗度陈仓"的计划。最后，在拖住中铝的同时，力拓还暗中与必和必拓商议合作事宜。当力拓宣布拒绝中铝收购后，迅速与必和必拓达成合作协议，"暗度陈仓"的计划也就此得逞。中铝第二次收购力拓的失败，暴露出了中铝国际并购中博弈经验的不足。

1. 收购时机博弈上没有占据上风

因为在力拓宣布破产倒闭前宣布大规模的注资计划，恰好强力刺激了力拓股票价格上涨，因而选择什么样的时机将是双方博弈势力消长的关键环节。

2. 暴露出国有企业"财大气粗"的急切心态

一方面，中铝并没有像第一次收购那样注册新公司完成收购。另一方面，当"两拓"暗中合作时，中铝也没有暗查并充分利用反垄断法，揭露"两拓"共谋的反市场行为。

3. 在等待审查过程中，没有随事态变化及时做出交易调整和补救

例如，调整某些交易条款、放弃坚持董事席位等。于是，在第二轮次的博弈较量中，原本处于上风的中铝让处于下风的力拓最终金蝉脱壳，自己逐步陷入被动局面。在随后的第三轮次较量中，中铝只好抓住机会参与力拓的配股融资方案。

三 主要风险提示

主要风险提示有政治法律风险、宏观经济风险、财务风险和决策风险。

第三节　中钢集团并购恰那铁矿

一　并购双方概况及简要并购过程

中国中钢集团公司（以下简称中钢集团，英文简称 Sinosteel）是国务院国资委管理的中央企业。所属二级单位 65 家，其中境内 49 家，境外 16 家。中钢集团主要从事冶金矿产资源开发与加工；冶金原料、产品贸易与物流；相关工程技术服务与设备制造，是一家为钢铁工业和钢铁生产企业及相关战略性新兴产业提供综合配套、系统集成服务的集资源开发、贸易物流、工程科技、设备制造、专业服务为一体的大型跨国企业集团。中钢集团是中国最早"走出去"从事国际经济技术合作的国有大型企业之一，在澳大利亚、南非、津巴布韦等地建有铁矿、铬矿资源基地，为国民经济可持续发展储备了丰富的矿产资源。拥有覆盖全球的营销网络和物流服务系统，是中国主要钢铁生产企业的原料供应商和产品代理商，与国内外多家企业建立了长期战略合作关系。铁矿石、铬矿、锰矿、镍矿、焦炭、萤石、铁合金、废钢、钢材、镁砂、稀土等贸易经营居于国内前列，在业界具有重要影响。

恰那铁矿是中国在 1987 年由原中国冶金进出口公司（中钢集团前身）与澳大利亚 CRA 公司（力拓的前身）签订的契约式合资经营工程项目，恰那铁矿位于西澳洲皮尔巴拉地区，属于哈默斯利铁矿公司（Hamersley）帕拉伯杜铁矿，是一座现代化露天矿，储量 2 亿吨，开采 20 年，矿山生产规模为 1000 万吨/年，澳方控股，股份占 60%，中方占有 40%。该矿建设总投资 2 亿美元，其中 70% 为工程贷款，30% 为自有资金。1988 年开始建设，1989 年竣工，1990 年投产，当年生产 300 万吨，最高产量已达 1200 万吨/年。矿山工程包括露天开采、粗中破碎和 20 千米长胶带运输，从细破碎起（含细碎）用哈默斯利公司的生产设施，包括细破碎、贮矿、装车、铁路运输和海港作业，直到装船止。按照协议规定，恰那矿产品全部由中国包销。

自 1990 年正式投产至 2011 年 11 月底，恰那铁矿已经向中国提供了 1.83 亿吨高品位铁矿石，目前的年产能为 1000 万吨/年。恰那铁矿在 2007—2009 年三年间，就给中钢贡献超过 2 亿美元的利润。

二　并购成功原因分析

（一）矿业处于低潮期，外方主动提出合作

20 世纪 80 年代末 90 年代初，全球正经历经济危机，矿产品需求下降，矿产品价格低迷。当时很多国家尤其是拉丁美洲和非洲国家以国有经营为主导的矿业公司难以维持，亟待新的合作伙伴注入资金，并因此进行私有化改造。全球很多跨国矿业公司效益并不好，投资资金紧张，因此亟须吸引国外合作方投入。而且为了吸引外商投资，全球范围内经历着矿业法的改革，主要目的是吸引国际矿业投资，降低税负，改善矿业投资环境。当时的境外矿业投资，在国际上几乎没有太多的障碍。

（二）投资障碍少，两国政府促成合作

事实上，恰那铁矿在当时的跨国矿业巨头手中并不是一块很好的资产，矿床分散，品位相对力拓的其他资产较低，而且当时国内的钢铁行业原料并不紧张，基本可以自给自足，没有走出去获取资源的动力。但是，在当时改革开放的背景下，作为中国企业走出国门参与海外资源的第一个项目，恰那铁矿将成为中澳两国当时最大的工业合营项目。因此，从谈判、建设到项目运营得到两国政府的高度重视和支持，胡耀邦等领导人先后视察恰那铁矿，对项目给予了支持和肯定，如此背景下方促成了合作。

（三）铁矿石价格不断上涨，投资收益较高

恰那铁矿项目的合作，从当时的国际形势来看并不是一桩经济效益很好的买卖，更像是政府主导下的开放试点。该项目能取得出人意料的效益，主要受益于外部环境的变化——铁矿石价格的不断上涨，这样的结局是多数人没有预想到的。恰那铁矿的成功更多地源于运气，误打误撞，反而成就了一段难得的成功。这段历史再次证明了在周期性极强的矿产行业，成败往往是相互转化的，资产的相对质量固然重要，但时机的把握往往更为关键。①

三 经验与教训

恰那铁矿只是 20 世纪八九十年代国外矿商主动要求与我方合作的众多项目之一，在当时的条件下，外方提出合资开发铁矿的条件优惠。但由于中方对未来钢铁工业及铁矿石需求的预估不足，对合作顾虑重重，除恰那铁矿等少数合作成功外，多数未能把握住当时矿业低潮期的机遇。

1986 年，澳大利亚 Hancock 公司董事长汉考克（Hancock）先生来华，要求与我方合资开发 Hop Dowm 铁矿，资源储量 5.5 亿吨，赤铁矿 TFe 品位 57%，当时指定由武钢跟踪，后因我方消极，此矿落入力拓公司之手。

1994 年，巴西淡水河谷公司拟与我方合资开发卡拉加斯铁矿，储量 2 亿吨，赤铁矿 TFe 品位 67%，为富矿资源，年产 700 万吨成品矿，投资只有 3000 万美元，却遭宝钢拒签。同年，巴西联合矿业公司拟与我方合资开发卡堡厦菲尔铁矿，赤铁矿 TFe 品位 65%—66%，为富矿资源，年产 700 万吨成品矿，投资 1.2 亿美元，也遭宝钢拒绝。上述两矿山我方以宝钢、武钢、马钢、中钢为联合体，巴西以淡水河谷、巴西联合矿业公司为代表，中巴双方用半年时间都编制了可研报告，由于宝钢不同意，而丧失了在巴西合资开矿的好机会。

1995 年，鞍钢与澳大利亚波特曼公司合作，开发西澳洲南部库里亚诺赛铁矿，澳方为占领中国市场，给鞍钢 25% 干股，鞍钢不用投资，只要每年进口该矿 200 万吨成品矿，执行几年，鞍钢受益。后鞍钢总经理换人了，新经理推翻前任经理的决定，停止与波特曼公司合作。

四 项目目前进展与主要风险提示

恰那铁矿目前一直还在开采，但对中钢集团来说，已经大不如前，恰那铁矿依然可以增加中钢集团的销售额，但对利润的贡献可以说几乎为零。2014 年 11 月 17 日，澳矿巨头力拓在官网上宣布，将与

---

① 焦玉书：《境外矿业投资案例分析之一：中钢集团投资澳大利亚恰那铁矿》，一起牛，2015 年 7 月 30 日，https://www.yiqiniu.com/xinwen/zhibo/1393300，2015 年 8 月 20 日。

中钢集团讨论继续合作经营恰那铁矿项目的事宜。在中国国家主席习近平和澳大利亚总理托尼艾伯特的见证下，力拓首席执行官山姆沃尔什与中钢集团总裁徐思伟签署了相关协议。①

中钢集团并购澳大利亚恰那铁矿历经 30 年，已成为中国在澳大利亚运营时间最长和最成功的合营项目，并成为两国经济合作的典范。纵观过去 30 年以及展望未来第二轮合作，主要风险提示有宏观经济风险、矿业市场风险、地质资源风险、生产技术风险和财务风险。

第四节　攀钢钒钛并购卡拉拉铁矿

一　并购三方概况及简要并购过程

（一）并购三方概况

攀钢集团钒钛资源股份有限公司（股票简称：攀钢钒钛，股票代码：000629）成立于 1993 年 3 月 27 日，由攀钢集团旗下的攀钢集团板材股份有限公司发展而来。作为 2010 年以来鞍钢集团和攀钢集团联合重组的主要产物，公司已发展整合成为新鞍钢集团的钒钛和矿产资源上市平台，转型为资源类上市公司。公司目前注册资本 85.90 亿元，截至 2011 年年底，总资产达 313.33 亿元，净资产达 148.60 亿元。公司主要资产包括原攀钢集团旗下的钒、钛及铁矿石相关资产和原鞍钢集团旗下的鞍千铁矿及澳大利亚金达必与卡拉拉铁矿资产等。公司主营范围是铁矿石采选、钛精矿提纯、钒钛制品生产和加工、钒钛延伸产品的研发和应用。

公司铁矿石资源优势十分突出，拥有攀枝花、鞍山和澳大利亚三大矿产基地，探明铁矿石储量达 49.68 亿吨，是国内铁矿石储量最为丰富的企业之一，公司已发展成为中国最大的铁矿石采选上市公司。

---

① 孙洁琳：《中钢与力拓签署协议商讨恰那铁矿合作第 2 轮展期》，新浪财经，2014 年 11 月 17 日，http://finance.sina.com.cn/chanjing/gsnews/20141117/153720840063.shtml，2015 年 8 月 20 日。

公司钒钛产业独具特色，拥有五氧化二钒、三氧化二钒、中钒铁、高钒铁、钒氮合金和钛精矿、氯化法钛白、硫酸法钛白、高钛渣、海绵钛等系列产品，是我国第一、世界第二大的钒制品生产商，是我国最大的钛原料生产基地、重要的钛白粉和海绵钛生产商。

鞍钢矿业是鞍山钢铁集团公司的全资子公司，是我国掌控铁矿石资源最多、产量规模最大，具有先进的工艺技术、低成本的运行模式，集探矿、采矿、选矿、烧结、球团生产，采选工艺研发设计，工程技术输出于一体，具有完整产业链的冶金矿山龙头企业。公司拥有七座大型铁矿山、六个大型选矿厂、一个现代化烧结厂、两个球团厂和石灰石、锰矿石、活性石灰等四座辅料矿山。地跨五座城市，总部设在辽宁省鞍山市中心。现具备 2.3 亿吨以上采剥总量生产能力，6500 万吨的选矿处理能力，年产铁精矿 1800 万吨、烧结矿 400 万吨、球团矿 800 万吨、石灰石 600 万吨的生产能力。近年来，有两项科技成果获得国家科技进步二等奖；9 项管理成果分别获得国家级企业管理现代化创新成果一、二等奖。2012 年，实现销售收入 164.8 亿元，实现利润 59 亿元，上缴税金 30.5 亿元，居我国冶金矿山行业首位。

卡拉拉（Karara）铁矿，为西澳珀斯铁矿公司金达必金属公司（Gindalbie Metals Ltd.）所拥有，位于西澳中西部捷尔顿港（Geraldton）以东 225 千米。矿区面积 156 平方千米，包括磁铁矿床和赤铁矿床，其中已探明的磁铁矿资源储量达到 24 亿吨。2009 年年底，卡拉拉铁矿正式开工建设。投产后，将年产磁铁矿石 2100 万吨、高品位铁精矿 800 万吨。

（二）简要并购过程

2006 年，鞍钢集团组建全资子公司——鞍钢集团投资（澳大利亚）有限公司（以下简称鞍澳公司）。

2006 年 4 月，鞍澳公司与金达必金属公司必签约，各持 50% 股份，对西澳洲卡拉拉铁矿项目开展风险勘探、选矿试验等可行性研究。为此，鞍钢投入 5000 万澳元。

2007 年 6 月 4 日，鞍澳公司以 3.22 亿澳元（约 20.9 亿元人民币）收购金达必金属公司 12.78% 的股份，成为澳大利亚上市的金达必金属公司的第二大股东。金达必金属公司发布公告称，鞍澳公司收购价格是金达必金属公司一个月前的平均股价。

2007年9月6日，鞍澳公司与金达必金属公司正式签署了《鞍钢和金达必金属公司合作开发卡拉拉铁矿项目协议书》。根据协议，双方各出资50%合建卡拉拉矿业公司，产品主要向鞍钢集团销售。

2007年，该项目被认为是一个成功的项目：因为很快探明该矿拥有储量超14亿吨。同时选矿试验也取得成功，卡拉拉铁矿平均品位36%；鞍钢集团可采用两年前荣获国家科技进步二等奖的"贫赤铁矿选矿新工艺、新技术"，能将铁精矿提纯到67%左右。项目计划总投资17.8亿澳元，建设年产2100万吨磁铁矿石和800万吨磁铁精矿的采选厂，2010年投产。后因国际金融危机，该项目暂停。

2009年11月底，卡拉拉铁矿项目开始启动，内容包括矿山、选矿厂、供水供电线路、铁路、港口、生活设施等建设。

2010年3月，鞍澳公司与金达必金属公司达成650亿美元（709亿澳元）的铁矿石销售合约。根据协议，金达必将在2011年下半年首次向中国发货。

2010年6月，鞍钢集团投资的澳大利亚卡拉拉铁矿项目已进入实质性建设阶段。项目总投资追加到19.75亿澳元，除合资双方注入资本金外，由国家开发银行组建的中国银团向该项目提供12亿美元贷款。

2010年8月，国家发改委核准了鞍钢集团增资澳大利亚卡拉拉矿业公司并增持金达必金属公司股票项目。鞍钢集团入股金达必金属公司，至2009年完成对该公司的投资，持股比例从12.78%升至36.28%。

2010年年底，年产200万吨赤铁矿采场开始试生产。

2011年8月9日，鞍钢集团表示，卡拉拉项目基建总成本上升到25.7亿澳元。测算的铁矿平均现金运营成本将在65—68澳元/吨（不含资源使用税）。

2012年1月，年产800万吨磁铁精矿的采选厂试生产。

2012年11月，金达必金属公司将生产成本提高至每吨72—76澳元（不含资源使用税）。

2013 年 4 月 12 日，鞍钢集团发布新闻称，澳大利亚当地时间 4 月 9 日，其与澳大利亚金达必金属公司（Gindalbie Metals，GBG. ASX）合作开发的卡拉拉铁矿项目正式竣工投产，年可生产磁铁矿石 2100 万吨，选矿厂年生产高品位铁精矿 800 万吨。

2013 年 6 月，鞍钢集团已通过注资将其在卡拉拉铁矿的持股比例增加到 52.2%，当时曾引发市场对其高成本的质疑。

截至 2013 年 6 月 30 日的 2012/2013 财年，卡拉拉铁矿公司共向鞍钢集团发运 412.7 万吨铁矿石，包括 317 万吨直接可运赤铁矿和 95.7 万吨磁铁精矿。

2013 年 9 月 26 日，澳大利亚金达必金属公司称，已与鞍钢股份达成协议，后者出资 2.30 亿美元（约合 14.2 亿元人民币），将其持有的澳洲卡拉拉铁矿项目股权从 52.2% 提高到 62%。鞍钢股份曾表示，准备出资 13 亿美元将卡拉拉铁矿纳为全资子公司，但摩根大通在研究报告中指出，鞍钢股份对卡拉拉矿的估值远远超过市场判断的 3.50 亿美元。

2014 年 3 月 20 日，金达必金属公司在公告中称：鞍钢国贸通过行权将两笔总价 6000 万澳元的股东贷款转换成卡拉拉铁矿股权，在行权之后，鞍钢国贸在矿产公司的股权将从原先的 50% 上升至 52.16%，金达必金属公司持有 47.84% 股权。根据双方已有的债转股协议，鞍钢集团将会获得 13907283 股卡拉拉金属矿新股，每股价格为 4.31 澳元。在行权完成之后，金达必金属公司将持有总计 321987284 股中 154040000 股，而鞍钢集团持有余下股份。如果鞍钢国贸为卡拉拉金属矿还清额外的 2.3 亿美元银行债务和预售协议，可进一步通过行使债转股，占有后者 62% 的股权。此外，有澳洲媒体指出，卡拉拉 2014 年还需 1.5 亿—2.2 亿澳元作为资本开支，这笔资金预计也将由鞍钢方面垫付。当时独立投资调查公司晨星（Morningstar）詹姆斯（Gareth James）认为，卡拉拉铁矿不太可能盈利，如果金达必金属公司持有卡拉拉铁矿 25 亿澳元的债务，债务将远远超过该公司的支付能力。

2015 年 6 月 8 日，攀钢钒钛宣布，公司拟将持有的鞍钢集团香港控股有限公司（以下简称鞍钢香港）100% 的股权，以及鞍澳公司 100%

的股权转让给关联方鞍钢矿业。鞍澳公司主要资产为持有的卡拉拉铁矿52.16%股权；鞍钢香港主要资产为持有的金达必金属公司35.89%股权，而金达必金属公司的主要资产为持有的卡拉拉铁矿47.84%股权。[①]

二 并购失败原因分析

2014年，卡拉拉铁矿营业收入20.4亿元，计提43.25亿人民币资产减值损失，亏损45.65亿元；鞍钢香港2014年营业收入94亿元，亏损13.4亿元；而鞍澳公司2014年营业收入13.2亿元，亏损53.9亿元，给母公司攀钢钒钛带来了巨大的损失。并购失败的原因主要有：

（一）金融危机影响，投产日期推迟

在当初重组之时，攀钢钒钛对卡拉拉铁矿项目收益充满了预期。然而，现实与预期却产生了极大落差。这个铁矿石项目的进展一直不顺利，迟迟未能按照原定计划投产。

（二）基建、生产成本高，铁矿石价格低迷

自2006年起，鞍钢集团（攀钢钒钛）入主卡拉拉铁矿项目，至2011年项目投资一再追加，基建总投资从2007年预算的17.8亿澳元、2009年的19.75亿澳元，升到2011年的25.7亿澳元；达产日期一推再推，2013年竣工投产；吨矿成本显著增加，平均现金运营成本（不含资源使用税），2011年测算在65—68澳元/吨，2012年测算在72—76澳元/吨，根本无力与必和必拓、力拓竞争。即便是试生产后，由于国际铁矿石价格的低迷，其反而成为上市公司的业绩包袱。

（三）澳元大幅贬值

2014年，澳元兑美元大幅贬值。由于卡拉拉铁矿仍处于运营期，其外币借款产生的汇兑损失资本化资产，上市公司也需要计提减值准备，这一金额高达43.25亿元。这成为攀钢钒钛2014年巨亏的主要原因。财务报表显示，攀钢钒钛2014年实现营业收入167.79亿元，同比增长7.55%；净利润亏损高达37.75亿元，同比大降787.61%。

---

① 曾剑：《卡拉拉矿业去年巨亏46亿 攀钢钒钛拟向关联方甩包袱》，中国经济网，2015年6月8日，http：//finance.ce.cn/rolling/201506/08/t20150608_5576250.shtml，2015年8月22日。

三 主要风险提示

主要风险提示有宏观经济风险、矿业市场风险、地质资源风险、生产技术风险、决策风险和财务风险。

第五节 山钢集团并购唐克里里铁矿

一 并购双方概况及简要并购过程

(一) 并购双方概况

山东钢铁集团有限公司(以下简称山钢集团)于 2008 年 3 月 17 日注册成立,注册资本 100 亿元,是由济钢集团有限公司(以下简称济钢)、莱芜钢铁集团有限公司(以下简称莱钢)和山东省冶金工业总公司所属单位的国有产权划转而设立的国有独资公司,注册地为济南高新技术产业开发区。山钢集团下辖济钢、莱钢、山东工业职业学院、矿业有限公司、日照有限公司、山东省耐火材料公司、张店钢铁总厂、山东金岭铁矿、烟台钢铁企业集团公司等子公司(单位)。截至 2012 年年底,有职工 9.05 万人,总资产 1720 亿元,企业信用等级 AAA。2012 年,生产钢 2300 万吨、铁 2337 万吨、钢材 2262 万吨,实现营业收入 1167 亿元。山钢集团排在 2012 年"中国企业 500强"第 88 位,"中国制造企业 500 强"第 33 位。

山钢集团立足钢铁主业,致力于生产高端、高质、高效产品,主要钢材品种有中厚板、热轧板卷、冷轧板卷、H 型钢、优特钢、热轧带肋钢筋等,已经成为全国著名的中厚板材生产基地和 H 型钢生产基地,其产品广泛地应用于汽车、石油、铁路、桥梁、建筑、电力、交通、机械、造船、轻工、家电等多个重要领域,远销美国、英国、德国、印度尼西亚、日本、韩国等几十个国家和地区。在大力发展钢铁主业的同时,积极发展非钢产业,已形成矿业、物流与加工配送、金融、房地产、信息与工程技术、耐火材料等主要业务板块。

非洲矿业有限公司(African Minerals Ltd.,以下简称非洲矿业或非矿)是一家在伦敦证交所另类投资市场(AIM)上市的采矿公司,主要开发其在塞拉利昂的唐克里里（Tonkolili）铁矿项目，拥有专用的港口以及从矿山到港口的铁路，拥有塞拉利昂规模最大的勘探和开采许可证。唐克里里铁矿位于西非塞拉利昂共和国中东部苏拉山区，长 20 千米，宽 100—600 米，包括辛比利（Simbili）、马兰庞（Marampon）、南巴拉（Numbara）和卡萨佛尼（Kasafoni）4 个矿段，探明资源储量 130 亿吨，分为磁铁矿主体、顶部赤铁矿和过渡层，是世界上规模最大的铁矿山之一，实行露天开采。开采加工的铁矿石通过长度 220 千米的铁路专线，运到专用港口佩佩尔港口（Pepel Port），再通过港口向外发运铁矿石。

（二）简要并购过程

2010 年 6 月至 2012 年 4 月，山钢集团与非洲矿业就塞拉利昂唐克里里铁矿石项目进行了多次艰苦的谈判，多次修改合作备忘录（MOU）。

2011 年 1 月 30 日，国家发改委下发了《关于山东钢铁集团有限公司收购唐克里里铁矿石有限公司等三家企业部分股权项目信息报告确认函》（发改外资境外确字〔2011〕005 号），为项目的成功合作与实施提供了支持。

2012 年 3 月 30 日，山钢集团与非洲矿业的股权交割仪式在济南举行。非洲矿业交付了唐克里里铁矿（塞拉利昂）有限公司、非洲电力（塞拉利昂）有限公司、非洲铁路和港口服务（塞拉利昂）有限公司各 25% 股权的股权证书。

2012 年 4 月 2 日，山钢集团将价款划拨到项目公司在国家开发银行香港分行开立的共管账户，至此，山钢集团与非洲矿业就唐克里里铁矿项目的交割正式完成。

2012 年 6 月，17 万吨权益矿从塞拉利昂运抵山东钢铁，这也被看作双方开发进入实质性阶段。

2014 年，铁矿石价格跌落至 70 美元/吨，加之西非爆发埃博拉疫情，导致采矿成本提高，非洲矿业在 2014 年 12 月发布公告称，由于营运资本不足，已关停塞拉利昂矿山。矿山突然关停无疑直接影响到第一大股东非洲矿业的资金链。此前包括渣打和花旗在内的一些银行为非洲矿业提供了 2.5 亿美元贷款，以此作为出口前融资。非洲矿业的公告显示，塞拉利昂唐克里里项目是其唯一的资产，停工影响了贷款的偿还，这笔贷款的未偿还总额为 1.667 亿美元，自 2014 年 11 月以来一直处于违约状态。

2015 年 4 月，山钢集团最终获得非洲矿业在塞拉利昂唐克里里铁矿项目 75% 的股权。交易完成后，山钢集团将获唐克里里铁矿及非洲港口铁路服务公司 100% 的股份。①

二 并购成功原因分析

（一）分析筛选世界铁矿资源，选择好的项目

近年来，山钢集团先后对朝鲜、印度尼西亚、澳大利亚、巴西、加拿大、印度、非洲等国家和地区的多个资源项目进行跟踪、分析和比较，通过综合评估，认为唐克里里铁矿项目在资源储量、开采难度、经济效益等方面具有优势，于是做出了选择。

（二）现场考察，掌握一手资料

山钢集团先后两次组织由集团领导带队、有关部门和外部专家参加的现场考察，对矿山、铁路、港口进行了详细了解，并拜会了塞拉利昂总统科罗马（Emest Bai Koroma）、中国驻塞国大使、商务部驻塞经商处以及中资企业等，同各方进行广泛接触，获得有关项目公司的一手资料，含项目本身及所在国的基础设施、自然地理、政治经济、风土人情等。

（三）聘请专业机构开展尽职调查和风险评估

自首次与合作伙伴洽谈以来，山钢集团组织内部专家与聘请的知名律师事务所、会计师事务所、国际工程咨询公司以及地矿、港口、铁路等方面的专家，用了一年的时间，对拟成立的项目公司及合作伙伴进行了全面的尽职调查，系统分析了项目的政治风险、法律风险、市场风险、建设风险、外汇风险、环保风险、矿权风险、劳工风险、

① 李国清、宋长荣：《山东钢铁集团西非唐克里里铁矿项目运作及启示》，《对外经贸实务》2013 年第 11 期。《齐鲁晚报》：《山钢完全购得非洲第二大铁矿》，《齐鲁晚报数字报刊》2015 年 4 月 22 日，http://epaper.qlwb.com.cn/qlwb/content/20150422/ArticelA20003FM.htm，2015 年 8 月 23 日。

企业运营风险、资金风险等，制定了有针对性的措施，实现风险的可预知、可防范。

（四）多次积极谈判，取得两国政府部门支持

山钢集团与非洲矿业就塞拉利昂唐克里里铁矿石项目进行了近两年的多次积极谈判。为了做好此项目，山钢集团多次向山东省主管部门、山东省政府领导、国家发改委、中国驻塞拉利昂大使馆及商务部驻塞经商处领导汇报项目进展情况，听取指示和意见。山东省主管部门把此项目作为山东省"走出去"战略的重点项目给予了积极的配合与帮助。

（五）与非洲矿业密切配合，决策高效及时

交割完成后，山钢集团向项目公司外派董事两名，在合作伙伴公司派董事一名。董事会人数组成根据股权比例确定，是企业最高权力机构，具有战略决策权，讨论决定企业的重大问题，如发展规划、财务预算、重大人事任免、利润分配、再投资等。山钢集团按照"互利共赢"的合作原则，与非洲矿业密切配合，充分发挥董事会作用，共同正确决策，积极参加项目公司管理。

2014年，在唐克里里铁矿项目停产后，山钢集团从保护前期投入考量，及时决策，购买项目公司的债务债权并对抵押资产进行拍卖，从而获得所有权和经营权。

三　主要风险提示

主要风险提示有矿业市场风险、自然风险、生产技术风险、跨文化风险、人力资源风险、无形资产风险和财务风险。

第六节　五矿集团并购 OZ 矿业

一　并购双方概况及简要并购过程

（一）并购双方概况

中国五矿集团公司（以下简称五矿集团）成立于1950年，总部位于北京，是一家国际化矿业公司，秉承"珍惜有限，创造无限"的

发展理念，致力于提供全球化优质服务。进入 21 世纪，五矿集团深入推进战略转型，通过富有成效的国内外重组并购和业务整合，已从过去计划经济色彩浓厚的传统国有企业转变为自主经营、具有较强竞争力的现代企业，从单一的进出口贸易公司转变为以资源为依托、上下游一体化的金属矿产集团，从单纯从事产品经营的专业化公司转变为产融结合的综合型企业集团。五矿集团主要从事金属矿产品的勘探、开采、冶炼、加工、贸易，以及金融、房地产、矿冶科技等业务，主要海外机构遍布全球 34 个国家和地区，拥有 17.7 万员工，控股 7 家境内外上市公司。2014 年，五矿集团实现营业收入 3227.57 亿元，列世界 500 强第 133 位，其中在金属类企业中排在第 2 位。

澳大利亚 OZ 矿业公司（以下简称 OZ 矿业）是世界第二大锌生产商和重要的铜、铅、金、银生产商。该公司拥有较为完整的矿业资产组合，其中，在产矿山 4 个，处于维护状态矿山有 1 座，处于开发阶段的项目 3 个，还有多个前景良好的勘探项目。该公司此前由 Oxiana 公司和 Zinifex 公司合并而成，合并前的 Oxiana 公司，其市值规模在 2008 年已超过 100 亿美元。由于"短债长投"、扩张过度，OZ 矿业在 2008 年下半年国际金融危机影响下遭到了法国兴业银行等多家金融机构对其所欠到期债务追讨，无奈，终于在外界压力下资金链断裂陷入困境，被迫寻求外部重组。

（二）简要并购过程

2005 年 10 月，五矿集团在澳大利亚的子公司中国矿业国际有限公司发现了一个关于 Oxiana 公司的投资机会，并将此投资机会报告给了五矿有色以寄希望实现双方更加密切的战略合作。但是，五矿有色的管理层并没有对 Oxiana 公司投资达成一致。

2007 年，在大宗商品需求旺盛、价格居高不下的情况下，五矿有色开始意识到参股 Oxiana 公司符合当时公司利益，打算购买 Oxiana 公司 14.99% 的股份，但此时大宗商品市场持续火爆，Oxiana 公司的市值已从之前的 10 亿美元上升了近 3 倍，达 30 亿美元左右，在一切运营良好的情况下，Oxiana 公司认为，没有必要接纳别人的公司入股。

　　2008 年 1 月，有消息传闻 Oxiana 公司将与 Zinifex 公司合并，但当时股票市场的投资者却不看好这两家公司的合并，他们用卖出股票的方法表达了自己的意见。这时，有几家为了赚取佣金利润的投资银行强烈建议五矿有色整体收购 Oxiana 公司。但是，在全球大宗商品价格持续暴涨的背景下，Oxiana 公司的市值已经达到了 40 亿美元，以国际市场上类似收购为定价参考，整体收购的价格至少需要 50 亿美元。如果五矿有色去收购合并后的 Oxiana 公司与 Zinifex 公司，所需要支付的价格会更高。后来的发展也证实了，这两家公司合并成 OZ 矿业后，市值很快就达到了 100 亿美元。在获得五矿集团管理层的同意后，五矿有色决定收购需要支付代价较小的 Oxiana 公司。但由于种种因素的制约，五矿有色最终没能完成收购该公司的计划。但自那时起，五矿集团与 OZ 矿业之间的沟通交流一直在不断地增加。2008 年 6 月，传来了 Oxiana 公司与 Zinifex 公司正式合并成立 OZ 矿业的消息，两公司合并后一跃成为澳大利亚排名前三的矿业巨头。

　　2008 年下半年，国际金融危机爆发，OZ 矿业的股价从 2008 年 7 月的 2.63 澳元狂跌到了 0.55 澳元，市值缩水达 79.1%。为 OZ 矿业提供贷款支持的银团急于收回 OZ 矿业所借的总额约 7 亿美元的到期贷款。迫于压力，2008 年 11 月 28 日 OZ 矿业申请停牌，并于 12 月 2 日正式停牌，公开寻求发行股票或债券或出售部分资产解决方式。

　　关注 OZ 矿业长达三年之久的五矿有色得知该公司公开寻求外部解决方案的消息后，迅速成立项目小组，由五矿有色总裁周中枢亲任组长，开展相关工作。2008 年 12 月，周中枢带领团队与 OZ 矿业就收购进行了谈判。

　　2008 年 12 月 24 日，五矿有色以周中枢总裁的名义向 OZ 矿业递交了兴趣表达函，提出"股权收购+偿债""一揽子"解决方案。5 天后，OZ 矿业董事会主席巴里·丘萨克（Barry Cusack）书面回复五矿有色，对此表示欢迎。

　　由于当时 OZ 矿业仍面临其他两项选择，五矿有色遂邀请 OZ 矿业高层来中国实地考察。2009 年 1 月 19 日，五矿有色管理层与 OZ 矿业首席执行官安德鲁·米歇尔莫尔（Andrew Michelmore）在北京见面，并向其解释：当时资本市场的表现不利于发新股，而基金公司也不看好大宗商品市场，发股筹资、资产出售、银行融资等方案要么不可行，要么无法全部解决其现有债务，因而五矿有色的"一揽子"解决方案要优于其他选择。

2009年2月17日，五矿有色向澳洲投资审批委员会（Foreign Investment Review Board，FIRB）提交了收购申请。

2009年2月，双方最终达成了收购协议，五矿有色向OZ矿业提出以每股0.825澳元的价格，以26亿澳元现金收购OZ矿业100%的股权。OZ矿业最后一个交易日的收盘价为每股0.55澳元，此报价相对于收盘价存在50%的溢价。此外，五矿有色还承诺，将偿还OZ矿业所欠的约11.5亿澳元的债务。

2009年3月27日，澳大利亚财长韦恩·斯万（Wayne Swan）出人意料地否决了五矿有色对OZ矿业的收购，原因是"出于国防安全的考虑"，即在出售给五矿有色的资产中，包含一个"敏感资产"，即位于伍默拉军事禁区（Woomera Prohibited Area，WPA）的卓越山（Prominent Hill）矿产业务。斯万表示，澳大利亚政府可以考虑折中方案，如果交易不包括卓越山铜金矿资产，出售计划才可能被批准。

五矿有色的方案没有获得通过，其他的竞购对手却不会闲着，都在紧锣密鼓地接触OZ矿业、游说政府、开展公关。如果五矿有色稍有迟疑，结果很可能是半途而废。五矿有色方面迅速与澳大利亚方面沟通，交易被否决的4天后，五矿有色向OZ矿业董事会提交了新收购方案，且做出了很大让步，以示诚意。根据新修订的方案，五矿有色放弃了敏感的卓越山矿及马塔尔（Martabe）金银矿，但保留了OZ矿业的大部分核心资产，并将收购报价削减为17.5亿澳元（约合12.06亿美元）。这一方案，令双方迅速回到了谈判桌前。而接下来的进展更为神速，2009年4月1日，双方即宣布就此提案基本达成一致。

2009年4月23日，澳大利亚政府批准了五矿有色对OZ矿业的新收购方案。

2009年6月5日前后，澳大利亚几家投资银行瞅准时机，先后向OZ矿业提交了三份新的融资方案，极力游说OZ矿业股东反对五矿有色新方案，从而达到他们的商业目的。加拿大皇家银行和澳大利亚投资咨询公司RFC集团向OZ矿业提出了一个包含可转债及配股的总额约12亿美元的融资方案。2009年6月10日，OZ矿业股东投票的前一天，澳大利亚投资银行麦格理集团卷土重来，向OZ矿业提出一项14亿澳元（约11.1亿美元）的资本重组建议，其目的非常明确，即试图阻止OZ矿业向五矿有色出售资产。收购的形势急转而下，对五矿有色非常不利。不过，OZ矿业董事会此时却显得异常冷静，他们经过深入的分析认为，五矿有色方案最具确定性，股东大会后就可进行交割，还清债务。与此同时，五矿有色处变不惊，迅速采取一些灵活措施积极应对，于当地时间2009年6月10日22点——距离11日的股东投票仅有数个小时，五矿有色突然将其报价由17.5亿澳元（约合12.06亿美元）提高至13.86亿美元，筑起了一道安全屏障。

2009年6月11日，经OZ矿业年度股东大会投票，五矿有色100%收购OZ矿业主要资产的交易获得成功，赞成票比率达92%。

2009年6月18日，OZ矿业正式更名为金属矿业集团（Minerals and Metals Group，MMG），由五矿有色全资拥有。[①]

二　并购成功原因分析

（一）在战略指引下持续跟踪

五矿集团跟踪OZ矿业已有三年多时间，之前两次战略合作与并购磋商皆因条件不成熟或代价过高而暂缓。五矿集团十分看重它的矿产资源、战略价值和发展潜力，待2008年机遇出现时，快速做出科学决策，2009年一举收购。

（二）审时度势和灵活应变

OZ矿业收购过程可谓一波三折，比如2009年3月27日澳大利亚

---

① 上海金融跨业投资沙龙：《经典矿业并购解析：五矿是如何两折拿下澳洲矿业巨头的？》，海外矿投网，2015年4月7日，http://www.ominet.cn/articles/13229/，2015年8月25日。

政府以国家安全为由否决了整体收购申请。随后五矿集团紧急研究对策，仅用三天时间就拿出了新的收购方案，并于 3 月 31 日签署了《资产收购框架协议》。反应速度之快，令澳洲政府和媒体都感到惊叹。又如，在面对多家国际投资银行提交再融资报价方案的不利形势下，6 月 10 日，五矿集团结合全球主要金属价格已大幅回升等因素，紧急研究决定适度追加报价，并力促 OZ 矿业股东在 6 月 11 日股东大会上通过该交易。事实上，五矿集团已通过合理的汇率安排，完全对冲了所追加的那部分报价。

（三）全方位沟通与交流

五矿有色与 OZ 矿业管理层和董事会的良好关系可追溯到 2004 年。获悉 OZ 矿业出现财务困难后，五矿集团真诚表示了合作意愿，得到了其公司管理层和董事会的欢迎。随后，无论是在尽职调查，还是在 FIRB 审批过程中；无论是在替代性报价告知方面，还是在目标资产合理分割方面，五矿有色都得到了 OZ 矿业管理层和董事会的大力支持。特别是在 FIRB 审批中，作为被收购公司的 OZ 矿业竟然非常配合地与作为收购公司五矿集团一起向东道国政府进行解释和说服，这在澳洲外资审查之前的审查史上还从没出现过。正是这种良好的沟通交流，才使五矿集团的收购方案始终保持最优，直至交易最终成功。

（四）公共关系策略到位

2008 年，澳大利亚政府一度提高了对外国企业的投资门槛和限制条件，原则上不支持外国公司 100% 收购在产矿业公司。为此，五矿集团的相关人员多次前往澳大利亚，真诚与澳洲政府和相关部门进行沟通交流，改变了其对五矿集团所持有的怀疑态度。此外，五矿有色还十分注重媒体的作用。五矿集团的相关人员在此次收购中非常低调又恰到好处，对于减小舆论的压力方面采取了低调处理的策略，对于打消当地居民与政府对五矿集团的歧视不信任方面做了积极努力。①

---

① 何先虎：《中国五矿收购澳大利亚 OZ 矿业的思考》，硕士学位论文，首都经济贸易大学，2014 年。

三 并购后的整合与主要风险提示

(一)整合原因

在五矿有色并购 OZ 矿业过程中,无论在澳大利亚政府层面、OZ 矿业内部,还是普通民众层面,都遇到了很大阻力。这些阻力产生于:一是政府方面担心中国企业全资收购之后削减当地员工,造成就业压力,还可能会有税收的流失;二是 OZ 矿业内部员工担心中国企业难以管理运营好 OZ 矿业,他们个人的前途没有保证;三是普通民众觉得,OZ 矿业是具备较强运作实力和管理经验的运营中企业,将其"下嫁"给一家中国企业,不仅感情上难以接受,恐怕当地人的利益今后也要受损。另外,还有国家意识形态等方面的原因,有些当地人对中国企业在澳洲投资持有偏见,不愿看到中国崛起,更不愿资源被中国拿去。

(二)整合策略

通过对上述阻力进行归纳和分析,五矿集团决定用负责任的行动来彻底化解偏见、消除疑虑。他们通过及时完善 MMG 的公司治理结构,重新为其量身打造发展战略并制定一系列推进措施,还集中调动五矿集团在贸易渠道、生产加工等方面的资源,与 MMG 展开了全方位、大纵深的内部业务协同,从而在较短时间内完成了各项管理和运营对接。同时,五矿集团注重加大企业文化间的交流与融合,较好地实现了业务上的"1 + 1 > 2"和文化上的"1 + 1 = 1"。以 OZ 矿业为基础重新成立的 MMG 公司由此很快转入良性发展轨道。

(三)项目进展

截至 2010 年年底,MMG 共生产锌精矿 92.97 万吨、铅精矿 7.8 万吨、铜精矿及电解铜 15.5 万吨、黄金 19.1 万盎司,并且在海外勘探、新资源开发等方面,取得了十分明显的进展。为促进 MMG 公司跃升一个台阶,五矿集团后来专门组织实施了一个"澳宝项目",成功地将 MMG 以 18.46 亿美元的对价,注入五矿集团在香港的上市公司五矿资源有限公司。2012 年 9 月,公司改变了英文注册名称,由五矿资源有限公司改为 MMG 有限公司。2015 年 12 月,MMG 完成在澳大利亚证券交易所的二手挂牌。MMG 证券通过 CDI 在 ASX 挂牌,代码"MMG"。

截至 2015 年年底,MMG 的矿区勘探主要在 Sepon、Golden Grove、

Rosebery、Kinsevere 和 Las Bambas 矿区进行。"新发现项目"主要在澳大利亚、美洲和非洲开展，以积极寻求新的机遇。MMG 的重点开发项目包括秘鲁 Las Bambas 项目（在建）、澳大利亚 Dugald River 项目（开发阶段）和加拿大 Izok Corridor 项目（提案阶段——锌铜矿床）。MMG 目前运营 5 座矿山：Century、Sepon、Kinsevere、Rosebery 和 Golden Grove。目前，MMG 正在实施 Century 矿山的主动闭矿。2014 年度，Century 矿山着力提升资产的利用率和生产率，实现了稳定的生产绩效，尽管 Sepon 产量下降，但 Kinsevere 创下历史新高，且 Golden Grove 和 Rosebery 的绩效也很稳定，因此，年铜产量仍高达 191307 吨，比 2013 年增加 2%。随着 Century 矿山进入露天矿关闭的最后阶段，其锌产量显著下降。但 Golden Grove 矿山却加大了锌生产力度，在一定程度上缓解了 Century 产量降低带来的影响。2014 年，MMG 共计产锌 587099 吨，比 2013 年略降低 2%。

从财务绩效来看，2014 年，MMG 实现利润 9920 万美元，比 2013 年减少 19%。完成了 2012—2014 年财务指标，其中，每股摊薄后收益增加 0.5%，股东平均总回报率高于欧洲货币全球基本金属指数，且机构投资者的平均公众持股量达到 39%（超过 5% 的目标）。2014 年年末，欧洲货币全球基本金属指数较上年降低了 14%，而 MMG 的股东总回报率达到 48%（含股息）。在全球管理和 CMC 的支持下，机构投资者的平均公众持股量增加，截至 2014 年年底，达到 39%，高于 2012 年 34% 和 2013 年 21% 的水平。

虽然除锌之外，所有金属价格较 2013 年均有所降低，但 EBITDA 却增加了 4%，达到 7.808 亿美元。尽管矿山运营以及矿石开采和加工量的增加使公司持续面临成本压力，但澳元汇率走强，使运营成本降低。通过严格控制运营支出并遵守财务纪律，各矿山在 2013 年的基础上将运营成本再降 5270 万美元，降幅达 3%。2014 年，利润额较上年降低 2330 万美元，这是由于 Las Bambas 的收购和整合产生了 4230 万美元的额外成本。

（四）主要风险提示

从主要风险事件来看，2012 年，老挝 Sepon 矿山一位承包商不幸丧生，刚果民主共和国境内 Lubumbashi 的一名警察在 Kinsevere 矿山进出通道巡逻时不幸罹难。2013 年 6 月 10 日，Daola Phoumixay 在老挝 Sepon 矿区西部尾矿库伐木作业期间受伤，于当天晚些时候在 Savannakhet 医院辞世。2014 年 11 月，在位于刚果民主共和国（刚果金）Kinsevere 矿区附近约 26 千米处的 MMG 勘探和开采权地内，发生安全事故，一名警察不幸遇难，另一名警察和 MMG 的 4 名安保人员也受重伤。在另一起事故中，雷击造成秘鲁 Las Bambas 项目的一名合同工人不幸遇难。2015 年 3 月下旬，Kinsevere 矿区一名合同保安在值勤时遭遇蛇咬不幸离世。

从风险管控来看，MMG 在《风险管理标准》中对各矿山项目和部门明确提出了最低的风险管理要求，并根据国际标准 ISO 31000：2009 制定了风险管理流程，依次包括有效地识别和管理重大风险，并不断改进决策和绩效。在这一过程中，MMG 始终保持与内部利益相关方的沟通与协商，监督并审查风险控制措施和应对方案的变化。2014 年，MMG 制定了矿山风险控制管理政策，其中包括"关键点控制计划"以应对灾难性尾矿坝事故、地下矿井失火和航空事故。借此可以对所有矿区的潜在重大风险事件展开统一管理，并在 MMG 内部分享最佳实践。

例如，实施通用程序管理致命风险，通过工作许可和能量隔离程序来控制可能产生危害的运营活动。2014 年，MMG 制定了一套三项通用流程，以满足"重大致命风险标准"中提出的通关、隔离与许可表现要求。此外，MMG 还制定了六项工作质量要求，进一步说明和指导具体流程的实施。MMG 下属各矿区对照上述三项流程进行了差距评估，制定了相应的改进措施，并将各矿区的行动措施录入 MMG 中央行动跟踪系统，由运营领导团队监督实施进度。此外，还将通过综合审计进一步确保各矿区遵守"重大致命风险标准"中的相关要求和各项通用流程。

结合《MMG 可持续发展报告》（2010—2015）以及目前生产经营及市场状况，主要风险提示有矿业市场风险、人力资源风险、财务风险、社会治安风险、安全生产风险和自然灾害风险。

第七节　紫金铜冠并购白河铜钼矿

一　并购双方概况及简要并购过程

（一）并购双方概况

厦门紫金铜冠投资发展有限公司（紫金矿业持股45%，以下简称紫金铜冠）是由紫金矿业集团有限公司、铜陵有色金属（集团）有限公司和厦门建发集团有限公司于 2006 年 8 月共同投资设立的一家公司，其注册资本目前为 5000 万元人民币，首期出资为 1000 万元，上述三家股东分别持有其 45%、35% 和 20% 的股份，紫金铜冠经营范围包括矿业的投资、勘探与开发。

英国蒙特瑞科金属股份有限公司（Monterrico Metals Plc.；以下简称蒙特瑞科）是一家总部设在英国伦敦的初级勘探公司，蒙特瑞科在伦敦股票交易所备选投资市场（AIM，俗称创业版）上市。白河铜业公司（Rio Blanco Copper S. A.）是英国蒙特瑞科在秘鲁注册成立的全资子公司。白河铜业公司的主要资产为白河（Rio Blanco）特大型铜钼矿——白河铜钼矿，为世界十大未开发的铜矿之一，白河铜钼矿位于秘鲁北部的皮乌拉省东部，与厄瓜多尔接壤，矿权面积约 65 平方千米，海拔 2000—2800 米，目前没有公路连通白河项目营地。矿床类型为斑岩型铜钼矿，位于北秘鲁和南厄瓜多尔的新生代大陆火山弧——套斑岩杂岩体中。矿体分为浅成矿和深成矿。浅成矿铜品位较高，主要矿物为铜蓝、辉铜矿、蓝辉铜；深成矿铜品位较低，主要矿物为黄铜矿和辉钼矿。高品位的钼主要赋存于深成矿和后期英安岩侵入体周围。[1]

（二）简要并购过程

2005 年，蒙特瑞科委托澳大利亚 Snowden 矿业咨询公司对白河铜钼矿主矿资源进行了估算（按 JORC 标准、0.4% Cu 边界）。

---

① 紫金矿业集团股份有限公司：《秘鲁白河铜业公司》，紫金官网，2014 年 5 月 15 日，http：//www.zjky.cn/new/layoutview.asp? id = 4053, 2015 年 8 月 27 日。

2006 年 11 月，紫金矿业董事长陈景河在 2006 年中国国际矿业大会期间透露，公司对秘鲁一处铜矿（白河铜钼矿）感兴趣，紫金矿业已向国家发改委提交赴秘鲁竞购铜矿的申请。紫金矿业将与来自福建和安徽的另外两家国有企业一同参与竞购该铜矿。该铜矿项目投标的可行性研究已近完成。

2007 年 2 月 5 日，紫金铜冠向市场发出全面要约收购蒙特瑞科公告，蒙特瑞科在 2 月 2 日的交易收盘价为每股 2.975 英镑，当时市值约为 7850 万英镑，约合 12 亿元人民币。本次收购出价有近 18% 的溢价，收购后的蒙特瑞科继续保持上市地位。

2007 年 4 月 17 日，紫金铜冠收购蒙特瑞科的股份已逾 70%。此后，紫金铜冠收购蒙特瑞科的股份继续与日俱增，截至 2007 年 4 月 30 日，紫金铜冠收购蒙特瑞科的股份已达 89.99%，完全实现了对后者绝对控股的预期目标。

2008 年 9 月，紫金铜冠出让其蒙特瑞科 10% 的股权给韩国 LS - Nikko 铜业有限公司（LS - Nikko Copper Inc.）。目前，紫金铜冠实际持有蒙特瑞科 79.99% 股权。①

二　并购失败原因分析

该并购项目表面上看似乎已经成功，但实则失败，失败的主要原因如下：

（一）对当地文化背景的了解不够深入

紫金铜冠在对当地文化背景了解不够深入的情况下，试图把我国企业的文化背景带到国外。例如，紫金铜冠为推动白河铜钼矿开发，对秘鲁政府做了大量工作，并获得当时秘鲁总统加西亚的支持。但是，加西亚在吸引外资时常常罔顾环保问题，在秘鲁的支持率仅 26%。北部居民基本不支持总统，政府越支持的项目，民众越反对。这就导致了白河铜钼矿项目难以实施。

（二）对当地社会背景的了解不够深入

白河铜钼矿位于秘鲁北部山区，靠近厄瓜多尔边境，社会情况复

---

① 新华社：《紫金矿业成功收购一家英国上市公司》，中证网，2007 年 4 月 13 日，ht-tp：//www.cs.com.cn/xwzx/03/200704/t20070413_ 1085613.htm，2015 年 8 月 27 日。

杂。近年来，受周边国家和某些势力的鼓动，宣传该项目所在的亚马孙高地具有脆弱的云雾林气候，矿山开发将对当地气候和耕地造成破坏，受到了当地社区民众的反对。

早在紫金铜冠收购白河铜钼矿股权之前的 2005 年，就已发生过严重的群体事件，由于担心矿山开采导致污染、影响水源，当时有7000 名秘鲁贫民涌向白河铜钼矿，计划袭击该地区，将矿产商驱逐出去，造成了一名抗议者丧生。在此之后，尽管蒙特瑞科斥资 300 万美元帮助当地建学校教室、道路以及派遣医疗机构，甚至提出向社区捐赠 8000 万美元以改善居民生活水平，但这些努力并未见效。2009 年11 月，有 15—20 名持枪者闯入矿区，导致两名安保人员丧生，造成严重的国际影响。随后，项目建设一直处于停顿状态，已经投资几亿美元的项目距离建成投产遥遥无期。

（三）缺乏高级经营管理人才——关键原因

紫金铜冠投资白河铜钼矿失败的关键因素是缺乏国际化经营经验和高水平人才，不了解境外金属矿产资源开发的规律和特点。实施境外金属矿产资源开发战略的人才要具有全球化的战略思维和视野；要对世界金属资源市场有较为深入的认知和把握；要对国际惯例和规则有相当程度的熟悉；要具备较强的语言能力，对项目所在国的政治、法律、政策、文化、风俗有相当程度的了解；要具备较强的沟通能力，同当地政府、部族、组织和民众建立起和谐的伙伴关系。

（四）前期准备工作不充分——重要原因

首钢集团作为我国第一个通过收购方式"走出去"开发境外金属矿产的企业，1992 年收购秘鲁铁矿以后，多年来经常面临罢工等群体性事件的考验，已成为国内企业"走出去"的警示对象。但紫金铜冠并没有认真研究首钢在秘鲁的经验教训，没有做好前期准备工作，盲目投资秘鲁铜矿项目，这也是导致项目失败的重要原因。[①]

三　主要风险提示

主要风险提示有环保风险、社会风险、矿业市场风险、自然风

① 朱宇平：《境外矿产投资失败案例分析》，《世界有色金属》2013 年第 3 期。

险、决策风险、跨文化风险、人力资源风险、无形资产风险和财务风险。

第八节　紫金矿业并购诺顿金田

一　并购双方概况及简要并购过程

（一）并购双方概况

紫金矿业集团有限公司（以下简称紫金矿业）1993 年从福建省紫金山金矿起步，经过 22 年的发展，成为一家以黄金及金属矿产资源勘查和开发为主的大型国有控股矿业集团，上海和香港两地上市公司，居美国《福布斯》2015 年度全球 2000 强企业第 1069 位、全球有色金属企业第 12 位、全球黄金企业第 3 位，财富 "2014 年中国企业 500 强" 第 117 位。紫金矿业目前形成了以金为主，铜、铅锌、钨、铁等基本金属并举的产品格局，目前在国内 20 多个省份和澳大利亚、塔吉克斯坦、俄罗斯、吉尔吉斯斯坦、秘鲁、刚果（金）等多个国家有投资项目，是中国最大的黄金生产企业之一、第二大矿产铜生产企业、第三大矿产锌生产企业和重要的钨、铁生产企业，中国控制金属矿产资源最多的企业之一，是中国黄金行业效益最好的企业。

诺顿金田有限公司（以下简称诺顿金田）是一家在澳大利亚证券交易所上市的黄金公司（股票代码：NGF），由紫金矿业控股。公司注册地为西澳大利亚珀斯市，主要经营黄金生产与销售业务。作为澳大利亚国内最大的黄金生产企业之一，诺顿金田年产黄金超过 17800 盎司。公司拥有的主要采选联合生产基地位于世界级金矿区西澳洲卡尔古利镇。诺顿金田资源储量较为丰富，截至 2012 年 6 月，黄金资源量为 187.7 吨，平均品位为 1.61 克/吨；黄金储量为 32.2 吨，平均品位为 1.77 克/吨。公司在昆士兰州还拥有 Mount Morgan 尾矿再利用项目。

诺顿金田在卡尔古利采选生产基地统称为 "帕丁顿金矿"。帕丁顿金矿为诺顿金田的全资子公司，该项目由年处理量 340 万吨的帕丁顿选厂及围绕选厂周边 1105 平方千米的高潜力矿权区域组成。矿权区域内拥有黄金资源总量 1035 万盎司，资源储量 111 万盎司。帕丁顿地区开采历史超过 100 年，于 20 世纪 80 年代开始大规模露天开采。诺顿金田于 2007 年收购帕丁顿选厂，到 2014 年为止，已累计生产黄金超过 100 万盎司。帕丁顿金矿目前的矿山服务年限超过 10 年，并且其矿权范围内有超过 80 个已知矿点拥有可观的勘探前景。诺顿金田未来计划通过内部勘探及外部收购相结合的方式进行扩展。①

（二）简要并购过程

2011 年 9 月，紫金矿业出资 2767 万澳元，分两部分认购诺顿金田 13835 万股普通股，加上先前通过二级市场持有的诺顿金田 590 万股股份，紫金矿业合计持有诺顿金田 14425 万股股份，占其股份总数的 16.98%。

2012 年 5 月 31 日，紫金矿业与诺顿金田签署《收购执行协议》，紫金矿业的下属全资子公司以每股 0.25 澳元的价格，向诺顿金田全部已发行股份（除本公司及附属公司已持有的股份外）发出有条件的场外现金要约收购；若收购余下的全部股份，收购金额约为 18030 万澳元。加上先前收购的 16.98%，若收购诺顿金田 100% 股权总金额约 20956.3 万澳元，合人民币 14.11 亿元。要约期于 2012 年 8 月 20 日结束。

2012 年 8 月 3 日，紫金矿业通过下属全资子公司金宇（香港）国际矿业有限公司，以场外全面要约的方式完成对诺顿金田的收购，并持有诺顿金田 89.15% 的权益，成为诺顿金田的绝对控股股东，此为中国企业成功收购海外在产大型黄金矿山的第一例。

2015 年 1 月 13 日，紫金矿业公告称，其控股子公司诺顿金田已接获公司作为控股股东的一项全面收购的建议，紫金矿业拟收购尚未收购的占诺顿金田总股本 17.57% 的已发行股份，该建议无约束力、

① 紫金矿业集团股份有限公司：《澳大利亚诺顿金田公司》，紫金官网，2015 年 4 月 3 日，http：//www.zjky.cn/new/layoutview.asp? id =4055，2015 年 8 月 29 日。

有条件及具有提示性。紫金矿业表示，该建议旨在以协议安排方式，按每股 0.2 澳元悉数收购全部股份，收购全部股份的总代价约为 3300 万澳元。诺顿金田已委任包括独立董事的专责委员会考虑该建议。

2015 年 2 月 26 日，紫金矿业全资收购澳交所上市金矿公司诺顿金田（ASX：NGF）的方案获得澳大利亚外资监管委员会（FIRB）批准。2015 年 6 月，紫金矿业获得诺顿金田 100% 的权益。[①]

二 并购成功原因分析

（一）符合澳大利亚外国投资政策——关键因素

帕丁顿金矿开采历史超过 100 年，目前的矿山服务年限仅 10 余年，并且其矿权范围内有超过 80 个已知矿点拥有可观的勘探前景，但需要的勘探资本很高。另外，帕丁顿金矿生产成本较高，2011 年 7 月至 2012 年 6 月生产年度的平均生产成本为 1282 澳元/盎司，即人民币 272 元/克，这一生产成本比紫金矿业原有矿山黄金生产成本高出 172%。因此，澳大利亚政府亟须引进外资延续矿山服务年限、降低开采成本以及获取一定的经济效益。

（二）符合紫金矿业国际化发展战略——重要因素之一

紫金矿业非常清楚自身较为缺乏海外管理和运营经验，其海外项目发展必须依靠国际化的人才，特别是本土人才，同时与紫金矿业的创新精神和理念良好结合。

澳大利亚是全球矿产资源最丰富的国家之一，也是矿业发达国家，具有成熟的矿业市场，在矿山开采技术及管理方面代表了国际先进水平。紫金矿业是一个年轻的矿业公司，在走出去方面也刚刚起步，收购诺顿金田，将给紫金矿业提供一个较好的学习平台，对于熟悉国际矿业市场、了解国际矿业领域先进的管理理念和体系、借鉴国际同业先进经验、提升紫金矿业的技术与管理水平、发现国际矿业人才等将起到重要的作用。

---

① 新浪网财经：《紫金矿业成功收购澳洲诺顿黄金公司》，新浪网，2012 年 8 月 7 日，http：//finance. sina. com. cn/stock/s/20120807/131612780613. shtml，2015 年 8 月 29 日。新浪财经：《紫金矿业全购诺顿金田获澳外资委放行》，新浪网，2015 年 2 月 26 日，http：//finance. sina. com. cn/stock/hkstock/ggscyd/20150226/135021598311. shtml，2015 年 8 月 29 日。

（三）紫金矿业的研发能力和雄厚的现金流——重要因素之二

紫金矿业在资源开发领域具有较强的研究开发能力，尤其在处理低品位、难选冶矿石处理方面具有丰富的经验。将紫金矿业在处理低品位、难选冶矿山开发方面的技术优势与诺顿金田的资源优势相结合，能够进一步优化矿山的采选工艺，激活矿山的资源潜力。同时，紫金矿业具有雄厚的资金实力和融资能力，这将为诺顿金田未来的发展提供强大的融资支持和资金后盾，由此可能进一步提升矿山产能，降低成本，提高效益。

三　并购后的整合与主要风险提示

（一）整合原因

诺顿金田主要资产位于国际著名的黄金成矿区，具有较大增加资源储量的勘查潜力，其周边有较多商业机会，该矿区有较大数量的低品位黄金资源由于成本问题没有得到开发利用。原帕丁顿金矿因债务问题严重制约企业融资，并且缺乏一个适合自身条件的统筹兼顾的长期发展战略规划；原矿山管理团队对运营中出现的技术问题的分析研究能力也相对薄弱，对出现的技术问题通常是依赖于代价较高的外部咨询方式解决。居高不下的成本更是将该矿带入四面楚歌的境地。

（二）整合策略

整合的主要思路是根据诺顿金田的具体情况扬长避短，把紫金矿业与诺顿金田的优势有机结合起来。诺顿金田的优势在于：它有着数量较大、潜力较大的金矿资源；诺顿金田基层企业帕丁顿金矿已有多年生产历史，其管理团队与员工素质较好，已经形成了健全、行之有效的管理体系，基层技术人员拥有丰富的技术服务经验。紫金矿业不仅在公司管理方面有丰富的经验，并且拥有一支颇具规模和实力的专业研发队伍，在资源开发领域，具有较强的研究开发能力，尤其是在低品位、难选冶矿石处理方面有丰富的经验。同时，紫金矿业作为盈利能力较强的大型上市公司具有很强的低成本融资能力，这为诺顿金田未来的发展提供了强大的融资支持和资金后盾。

在收购后的管理运营中，紫金矿业又结合诺顿金田的实际情况，采取了与其他在澳中国企业不同的方式进行管理。即以国内外有经验的管理与技术人员为骨干构成企业的中高层管理团队，按紫金矿业的战略意图和国外的具体情况来管理运营企业。紫金矿业入主诺顿金田后的首个"新政"就是立即调整公司董事会与高层管理团队，但对核心企业帕丁顿金矿的中层基本保持原状不变。在融资上，通过紫金集团公司担保为诺顿金田实现低息贷款1.05亿美元，作为其偿还历史遗留的高息贷款及新设备采购、新矿开发所需资金，为企业成长注入了活力。

此外，还有技术上的支持。紫金矿业组织安排地质、采矿、选矿专业人员赴诺顿金田矿区工作，同时作为集团与诺顿金田的技术交流协作联络人，以增强诺顿金田的综合技术实力；紫金矿业从集团有关部门遴选专家，组成国内技术支持小组，作为诺顿金田的技术咨询机构，加强与总部在技术方面的合作，降低技术咨询成本；同时，紫金矿业引导诺顿金田重新审定企业发展战略，以公司效益的提升来调整公司规划与生产。

通过这些措施的实施，诺顿金田的生产运营与效益有了改变，并在较短时间内完成了公司管理团队的平稳过渡与总部搬迁，增加了黄金产量，降低了生产成本，使诺顿金田发展步入良性发展轨道，紫金矿业在大半年时间内成功将其带出了困境。

（三）项目进展

2014年，诺顿金田实现营业收入2.43亿澳元，同比下降6.25%；每股收益0.0142澳元，实现净利润1319.6万澳元，同比下降41.26%。诺顿金田目前运营的生产矿山为Enterprise及Wattlebird露天矿、Homestead和Bullant地下矿以及Paddington选矿厂。2014年第四季度，诺顿金田黄金生产量为50398盎司，现金成本（C1）为783澳元/盎司，资本支出约为210万澳元，勘探支出约为390万澳元，黄金销售量为50872盎司。2014年第四季度，诺顿金田的单位现金成本（C1）低于以往季度，主要因为持续推行成本优化措施及增加黄金产量继续带来成效。

2016年，诺顿金田黄金产量超过190000盎司。目前，矿山服务年限超过10年，并且其矿权范围内有超过80个已知矿点拥有可观的勘探前景。

（四）主要风险提示

根据 *NGF Annual Report* 2016 *FINAL*，主要风险提示有环保风险、资源风险、生产技术风险和财务风险。

第九节　外经建设并购希布托钛锆矿

一　重砂矿及钛锆用途简介

（一）重砂矿

什么是重砂矿？大多数人都不知道这个矿种概念。通俗地说，重砂矿就是滨海地区含有重金属矿物的细砂矿，其有用矿物以钛铁砂和锆英砂为主，伴生有金红石、独居石、石榴石等其他少量矿物。因为成品矿中锆钛含量居多，所以，人们也习惯上称重砂矿为锆钛砂矿或锆钛重砂矿。

（二）钛

钛是一种发展快、用途广、收效大的金属，其质材轻，强度是不锈钢的 3 倍，但其耐腐蚀能力比不锈钢高 150 倍，有"太空、海洋、全能和战略金属"之称，广泛用于飞机制造工业、人造卫星部件、船舶舰艇的外壳、医疗器械及矫形外科材料、超导材料等各领域；在原子能发电厂，为了安全起见，必须全部使用钛制冷凝器。以钛金属为核心所形成的深加工产业群和高附加值产品，是发展航空航天、新能源、节能环保、先进装备制造等战略性新兴产业重要的材料支撑。钛已成为我国上至国防军工、下至民用不可或缺的一种战略金属，同时，"钛含量"（钛的使用量）也是判断一个国家产业发展水平的重要指标。

（三）锆

锆及其制品是关系到国计民生的重要材料，广泛地应用于电子、陶瓷、玻璃、石化、建材、医药、纺织、航空、核能、机械以及日用品等行业。随着各国的陶瓷、电子和航空航天行业迅速发展，国际市场上对锆精矿的需求持续上升，目前锆精矿产品正处于高峰消费期，处于严重供不应求状态。

锆的热中子俘获截面小，有突出的核性能，是发展原子能工业不可缺少的材料，可做反应堆芯结构材料；锆粉在空气中易燃烧，可做引爆雷管及无烟火药；锆可用于优质钢脱氧去硫的添加剂，也是装甲钢、大炮用钢、不锈钢及耐热钢的组元。锆是镁合金的重要合金元素，能提高镁合金抗拉强度和加工性能；锆还是铝镁合金的变质剂，能细化晶粒。二氧化锆和锆英石是耐火材料中最有价值的化合物；二氧化锆是新型陶瓷的主要材料，可用做抗高温氧化的加热材料；二氧化锆可做耐酸搪瓷、玻璃的添加剂，能显著提高玻璃的弹性、化学稳定性及耐热性。锆英石的光反射性能强、热稳定性好，在陶瓷和玻璃中可做遮光剂使用。锆在加热时能大量地吸收氧、氢、氨等气体，是理想的吸气剂，如电子管中用锆粉做除气剂，用锆丝锆片做栅极支架、阳极支架等。

粉末状铁与硝酸锆混合，可做闪光粉。金属锆几乎全部用作核反应堆中铀燃料元件的包壳。也用来制造照相用的闪光灯，以及耐腐蚀的容器和管道，特别是耐盐酸和硫酸。锆的化学药品可做聚合物的交联剂。

二　并购三方概况及简要并购过程

(一) 并购三方概况

安徽省外经建设（集团）有限公司（以下简称外经建设）是以经营国际工程承包、境外矿产资源开发、房地产开发、珠宝加工、连锁超市、星级连锁酒店、建材加工和温泉旅游度假等业务为主的大型综合性企业，具有房屋建筑工程总承包和机电安装工程总承包一级、装修装饰专业承包一级、公路工程施工总承包二级和房地产开发二级等企业资质，并通过了 ISO 质量管理体系、环境管理体系和职业健康安全管理体系认证。近年来，外经建设连续四届被评为"全国文明单位"，连续多年位列 ENR 全球最大 225 家国际承包商排行榜，并被评为全国优秀施工企业、全国外经贸先进企业、全国商务系统先进单位、中国建筑业竞争力百强企业、感动非洲十大中国企业、中国企业海外投资 100 强、对外工程承包及劳务输出"AAA"级信用企业、安徽省先进企业、安徽省百强企业、安徽省优秀建筑施工企业等称号。

云南新立有色金属有限公司（以下简称云南新立）为云南冶金集团股份有限公司控股的中外合资企业，成立于 1999 年 7 月，注册资本 20.4 亿元，员工 1700 余人。主要从事钛系列产品的生产与研发，坚持以"资源为龙头，做大做强氯化钛白粉产业，做精做深海绵钛及钛材深加工产业"为目标，打造集采选、冶炼、化工、钛材深加工等为一体的产业链。云南新立通过引进消化吸收再创新，首期投资 50 亿元，已形成 6 万吨/年氯化钛白粉、8 万吨/年高钛渣和 1 万吨/年海绵钛的产能规模，拥有国内钛矿资源总量达 500 万吨以上，同时海外钛矿资源整合已取得重大进展。

莫桑比克希布托钛锆矿（以下简称希布托钛锆矿）位于莫桑比克南部的加扎省希布托（Chibuto），于 1997 年勘探发现。该矿区是世界上目前已知的最大单体钛锆矿，已探明资源量达 26.72 亿吨，毛矿品位之高令人称奇。希布托钛锆矿原属于南非南方矿业公司，2000 年，被澳大利亚 WMC 资源公司收购，以便施行"砂矿长廊计划"（The Corridor Sands Project）。后来，希布托钛锆矿又被有偿转让给必和必拓公司，而探矿证只有 5 年期限，所剩时间不多，必和必拓公司极力向莫桑比克政府申请延长探矿证期限。因项目时间拖拉太长，莫政府最终只批给了 8 个月延长期，即到 2009 年 10 月为止。必和必拓公司莫桑项目组人员在勘探矿区、平整基地土地后最终放弃，于 2009 年 8 月提前撤离希布托地区。

（二）简要并购过程

在经历两年多的筹备和谈判后，2014 年 11 月 3 日，外经建设和云南新立与莫桑比克政府共同签署了希布托钛锆矿项目开采合同及矿权转让手续。在当天的签约仪式上，莫桑比克矿业部部长和中国驻莫大使在讲话中指出，该项目的开发，不但对带动莫桑比克的经济发展具有重要的意义，对缓解中国国内矿产资源的短缺现状，也具有现实和长远的经济意义，甚至对世界钛锆矿产业具有举足轻重的影响。[①]

三　并购成功原因分析

（一）符合莫桑比克的利益要求——关键因素

希布托钛锆矿先后被澳大利亚 WMC 资源公司、必和必拓公司收购并放弃。2011 年 4 月 20 日，由莫桑比克与加拿大投资商组成的 Rock Forge Titanium 公司在国际公开招标中击败对手南非 MOD Chibuto Sands 公司，中标在希布托市勘探重砂的特许权。莫马矿的开采，使莫桑比克成为世界上重要的钛铁矿生产国，希布托钛锆矿若能开发生产，可使莫桑比克成为全世界最大的钛铁矿生产国之一。因此，希布托钛锆矿的开发符合莫桑比克的利益要求，对带动莫桑比克的经济发展具有重要的意义。

（二）外经建设在非洲丰富的矿产资源开发经验——重要因素之一

2009 年，外经建设迈入了一个全新的领域——境外矿产资源开发，先后在津巴布韦、赞比亚、莫桑比克、刚果（金）等非洲国家获得了钻石矿、金矿、祖母绿矿、钛锆矿和铜矿等矿产资源的特许勘探和开采权，其中，在津巴布韦现已建成投产了安津和津安两大矿区。安津矿区在不到两年时间里就建成了 7 条现代化选矿生产线，形成了从勘探、开采、选矿、分拣到销售的钻石矿产业完整体系。2013 年 3 月，津安矿区 5 条选矿生产线也全面投产。金伯利进程督察员在视察安津矿区后，认为这是他见到的最好矿区，并给出"五个一流"的评价：一流的规模、一流的设施、一流的速度、一流的队伍、一流的管理。外经建设为矿区居民建设的安置区更是津巴布韦规模最大、档次最高、功能最齐全居民区，被作为典范加以推广。刚果（金）奇布依钻石矿项目也已投产，其发展前景更为广阔。外经建设在赞比亚也拥有多个祖母绿矿，且矿石储量丰富，品质优良。[②]

---

① 杨洋：《外经建设在莫桑比克获得世界最大单体钛锆矿矿权》，《中国钛业》2014 年第 4 期。
② 安徽省外经建设（集团）有限公司：《集团简介》，安徽省外经建设（集团）有限公司官网，2015 年 5 月 26 日，http://www.afecc.com/index.php/company_introduction.html，2015 年 8 月 31 日。

（三）与云南新立强强联合——重要因素之二

云南新立专注于钛系列产品的生产与研发，已通过国家高新技术企业认证，拥有 1 个省级院士工作站，建立了云南省钛资源深加工工程研究中心、云南省钛冶金及化工工程技术研究中心和云南省省级企业技术中心，并通过了 GB/T19001—2008/ISO9001：2008 质量管理体系、AS9100C：2009 海绵钛航天航空及 GJB9001B—2009 海绵钛国军标认证，是中国最具特色的钛产业基地之一。[①]

四 主要风险提示

主要风险有社会风险、宏观经济风险、基础设施风险、生产技术风险、人力资源风险和财务风险。

---

① 云南新立有色金属有限公司：《公司简介》，云南新立有色金属有限公司官网，2015 年 3 月 18 日，http：//www.xinli－ti.com/sub.html？ctn＝About&stn＝Gsjj，2015 年 8 月 31 日。

第三章 海外矿业投资经营管理风险的构成要素

第一节 海外矿业投资经营风险及构成要素

一 海外矿业投资经营风险的概念

（一）投资风险的概念

一般来说，投资风险具有两层含义：一是不可能性，是指投资不能达到预期目标的可能性，即达成目标的不可能性。一个企业在进行某项投资活动时，其目标可以有一个或多个（占有市场、获取利润、获取资源以及获取技术等），但在投资过程中由于企业内外部多种因素的联合作用，企业的预期目标可能达成不了，因此，不可能性是客观存在的，并且不可能性越大，投资风险就越大。二是不确定性，是指投资结果的无法预测性，即投资行为产生的结果是不确定的。企业在投资决策与管理中，经常面临收益的不确定性问题，不可能预知所有可能的结果与概率，因此，无法确定投资的结果。[1]

（二）企业经营风险的概念

关于企业经营风险，目前尚无统一的认识，但大同小异。阮平南、王塑源[2]认为，企业经营风险是企业在生产经营过程中面临的各

---

① 刘燕青、眭水炳、钱佳佳：《基于 AHP 的国有企业投资经营风险决策分析》，《中国管理信息化》2009 年第 5 期。

② 阮平南、王塑源：《企业经营风险及预警研究》，《决策借鉴》1999 年第 3 期。

种预期后果估计中较为不利一面的或然性。也就是说，是会给企业带来不利后果的事件发生的概率。肖祥晨[①]认为，企业经营风险是指企业在经营过程中，因不确定因素、经营者主观认识的局限性和工作失误等的影响而遭受损失的程度与可能性。宾爱琪[②]认为，企业经营风险，又称营业风险，是指在企业的生产经营过程中，供、产、销各个环节不确定性因素引起实际收益与预期收益发生背离，使企业蒙受经济损失的可能。简单地说，企业经营风险是企业在生产与销售过程中所面临的由于管理、市场与技术变化等引起的各种风险。

本书认为，企业经营风险是指企业在生产经营过程中可能存在的不确定性对企业目标达成所造成的影响。其产生原因一般有两类：一类是企业外部原因，如政治法律环境、宏观经济环境、市场环境、社会文化环境等发生变化造成的非企业型风险；另一类是企业内部原因，如决策失误、操作失误等所造成的企业型风险。

（三）海外矿业投资经营风险的概念

海外矿业投资经营风险是指我国企业在海外矿产资源开发过程中由于企业外部和内部环境因素给企业投资目标达成所造成的影响。主要包括两类：一类是外部风险因素，主要有政治法律风险、宏观经济风险、社会风险、矿业市场风险和自然资源风险五个方面；另一类是企业内部环境生产技术风险。

二 海外矿业投资经营风险构成要素及其特征

（一）政治法律风险

政治法律风险已成为我国海外矿业投资所面临的最主要的风险，也是决定该项目能否成功的关键因素。海外矿业投资政治法律风险是指因东道国政府或政局的不稳定或者政策的不稳定导致海外矿业投资活动受到影响，使该项目经营绩效或其他目标遭受的不确定性。政治法律是国家的上层建筑，对一国经济基础有重要影响，是一国或企业海外投资时需要考虑的重要外部因素，同时也是很多国家吸引外资的

---

① 肖祥晨：《企业经营风险管理初探》，《煤炭经济研究》1999 年第 3 期。
② 宾爱琪：《论我国企业经营风险管理与控制》，《学术论坛》2009 年第 10 期。

关键因素。任何国际交往都是以本国利益至上为原则的，所以，东道国会为了本国利益而制定一些鼓励或者限制外资的政策和法律法规。这些政策和法规会深刻影响投资国的投资战略目标、投资方式、投资主体以及投资经营活动等。①

政治风险往往在一些发展中国家和不发达国家存在的可能性更大，因为这些国家比较容易产生政局不稳、政权更迭和民族冲突等，甚至有可能爆发内战或国家分裂。② 政治风险导致的后果也是多方面的，主要有政府的非区别性或区别性的干预、制裁、财产损毁、国有化、没收、人身安全失去保障甚至人员伤亡。

政治法律风险主要体现在以下四个方面：

1. 政局风险

一国政局的稳定是确保该国经济正常发展的基本条件，也是决定投资者是否在该国投资的主要考虑因素。东道国政府经常性的重组或更迭、内乱、革命、民族冲突、恐怖袭击等会给我国海外矿业投资经营带来巨大的政治风险。一方面，威胁我国矿企员工的人身安全与财产安全，影响企业的正常经营；另一方面，境外公司往往是东道国恐怖主义、民族主义等各种利益集团的攻击对象。如印度尼西亚反政府武装的"自由亚齐运动"非常极端地抵制境外石油公司，对外来公司的油田设施经常实施破坏活动；非洲地区矿产资源丰富且储量多，被誉为"世界原材料仓库"，但因非洲的历史、殖民统治、宗教、种族等原因，许多国家不时会发生冲突和战争，对矿业开发活动造成严重影响。因此，一国政局越稳定，海外矿业投资的经营风险就越小；反之则越大。③

2. 政策风险

政策风险是指一国对外资在当地进行矿业投资合作的相关政策，

① 钞鹏：《东道国政治性因素对跨国投资影响的理论分析》，《云南财经大学学报》2012 年第 1 期。

② 袁纬芳、郑明贵、陈家愿：《铝矿资源海外开发战略选区政治风险评价》，《江西理工大学学报》2014 年第 2 期。

③ 李国伟：《中国石油企业海外经营风险预警机制研究》，硕士学位论文，中国政法大学，2009 年。

主要是从政府政策中产生而非市场力量为求平衡所造成的波动。矿业保护、支持政策越多，对于我国到该国进行矿业投资就越有利，经营风险越低；反之，则越高。目前，世界上有关矿业的法律政策大体可以分为三类：一是以美国和日本为代表的发达国家，其强调的是国内资源和环境的保护，对全球资源的控制和开发，矿产资源的战略储备和资源的循环利用；二是以加拿大、澳大利亚和南非等为代表的矿业大国，它们是出口驱动型国家，鼓励矿产品出口，获取最大的效益是其矿产资源政策的一个重要方面；三是以巴西、智利、哈萨克斯坦、蒙古国等为代表的发展中国家或处于经济转轨时期的国家，它们迫切需要在矿产勘查和开发中吸引外资以振兴本国矿业。我国海外矿业投资遍布世界各地，不同的国家和地区，其矿业政策也不一样，矿业政策所带来的经营风险也有所差异。可以利用加拿大 Fraser 制定的"2011/2012 年世界主要国家或地区矿业投资政策潜力评分"对矿业政策风险进行量化。由于加拿大、美国、澳大利亚、阿根廷这四个国家是按地区来参与评估，在此取其各个地区政策潜力的平均分来确定该国的矿业政策潜力得分，得分越高，经营风险越低；反之，则经营风险越高。

3. 环保风险

环保风险是指由于满足环保法规的要求而增加的新资产投入甚至迫使项目停产等风险，其不仅表现在由于增加生产成本或者资本投入而降低项目原有的经济强度，而且一旦投资者无力偿还债务，贷款银行取得项目的所有权和经营权之后也必须承担同样的环保压力与责任。因此，一国环保标准的高低直接影响到我国去该国进行矿业投资风险的大小，标准高，经营风险大；标准低，经营风险小。

矿产资源的开发对环境造成的污染，包括露天矿开采导致的地面植被破坏、废水形成的地下水与地表水的污染、废渣堆过高引发的泥石流等，往往需要付出高额的生态环境治理与恢复费用，很多国家都出台了相关法律制度加以约束。我国企业进行海外矿业开发时容易忽视环保风险，特别是在经济欠发达的国家和地区。但随着环保受到越来越多的国家和国际组织的重视，矿业项目在环保上成本也会不断地增加，甚至可能因环保问题而被终止，所以，我国企业对环保风险要提高警惕。

4. 征收风险

征收风险是指东道国政府对外资企业实行征用、没收或国有化的风险。该风险时常表现为东道国政府不公开宣布直接征收企业的有形资产，而是通过各种措施阻碍外国投资者有效控制本企业的资产，使投资者的股东权利受到限制而构成征收行为。

随着矿产资源"全球化"的加深特别是发达国家长期以来的"全球开放式"资源战略的深入、各类矿产品价格的持续上涨等因素驱使东道国政府加强了对本国矿产资源的控制，全球掀起了国有化浪潮，导致我国海外矿业投资经营面临的征收风险加大，控制难度加大。比如哈萨克斯坦规定国家有权购买矿产开发的优先权、将私有化的公司收归国有；委内瑞拉过去几年陆续对在委投资的油气、钢铁、电力等企业进行国有化；拉美许多国家都存在较高的政治干预风险；澳大利亚政府从 2012 年 7 月 1 日起对资源行业征收高达 40% 的资源税，这是变相征收形式。

(二) 宏观经济风险

宏观经济环境是一国从事投资及生产经营活动的基本条件，宏观经济风险也是决定跨国投资者进行投资所面临的主要风险因素之一。宏观经济风险指物价水平波动和经济活动可能给企业经营带来的不利影响，从而导致企业亏损的风险。联合国有关数据显示，全球直接投资有 40% 流向了发达国家，原因在于不仅它们经济环境稳定、投资环境好，且它们的经济规模和市场潜力大，加上高度的区域一体化水平，资金的流动性很强，因此，宏观经济风险就小。宏观经济风险主要体现在以下两个方面：

1. 经济发展水平

宏观经济风险的形成和发展主要是由经济发展本身决定的，是因经济发展水平和相应的结构、制度及管理技术的不对称所产生的。经济发展水平反映的是一个国家经济发展的规模和速度。用人均 GDP 来反映一国经济发展水平的高低，人均 GDP 高，即经济发展水平高，说明该国的经济体制、市场结构、宏观调控机制与微观经济运行机制都比较发达，且能有效协调地运作，因此，该国的经济质量、经济素质和经济效率都会比较高。

一国经济发展水平对海外矿业投资经营风险的影响主要表现在：一国经济发展水平低，说明国内相应的矿业经济发展水平也不会很理想，很可能存在勘探开采水平低、工艺设备落后、管理水平低、经济效益差等问题，这些很不利于境外企业在该国获得先进的工艺设备和成熟的矿山操作经验；矿业是资本密集型行业，从勘探到开发再到销售都需要投入大量的资金，如果东道国经济发展水平低，则企业很难在该国融资，从而影响企业的生产经营活动，甚至可能导致投资活动的中断。

2. 物价水平

物价水平是衡量一国潜在的消费能力和分析其经济状况的非常重要的指标，物价指数是反映经济状况、财政状况和货币状况的"晴雨表"。物价水平上涨会使居民消费水平上升，生活成本提高，从而会加大投资者的经营成本；如果物价一直居高不下将会引发通货膨胀，进而导致经济崩溃，激发社会矛盾，使社会不稳定因素增加，更加不利于形成良好的投资环境。2008 年国际金融危机使各国利率急降，经济出现不同程度的通货膨胀，很多境外矿业投资项目遭受了巨大的冲击，矿业市场价格下降、产品滞销，给企业带来了无法估量的经济损失。因此，物价的稳定对于具有投资周期长、资金规模大的矿业开发项目来说具有重要意义。

（三）社会风险

海外矿业投资项目从前期的决策到结束都依托着东道国社会这个载体来实现。社会风险是一种导致社会冲突，危及社会秩序和社会稳定的可能性。一旦这种可能性变成现实，社会风险就会变成社会危机，对社会秩序和社会稳定都会造成灾难性的影响，在社会这个载体上开展的各项活动都会受到扰乱。社会风险主要体现在以下两个方面：

1. 社会治安

因政局动荡、经济危机、贫富悬殊、暴力犯罪等引发的社会治安不稳定，会严重影响投资企业的人身和财产安全，从而影响矿产资源的开发与运营。矿产资源海外开发的目标国中大部分国家的治安环境较差，如在希腊投资的华人不时会受到暴力犯罪、恐怖袭击等，特别是受金融危机的严重冲击，当地歹徒对华裔、华人的犯罪活动更加猖獗；拉美地区的牙买加、委内瑞拉、圭亚那社会治安环境很差，暴力、枪杀事件也时有发生，且外来人员更容易引起当地居民的反感和抵制。

2. 罢工风险

项目的顺利运营需依靠当地工会和社区的支持，罢工也是我国海外矿业投资企业所面临的非常敏感的问题。随着我国海外矿业投资的发展，境外项目雇用的当地员工越来越多，时常因劳资纠纷而发生本地工人罢工事件，有些东道国还有强大的工会组织和倾向明显的劳动保护政策，使我国矿产资源海外开发项目步履维艰。如不能有效地遏制这种事件的发生，将使项目不能按期开展，由延期引发的一系列问题将严重影响项目的正常经营，给项目带来巨大的经济损失和负面影响。如我国首钢公司管辖的秘鲁铁矿股份有限公司，仅 2005 年 6 月至 2006 年 7 月这一年间，该公司就遭遇了三次工人要求涨工资的大罢工，使公司蒙受了数百万美元的经济损失；在越南，工人以罢工争取利益也是司空见惯的事情，且企业一旦遭到员工罢工，期望越南当地政府来直接干预或协调解决，往往得不到回应，政府甚至鼓励企业员工以罢工的形式维护和争取自己的正当权益；我国周边矿产资源丰富的国家印度、哈萨克斯坦也是罢工较为频繁的国家。

（四）矿业市场风险

市场风险主要是指未来价格的不确定性对企业既定目标所带来的不利影响，矿业市场风险除价格之外还受东道国矿产资源潜力、基础设施完善程度的影响。

1. 矿产资源潜力

矿产资源潜力是指一国或某一很大面积的地区，某种或某些矿产资源在未来可能被发现的资源量。矿产资源潜力是投资者进行矿产勘查工作决策甚至投资决策的主要依据。我国矿业"走出去"的目的在于能最大限度地缓解国内矿产资源供需矛盾，因此，一国的矿产资源潜力是投资的必要条件，对于资源获取型的企业来说，没有足够的资源，其他风险再低也无济于事。

2. 矿产品价格

矿业投资获利的最终来源都是通过矿产品的市场交易来实现的，由矿产品交易引发的市场风险主要表现在：矿产品市场价格的急剧变化超出投资者的预期范围，价格比预期低，投资收益减少，甚至出现亏损。如近年来全球粗钢产量严重过剩，导致钢材价格下降，直接使铁矿石价格大幅下跌，非常不利于海外铁矿产资源的开发。

3. 基础设施

基础设施是社会赖以生存发展的一般物质条件，是矿产资源开发不可缺少的硬件设施。一国基础设施完善，可以为投资企业的发展提供良好的外部环境，降低企业成本；反之，则会给投资带来不利影响。通常矿产资源的勘探开发、生产活动在山区或者边远地区，这就需东道国具备比较完善的生产基础设施，包括交通、通信、能源、水电等配套设施，尤其是交通条件，因为交通因素一定程度上决定了项目能否顺利进行。以南非为例，许多投资者在做投资决策时，首先顾虑的就是当地的基础设施薄弱，虽然南非矿业投资还有很多其他风险，但当地的社会状况和资源的运输成本是最大的风险。南非的矿产资源位置大多距离沿海码头较远，且该国的铁路建设也不理想，因此，每到旺季，当地矿主就会争夺铁路的运输权，这样的情况对海外投资生产活动是极为不利的。

（五）自然资源风险

狭义的自然资源风险是指由于自然力的不规律变化所导致的矿产资源开发经营活动、财产生命安全遭受损失的风险，也常称为自然灾害风险。如地震、台风、泥石流、水灾、旱灾、瘟疫等各种自然现象阻碍矿业经营活动。广义的自然资源风险除上述因素所致外，特殊的未预测到的地质储量和矿石品位等也会给海外经营带来巨大风险。

矿业企业属资源性企业，资源禀赋是企业生存的基本条件，自然环境是矿业企业经营的基本要素，特别是对于海外经营来说，因信息不对称导致对东道国自然条件认识的局限性将给矿业企业经营带来巨大的风险性。我国海外矿业投资经营主要面临的自然风险有气候条件、自然灾害、地质资源储量和矿石品位。

1. 气候条件

一国的气候条件会直接影响到劳工的强度，例如，有些矿区所在地大风、高温、低温、暴雨等施工气候环境恶劣，这种不确定性不仅让矿山建设开发各个环节受到很大程度的影响，给项目带来经济损失的同时，也延缓了项目的进度，加大了投资风险，占用了资金，带来了资金风险。如我国周边矿产资源丰富的哈萨克斯坦，冬季严寒，常年温度在零下10℃至零下20℃，形成的冻土层不仅不利于矿山的开采，防冻保暖也会使运营成本增加。

2. 自然灾害

矿产资源属于自然资源，矿产资源的开发都是在自然环境中进行，可能会遭遇地震、水灾、火山爆发、泥石流等突发的自然灾害，以及一些不可预知的传染病、疾病等不可抗力因素，干扰项目的运行甚至导致项目的失败。如矿区在地震带或邻近地震带上，对矿产资源开发的破坏都是毁灭性的，如电力通信等设备的中断，直接影响项目的进展，同时地震可能会对原本探测好的矿区地质构造造成一定的损坏，从而影响矿产资源的开发；流速快、流量大、突发性强的泥石流会严重危害矿区的交通设施、开采设备，淤埋矿山坑道，从而造成停工甚至会使矿山报废。

3. 地质资源储量

矿床地质资源储量，特别是已探明和控制的、可作为矿山建设依据的工业储量，是矿业企业确定生产规模、服务年限、采矿基建工程量、基建投资和基建时间的唯一依据。如果储量，特别是生产初期储量大幅减少，就会造成原定的矿山生产规模偏大，矿山不能如期投产、达产，服务年限和产品产量减少，严重影响项目的正常经营，将导致基建投资增加、生产成本增高、产值和利润下降，从而影响贷款偿还期增加、利息增加等，最终可能导致项目投入大于产出。

4. 矿石品位

矿产资源品位的高低事关海外矿业投资项目的成败，是一个关键因素。在确定项目开发技术条件、矿产资源品位、生产和销售等方面后，能初步估算出项目的盈利水平，但因矿产资源成分复杂多变、赋存隐蔽等特点，使在矿产资源的探矿、勘查和开采利用阶段中，易出现目标矿种以及伴生矿的品位或储量发生变化的情况。且由于不同国家和地区在计算矿石品位时所采用的矿床有用成分、矿床边界确定及计算方法各有不同，常带有主观色彩，在矿产资源开采的后期，实际品位会出现比初期计算略低的可能性，因此，项目成本会因风险的增加而提高，同时项目的盈利水平也会下降。

（六）生产技术风险

1. 矿床水文地质风险

水文地质条件的复杂程度是决定开采时的坑道位置、防污方法、设备能力和采矿成本的关键因素，地质条件的优劣直接关系到矿产资源勘探开发工作能否顺利进行。复杂或极端地质环境下开采，风险就更大。如高寒、高海拔地区采矿，缺氧会造成设备、车辆动力衰减、运输困难；在地下水丰富地区，如地下暗河或溶洞条件下也会严重影响基建投资和开采成本，最终使矿山成为"呆矿"。已有技术在理论上可以克服复杂的水文地质条件，但经济上由于成本太高而无法采用，如岩爆、井下高温等开采技术，能集约化、最大化利用矿产资源，其高成本则使项目的利润空间变小甚至无利可图。

2. 勘探风险

我国目前海外矿业投资除石油外，更多的是在铁矿、铜矿等固体矿产资源上，而固体矿产资源开发的显著特点就是"高、难、差"，即找矿成本高，找矿难度大尤其是能找到经济上可行、技术上可采的矿山难，勘查效果较差。勘探和开发的风险要比石油企业更高。

勘探风险本质上就是勘探技术实力风险，主要在于概率低。根据经验数据统计，一般发现一座经济可采矿床的成功率只有1%左右，且找矿技术要求高，找矿者勘探技术实力的不同，勘查结果也不一样，虽然勘查过程中有运气成分的影响，但人力方面还是主导因素。

因此，矿产资源的投资与找矿技术力量的强弱对矿业投资的经营，尤其是对矿产资源勘探投资的成败影响非常大。

3. 采选工艺设备适配性

矿山项目采选工艺设备适配性是指采矿、选矿以及为工艺技术服务的设备等与矿山之间的匹配度，主要表现在以下两个方面：一是采选工艺技术设备的应用范围及效果首先受矿产资源开采技术条件的限制；二是针对矿产资源的特点，进行采选工艺设备的优化组合，能在一定程度上和范围内转化不利的水文地质条件，从而达到化解地质风险的目的，充分显示科技创新与进步的巨大作用。因此，采选工艺设备与矿产资源之间存在密切的相辅相成、相互制约的关系。

不同的矿石选矿工艺也不同。如铜矿以浮选为主，铁矿以磁选为主，钨矿以重选为主；同一矿种因其构造和结构的不同，选矿工艺的复杂程度和所得产品的指标也不一样，甚至有不少矿产资源正因为其矿石品质差而使采选工艺复杂、指标差，成为经济上无利的"呆矿"。此外，不同的矿石品位、厚度、矿体倾角对采矿方法的选择起主导作用，如在矿岩破碎、品位高的情况下，宜采用回收率高的胶结充填法；矿岩不稳、储量大、品位低，宜采用生产能力大的阶段矿房法；等等。而每种采矿方法的使用也应有适用装备才能实现，紫金山金矿20世纪一直被认为是一座品位低、储量中等、矿体薄、覆盖层厚的"呆矿"，露采和坑采都不经济，后经改进在地质理论上突破了传统的双指标圈矿的限制，单用单指标重新圈选矿体，且采用工艺简单、成本低廉的氰化淋喷堆浸工艺技术，将一座"呆矿"改变成了目前全国最大、经济效益显著的大型露天金矿。

4. 安全生产保障程度

安全生产贯穿在矿业开发活动的各个环节。在矿山勘探阶段，如果矿山在地震带上，将对矿产资源的勘探甚至整个开发都是毁灭性的，同时还可能遭遇泥石流、洪水等的影响。在矿产资源开采阶段，随着矿山向深部开采，地压加大，地下采空区在强大的压力下，极易发生坍塌事件；地下开采遗留的采场、硐室和巷道没有及时处理，对由地下转露天开采的矿山会造成严重的隐患，给矿山工作人员的安全带来巨大的威胁，同时影响开采设备的正常运行；还有矿井在建设和生产过程中，地下水和地面水通过断层、裂隙等各种通道进入矿井，当矿井超过正常排水能力时，就会发生"透水事故"，而"透水事故"一旦发生，对矿山开发的影响也是非常大的。据国内有关数据统计，2007 年发生 40 多起透水事故，造成 200 多人死亡；2008 年发生 25 起，造成 100 多人死亡。虽然近些年有所降低，但在一些水文地质条件复杂的矿区，安全隐患还是很大的。此外，在矿山的开发过程中，还会遭遇瓦斯爆炸等事件。因此，面临复杂的地质环境和勘探开采流程，企业对安全隐患的防范、安全生产保障程度的高低将直接影响矿山的运营。

第二节　海外矿业投资管理风险及构成要素

一　海外矿业投资管理风险的概念

（一）管理风险的概念

风险是在一定的客观情况下，在特定的时期内导致预期结果与实际结果产生偏离的，并可以识别、测定和控制的变化。风险有风险因素、风险事故和风险损失三个基本要素。管理风险则是在管理运作过程中由于信息不对称、管理不善、判断失误等影响管理的水平。管理风险具体存在于构成管理体系的每个细节上，可以分为管理者的素质、组织结构、企业文化和管理过程四个部分。

（二）海外矿业投资管理风险的概念

海外矿业投资管理风险主要是指由于管理不善而影响管理水平甚至导致投资失败的可能性。海外矿业投资的管理风险主要是指财务风险、跨文化风险、人力资源风险、无形资产风险和决策风险等。

二　海外矿业投资管理风险的构成要素及其特征

（一）财务风险

财务风险一般是指企业财务管理出现问题而导致企业投资收益下降的风险。企业财务管理可能出现的问题主要包括财务结构与市场脱节或融资失误导致偿债能力下降。除此之外，根据海外矿业投资的特殊性，财务管理问题还包括汇率与利率风险的影响。因此，海外矿业投资财务风险的因素主要包括融资风险、汇率风险、利率风险和资产负债率。财务风险在企业管理过程中必然存在且难以消除，只能通过采取有效的防范措施来降低风险发生的概率。我国企业在进行海外矿业投资时需要把握金融与实业两个部分，平衡这两个部分就成为企业进行内部财务管理的重任。

1. 融资风险

矿业融资是指矿业企业在矿产勘探、开采生产过程中主动进行的资金筹集和资金运用行为。具有周期长、资金需求量大、不确定因素多、投资风险大等特点，并且由于矿业活动的阶段性决定了矿业投资的多阶段性和复杂性。我国企业在进行海外矿业投资时，主要采取证券融资和银行融资的方式，而证券融资的方式和注意事项要比银行融资复杂得多，要求企业熟知国际各主要证券交易所的特点、上市条件等。证券融资方式更有助于那些采取风险勘探形式进行海外矿业投资的企业进行融资，因为股票发行是否能够成功取决于企业是否拥有好的勘探项目，预示着企业的发展前景，相对企业实力而言，拥有良好发展前景的企业在股票发行方面更具有优势。

融资风险主要影响因素有：

（1）银行实际贷款利率。矿业投资需要庞大的资金量，仅依靠企业的自有资金很难负担，无论是采取证券融资还是向银行贷款的融资手段，银行的实际贷款利率都会对这两种融资方式产生影响。若企业采取证券融资的方式进行矿业融资，银行的实际贷款利率往往受到市场利率的影响。而市场利率将影响证券市场的升降，市场利率升高，将会减少证券市场的货币量，使证券市场行情下降；反之使证券市场行情上升。因此，银行实际贷款利率会对采取证券融资手段的企业产生间接影响。若企业仅在国内贷款，所贷资金还需转化成外币，将会增加多一层的汇率风险，因此，境外企业往往也会选择在投资所在国贷款，那么投资所在国的实际贷款利率将成为影响企业进行海外矿业投资的重要因素之一。

（2）贷款偿还期。贷款作为一种最为常见的融资方式，根据贷款的目的与期限不同，可以分为超长期贷款（10 年以上）、长期贷款（7—10 年）、中长期贷款（5—7 年）、中期贷款（3—5 年）和短期贷款（3 年以下）。①银行向矿业企业贷款的资金量通常比较庞大，贷款的偿还期越长，银行所要承担的风险就越大。银行所能承受的贷款偿还期除与企业自身的信用等级有关外，还与银行自身的承受能力、国家的政策稳定、市场宏观环境等有着密切的联系，是影响企业融资的重要因素之一。

2. 汇率风险

汇率风险是指由于汇率变动而导致境外企业以外币计价的资产和负债、收入和支出的价值量的增加或减少，使企业损失或获利的不确定性。它是狭义上的外汇风险，有时也简单地被称作外汇风险。

由于我国企业在进行海外矿业投资时投资金额都比较巨大，往往是以亿元为单位计算项目投资额，在如此庞大的投资金额面前，汇率风险的有效控制将决定企业的收益率。跨国公司的汇率风险是其在投资过程中面临的主要风险之一，在国际资本流动中，企业不可避免地会收付大量的外币或是以外币表示的债券债务。若汇率发生变动就会增加企业遭受损失的可能性，应对汇率风险成为跨国公司在进行海外投资时的关键因素之一。其主要影响因素如下：

（1）汇率波动性。汇率波动性作为影响汇率风险的重要因素之一，是所有企业在进行海外矿业投资都需要考虑到的因素。汇率波动会使企业在外债清偿过程中和进出口业务结算中产生一定比例的汇兑损益。由于在海外进行矿业投资，向国际市场以及我国市场出售矿产品需以美元计算，然而成本支出却以投资所在国的货币计价，因此，投资所在国兑美元的汇率波动情况成为影响汇率风险的重要因素。②一国汇率的稳定性将会决定我国企业在该国进行海外矿业投资时汇率风险的大小，若该国汇率波动幅度很大，常年处于不稳定状态，必然

① 沙景华、佘延双：《矿业融资的国际比较与分析》，《中国矿业》2008 年第 1 期。
② 尹筑嘉、蔡德容：《矿产勘查的融资方式研究》，《科技管理研究》2007 年第 3 期。

会使我国企业在该国投资谨慎小心，控制项目投资数额；反之，若该国汇率长期处于稳定状态，那么我国企业也将会更加偏向在该国进行矿业投资。

（2）国际收支状况。国际收支是用来衡量一国与其他国家之间贸易往来状况的指标，而国际收支状况则是通过该国的资本净流出与净出口两者的差额来衡量。国际收支平衡理论认为，一国的均衡汇率取决于国际收支平衡时的汇率，如果国际收支失衡，必定会导致汇率发生波动，造成汇率风险。如果货币流出大于流入，该国国际收支就会呈现逆差的状态；反之，货币流出小于流入则会呈现顺差的状态。只有当货币流入与流出相等时，才会达到国际收支平衡的状态。一般情况下，当投资所在国的国际收支出现顺差时，会引起本币升值，外币贬值，汇率下降；当其国际收支出现逆差时，会引起本币贬值，外币升值，汇率上升。

（3）外汇储备。外汇储备主要是指一国所持有的外币总量，代表该国政府对外币的持有权，也可以表示与其他国家产生的债权债务关系。外汇储备也可以作为一个衡量国家经济实力强弱的重要指标，特别是在发生经济危机时，雄厚的外汇储备可以帮助该国度过经济危机，避免出现汇率发生大幅度变动的情况。在某些特殊时期，外汇储备还可以用在国家之间进行债务清偿。外汇储备雄厚可以稳定本国货币汇率，保障本国的支付能力，对维护国际信誉也起到有利作用，可以有效地抵抗金融风险；反之，外汇储备较弱则难以起到有效稳定汇率、抵抗金融风险的作用。

（4）国内生产总值（GDP）。投资所在国的国内生产总值增加，将会促进该国消费水平上升，对本币的需求也随之增加，假设此时货币供应量不变，那么该国对本币的需求将会提高本币价值，导致外币贬值。国内生产总值对汇率变动产生的影响成为形成汇率风险的另一个重要因素。[①]

---

① 李磊：《我国出口导向型上市企业汇率风险影响因素研究》，硕士学位论文，江西财经大学，2009 年。

3. 利率风险

利率风险是由于市场利率的不确实性使经济主体的资产和负债期限日的不匹配而造成的。早期针对利率风险的研究主要是建立在研究商业银行风险的基础上开始的，之后国家之间频繁地进行经济交流，利率的影响开始扩散，甚至一国利率的变动可以影响到国际市场。在多次金融危机爆发后，这种情况出现得更为普遍且明显，国家可以通过调节利率大小以对宏观经济进行调控，通过对利率的调节可以宏观掌控金融市场。

利率风险的主要影响因素有：

（1）国内经济增长率。国内经济增长率是一个可以衡量一国未来经济发展潜力的指标。高经济增长率可以吸引更多的投资者到该国进行投资，表明该国未来发展前景良好，可以为投资者提供更多的机遇。当投资所在国国内经济处于增长阶段时，投资的机会将会增多，对信贷资金的需求量增大，利率上升；反之，当经济发展相对低迷时，社会处于萧条时期，投资意愿减少，自然对信贷资金的需求量减小，市场利率一般较低。[1]

（2）通货膨胀率。通货膨胀率表明一国的物价水平处于上涨的状态，且根据通胀率的大小不同，物价上涨的幅度也会不同。一般情况下，一国的物价水平会随着其经济增长出现普遍上涨的情况，但是，物价上涨幅度过大则会引起货币贬值，导致实际利率下降，利率降低又必然会鼓励增加货币与信贷供应，造成通货膨胀，使利率与通货膨胀呈正相关关系，这种相互影响形成了利率波动和风险。

（3）国际经济增长率。国际经济增长率是用来衡量全球经济发展状况的指标，尤其是如今各国经济联系越来越紧密，由于经济全球化的加深，国内外金融市场之间具有更加紧密的相互关联，各国的经济也在一定程度上出现协同现象。国际的经济变动，将会波及每个具有开放金融市场的国家。当国际经济由扩张转为衰退时，各国都会采取降低利率的手段来刺激本国经济，因此，国际经济增长率将会对各国

---

① 陆春芳：《关于企业贷款项目的利率风险估计》，《大观周刊》2011 年第 2 期。

利率的波动产生影响。① 国际经济增长率较高会使各国利率更加稳定，企业在进行海外矿业投资时更不易受到利率风险的影响；反之，利率不稳定将使企业进行境外开发时更容易受到利率风险的影响。

（4）财政收支状况。财政收支主要有两种状况：一种是财政盈余即财政收入大于财政支出的情况，另一种是财政赤字即财政收入小于财政支出的情况。适当的财政赤字对一国的经济有促进作用，能够在短时期内促进就业，但是，如果政府长期处于财政赤字的状态就易引发财政危机。财政赤字还可能诱发通货膨胀，进而影响到利率上升，若是采取减少政府购买来降低财政赤字，会使投资增加利率下降。财政收支是央行货币政策的重要影响因素之一，财政赤字扩大时央行将会控制货币量，提高利率。

4. 资产负债率

市场经济下，企业对其内部财务状况日益重视，资产负债率作为衡量企业偿债能力的重要指标也愈加受到重视。资产负债率是指负债总额与资产总额的比重，是用以表示企业资产结构的基础指标。银行等金融机构还会依据企业资产负债率的高低给予不同等级的信用贷款，对资产负债率过高的企业甚至会拒绝向其提供信贷支持。银行提供信用贷款支持是从事海外矿业投资企业的重要资金来源之一，将直接影响到企业财务状况。

一般情况下，资产负债率低表示企业负债比率较低，这种情况对于企业的债权人是有利的，说明企业偿债能力有保障，有利于保障债权人的权益。从股东立场来看，如果企业的利润率与资产负债率较上一年均上升，且利润率上升幅度大于资产负债率上升幅度时，负债比率越大，股东获益越多。这种情况下能够给企业带来正面效益，随着股东获益不断增大，使资产负债率随着企业资产增大而相对降低，避免资产负债率过高而影响公司的偿债能力，给予债权人一定的偿债保证，以此说明企业的生产经营活动是一个良性的循环过程。企业若要

---

① 陈嘉辉：《我国外贸企业面临的利率风险及应对策略》，《国际商务财会》2011 年第 6 期。

建立这样一个良性循环过程，需要进行全方位考虑，了解影响资产负债率的因素，以便进行准确的决策分析。

资产负债率的主要影响因素有：

（1）资产分析。资产负债率是以资产作为基础进行计算的指标，资产的大小将会决定资产负债率的高低。企业的资产主要包括流动资产、长期投资和固定资产三部分。

首先是流动资产分析。流动资产是指企业可以在一个营业周期内变现的资产，能够让企业灵活运用的资金。流动资产是企业总资产中必不可少的组成部分，如果企业流动资产比率较高，说明该企业资金流动性强，变现能力强，即使资产负债率较高也不会引起企业负担过重，不会过多地影响企业偿债能力。良好的流动资产结构能够优化企业的资产结构，流动资产结构主要包括企业的应收账款、预付账款、货币资金、存货等资产。应收账款是指企业在正常的经营过程中因销售商品、产品、提供劳务等业务，应向购买单位收取的款项。如果应收账款能够及时到账，保障企业的资金来源，对优化资产结构有益，但若应收账款中出现较大比例的呆账坏账就会影响企业资产变现的进程，影响企业资金来源。同样，存货也具有与应收账款相似的特征，如果存货能够通过及时销售使企业资产变现则能够提高企业现付及预付账款的付现能力，但如果存在大量滞销产品，这些存货将成为企业的负担，增加企业的偿债压力。预付账款是指企业按照购货合同的规定，预先以货币资金或货币等价物支付供应单位的款项。这其中主要是涉及还款期限问题，还款期限较长有利于企业筹集资金，给予企业更多时间进行资金流转；反之，时间较短就会增加企业的债务负担。

其次是长期投资分析。企业进行海外矿业投资属于长期投资的范围，此时企业应该时刻关注投资回报率与借贷利息率之间的关系，只有当投资回报率高于借贷利息率时，企业的投资计划才具有可行性。此外，企业在进行投资时要量力而行，投资额与企业总资产的比例要合理，投资额过高会提高企业的资产负债率，若投资规模过大超过了企业的经营能力将会直接影响到企业的变现与偿债能力。

最后是固定资产分析。从事矿业投资的企业都需要购买大量的固定机械设备，也需要购置土地等进行矿山开采，这类资产都属于企业的固定资产。一般情况下，固定资产比重不宜超过企业净资产的2/3，这样，企业既有固定资产作为借款抵押，也有一定的流动资金为企业进行投资活动提供资金支持。

（2）负债分析。企业负债比率与资产负债率成正比例关系，企业可以通过控制负债比率进行资产负债率的调控，企业负债主要包括流动负债与长期负债两种类型。

首先是流动负债分析。流动负债主要是指企业中存在的短期借款、定额负债等，其与流动资产相对应，因此通常将流动资产与流动负债的比值称为流动比率。如果流动负债超过了流动资产的额度即流动比率小于1，说明企业偿债能力出现问题，债权人的权益存在一定的威胁；如果流动资产大于流动负债即流动比率大于1，则说明企业具有一定的偿债能力，对企业与债权人都是有益的。流动比率越高，虽然对企业信用良好，对债权人权益有保障，但是，过高的流动比率会降低流动资金的使用效率，使部分资金得不到较好的运用，将影响到企业的盈利。因此，企业在制定流动比率时应该将其控制在一个合理的范围内，既保障企业资金的使用效率，又保障企业信用良好，不会举债困难。

其次是长期负债分析。长期负债相较于之前的流动负债具有还款期限长、贷款利率相对较高等特点，由于海外矿业投资具有投资周期长、资金需求量大的特点，作为进行海外矿业投资的企业拥有较多的长期负债更有利于投资经营的正常进行。长期负债与流动负债相比能够给企业提供更多的盈利机遇，与此相对，企业也需要对长期负债进行专业管理，避免引起筹资风险，给企业增加经营障碍，使资产负债率升高，造成多重威胁。

（二）跨文化风险

跨文化在文化学理论上是指文化认同，即在交往过程中双方不仅认同自身的文化体系、风俗习惯、观念与行为，同时也认同与尊重对方的文化体系、风俗习惯、观念与行为。这种跨越了社会体系、种族和文化属性等方面的人类之间的交往互动，使传统与现代相结合，不断地冲击摩擦创造出新文化即为跨文化的本质含义。跨文化风险是从跨国公司战略联盟中发展起来的，指的是在跨地域、跨民族、跨国体、跨政体的跨文化经营管理过程中，由于不同地方、不同组织、不同民族的文化差异而导致的文化冲突，使联盟中的跨国公司实际收益与预期收益目标发生偏离的可能性。① 目前，针对跨文化风险已经形成了一个系统的管理体系称为跨文化管理，主要是采取包容策略尽可能地化解文化差异引起的冲突，根据不同的经营管理环境创造相应的企业文化，以便能形成有效的管理系统。在海外矿业投资管理过程中，不可避免地会涉及不同文化环境，由于我国的文化与其他国家的文化存在差异，导致的文化误解、文化冲突有时会使企业管理目标难以实现，甚至导致整个对外投资活动的失败。

1. 跨文化风险的特征

跨文化风险主要发生在跨国交易过程中，并随着国体之间差异化程度不同而不同。跨文化风险依据特定的、具体的国家或种族产生不同的影响，在海外矿业投资中，我国企业至少要面对一个不同国家或种族，产生的跨文化风险依据不同的国家、种族、文化有着不同的特征。其主要表现有以下三个方面：

（1）跨文化风险受企业国际化程度影响。跨文化风险作为企业在跨国经营时必然会面临的风险，是客观存在的，但其风险大小受制于企业国际化程度大小。若企业仅在国内进行生产经营，其所面临的跨文化风险几乎可以忽略不计，但当企业走出国内市场进入国际市场进行投资经营时，跨文化风险也随着经营范围扩大而逐渐增加，成为一个不可忽视的特殊风险，并随着企业投资规模增大、投资项目复杂化而不断增大其风险的影响能力。虽然跨文化风险不会成为决定企业成败的全部因素，但很多企业的实际经营过程表明，跨文化风险在国际经营范围内是决定企业投资成败的关键因素之一，需要得到企业足够的重视，避免不必要的损失发生。

（2）收益与损失均可能发生。跨文化风险虽然是一种特殊风险但

---

① 唐光辉：《跨国公司战略联盟的跨文化风险及对策》，《商业时代》2006 年第 11 期。

仍具有风险的一般性，即收益与损失均可能发生。跨文化风险在我国企业进行海外矿业投资中是一把"双刃剑"，一方面文化差异可能会引发文化冲突，对企业项目投资的经营管理起到阻碍；另一方面这种文化差异有机会诱发文化的升华，突破现状，激励企业不断创新，创造出新的融合文化，使企业具有独特的文化魅力。

（3）跨文化风险通过人产生作用。跨文化风险是一种无形的风险，但其要产生作用必须通过具体的人才能实现，即跨文化风险虽然表现在企业的经营管理过程中，产生的影响也是针对企业的经营管理，但这种作用的发生必定是通过具体的人来实现的。这里具体的人主要是指客户、合作者和雇员，跨文化风险的发生主要是由这三类人群的文化差异引起的，他们往往是相互发生作用，产生文化冲突，对企业的经营管理造成影响。

2. 跨文化风险的要素分析

文化风险有其自身的特征，主要表现在客观性、复杂性、层次性和可控性四个方面。本书主要讨论两种跨文化风险：沟通风险、商务惯例及禁忌风险。①

（1）沟通风险。沟通风险是指因错误地理解语言或非语言因素而产生沟通障碍和沟通误解，最终导致沟通失败的风险。不同文化背景的项目成员之间能够有效沟通是海外矿业投资项目成功的重要前提条件。海外矿业投资项目涉及多种语言和多元文化，当不同文化的价值观、信仰等相互冲突时，将会影响有效沟通，导致相互误解，从而产生沟通风险。除要考察语言沟通风险外，也需要考虑到不同文化背景下对信息理解的差异，避免出现沟通误区，给企业带来不必要的损失。

（2）商务惯例及禁忌风险。商务惯例风险是指不同文化背景、不同商务习惯和方式的人对原有商务惯例的不适应，而导致谈判失败的风险。禁忌风险是指由于管理人员忽略了项目所在国的禁忌而导致失

---

① 谭强：《国际工程承包项目的跨文化风险管理研究》，硕士学位论文，云南财经大学，2011年。

败的风险。在海外矿业投资项目中，要特别注意对方的禁忌及项目所在国是否遵循国际通行的商务惯例。在海外矿业投资项目中，文化冲突与风险相互影响、交互作用，如果没有得到正视和妥善处理，将使投资活动复杂多变，很可能导致投资项目最终运作失败。

（三）人力资源风险

为了缓解资源紧缺的状况以及响应国家"走出去"战略，我国具备相应实力的企业几乎都融入海外资源市场中，跨国投资迅速发展起来。但是，在此过程中也出现了不少问题，其中就有部分企业由于对人力资源管理重视程度不够而造成海外投资项目无法正常运行的情况。人力资源作为企业经营管理的动力源泉，是企业不断对外发展的基础，对外投资企业由于活动范围更大，企业经营更加分散，使其与国内企业相比面临着更多的人力资源管理风险。在海外矿业投资管理中，如果只注重技术的提高和资金的运作，而忽视投资国当地的具体人力资源环境，不实行合适的跨国人力资源管理措施，将会使对外投资管理更加困难。

首先需要明确人力资源的内涵。人力资源从国家的角度出发指的是在一国或一个地区范围内具有劳动能力的人口总和；从企业的角度出发指的是企业组织内部拥有的能够为企业产生价值的，由企业内部成员提供的例如经营能力、教育水平等资源的总和。

其次是人力资源风险的含义。人力资源风险是在人力资源管理的基础上提出的，指的是由于人力资源管理不善引起人力资源使用不充分或不恰当，给企业带来各种形式损失的可能性。人力资源风险贯穿在企业整个管理过程中，从企业组织招聘开始，人力资源风险就已经存在，并且以不同的形式影响着企业的经营管理。人力资源风险主要有人力资源招聘风险、优秀人才流失风险和健康风险等。[①] 而影响企业人力资源风险的主要因素有投资所在国居民受教育程度、工资水平以及企业内部人事制度等。具体分析如下：

---

① 张文：《海外矿业投资的风险分析及对策防范——中国投资者的视角》，《中国矿业》2010 年第 S1 期。

1. 受教育程度

根据人力资源从国家角度出发的概念，一国或一个地区居民受教育程度将会直接影响到该国或该地区的劳动力总数，进而影响到企业的人才招揽，对项目的正常运行产生影响。一方面，如果投资所在国居民受教育程度普遍较高，人才市场能够提供给企业的劳动力数量较多，且能从事具有一定技术含量的工作，大数条件形成，将会抑制机会主义倾向的产生，有利于企业录用到可靠的人才，降低人力资源风险。如果投资所在国经济较为落后，居民受教育程度普遍较低，从事具有一定技术含量的工作较为困难，此时企业在当地进行大量的人才招聘计划不可行，需要从其他地方引进人才，这种情况下，企业需要支付更多的薪酬，人力资源成本上升，变相地加大了人力资源风险程度。另一方面，居民受教育程度普遍较低的地区或国家发生暴乱与罢工的概率也会上升，将会对投资项目的正常运行造成严重阻碍。

2. 工资水平

工资水平在人力资源风险中主要表现在人力资源成本增加或减少方面。企业在工资水平较低的国家进行投资建设，招聘成本、薪酬给付、奖金和福利等各个方面都较低，可以节约企业的人力资源成本，因此，工资水平较低的国家或地区有利于投资项目进行，人力资源风险降低。一方面，工资水平与当地的物价水平紧密地联系在一起，工资水平较低的国家或地区一般拥有较低的物价水平，为企业进行物资采购提供了有利条件。另一方面，工资水平是衡量一个国家经济发展程度的重要指标，工资水平较低的国家往往经济发展水平偏低，如果企业进入该国进行投资建设必然能够拉动该国经济的发展，有一定概率能够得到政府在政策上的支持，为企业的项目建设营造有利的环境。因此，工资水平较低可以在一定程度上降低人力资源风险，但需要引起注意的是，过低的工资水平有时会增加投资风险，因为过低的工资水平可能满足不了当地居民正常的生活需求，社会治安不稳定，需要慎重考虑。

3. 人事制度

人事制度是企业进行人力资源管理的基础，人事制度不完善，容易引起劳动争议，造成人才流失，对人力资源管理造成严重影响，加大人力资源风险的程度。

（四）无形资产风险

无形资产是企业资产的重要组成部分，但却很容易被企业管理者所忽略，而且管理方式较有形资产更加特别。无形资产最初是从会计学中发展起来的，但是，每个国家的会计准则中对无形资产的定义都不尽相同，因此，无形资产的定义很难统一，只能依据无形资产的基本性质即企业拥有的经济资源进行划分。从事海外矿业投资的企业需要同时掌握本国与投资所在国对无形资产的定义及划分规则。我国无形资产的定义是："无形资产是指企业长期使用但是没有实物形态的资产，包括专利权、商标权、著作权、土地使用权、非专利技术、商誉等。"导致这个定义同时包含无形资产的内涵、性质和特征。

无形资产风险是指由于对无形资产管理不善而导致企业发生损失的可能性。无形资产作为企业进行生产经营的一种新型资源，其被我国企业认识的时间不长，因此，我国企业在无形资产管理方面还存在许多缺陷与"软肋"，在加强无形资产管理、提高无形资产投入产出效益、成功地规避无形资产风险和避免失误的发生等方面还存在很多可探索的空间，需要企业通过实例研究总结得出无形资产经营管理的经验，并结合企业的特色进行实际运用。无形资产风险在给企业带来损失可能性的同时也可能给企业带来巨大收益，企业在管理无形资产风险时要平衡损失与收益。从事海外矿业投资的企业需要面临的无形资产风险主要包括知识产权风险和土地使用权风险，这与矿业开发自身的特点有关，需要接触到勘探、开发等技术以及需要申请到土地使用权进行矿山开发，下面对这两种无形资产风险构成要素进行分析。

1. 知识产权风险

知识产权指的是人类的智力成果所享有的专有权利，这类权利通常是由国家或国际赋予某种智力成果在一个期限内具有的专有权或独占权。知识产权主要包括工业产权、著作权、人身权与财产权四种，在研究海外矿业投资知识产权风险中主要考察的是工业产权。知识产生风险的产生涉及企业经营管理的全过程，主要以研发、生产和销售三个阶段为主，针对海外矿业投资的特点，研发与生产阶段是知识产权风险发生的主要阶段，其主要表现如下：

（1）研发阶段。由于海外矿业投资的特殊性，在研发阶段，与一般企业有些许不同，主要包括企业区位选择、矿业勘探阶段，即未进入正式生产开发过程前的所有阶段。首先，某些海外矿产的开发，需要利用原所有人的先进技术，因此要特别注意并收购相关的知识产权，也可自行进行研发。[①] 其次，企业需要选取最佳的投资国进行矿业投资，这时企业与投资所在国就形成了一种类似合作的经济关系。一方面，企业在争取这种合作关系的过程中必须要向对方展示自身拥有的知识产权如勘探技术、内部机密等。如果在未达成合作关系的基础上企业透露过多自身的知识产权就有可能使自身拥有的知识产权外溢，被其他企业盗用。另一方面，企业必须确定合理的知识产权共享范围。如果企业确定的知识产权共享范围过小，过于保护自身的知识产权，这样，不仅影响双方的合作关系，有可能使项目无法在该国落户；过大的知识产权共享范围又有可能使企业遭受不必要的知识资产损失。因此，企业需要制定合理的知识产权共享范围，既做好保密工作又能争取到项目投资建设的权利。

（2）生产阶段。在生产阶段，企业已经进入正式的开发建设，在这个阶段的知识产权风险主要表现为知识外溢。企业在投资所在国进行矿业开发时往往会共享部分的生产技术，但是，由于知识产权的界限划分模糊，生产技术共享时企业技术人员极易向合作方透露规定范围之外的知识产权。在生产阶段还容易出现道德风险，例如，企业进行矿山经营管理时获得的收益较高，投资所在国政府在享受了企业的知识产权共享成果后有可能违背合约强行将矿山收回，中止双方的合作关系，导致企业的技术、机密文件外溢。企业在当地招聘人才进行生产经营后，当地人才掌握了企业的核心技术后，有可能被其他企业以更加优厚的条件挖走，这种人才流失将有可能带走企业的智力资

① 吴来桂：《中国企业对外直接投资经营风险研究》，硕士学位论文，湖南大学，2009年。

产，使企业的知识产权外溢。

2. 土地使用权风险

土地使用权是一个国家经过考察准许某个企业在规定期限内对该国国有土地进行开发、利用、经营的权益，其隶属于有使用寿命的无形资产中。我国企业进行海外矿业投资所面临的土地使用权风险主要表现在土地使用权的年限与矿业生产周期是否吻合上。矿业投资开发一般需要较长的周期，若投资所在国批复的土地使用年限短于矿业生产周期则会使企业蒙受很大损失，矿业开采不得不中止，其后将面临一系列的贷款偿还、生产营销等问题。

（五）决策风险

一般理解，决策是决定下达的过程，从人类社会起源开始就伴随有决策的存在，直到 20 世纪初期，决策才开始被学者引入科学研究的范围内。第二次世界大战后，决策科学化的理念扩散到多个研究领域中，随着理论实践的不断发展，20 世纪 60 年代形成了专门的决策学，用于各个领域进行决策研究。决策过程十分复杂，从问题的提出开始、涉及资料的收集统计、预测、目标的制定、预选方案的拟订、分析评估直到择优采用为止才算完成了整个决策过程，在决策过程中，还需要不断进行试验、反馈、结果追踪等以确保决策的准确性。决策在企业的整个管理系统中是一个不断循环的过程，由于决策过程受到多方面因素的影响，决策者的主观判断容易产生失误，这种不确定性将会导致决策风险的产生。

决策风险指的是在决策过程中，决策活动由于受主客观因素等多方面的影响无法达到预期目标的可能性。为了消除决策风险，降低决策失误的发生概率，企业需要不断地引进科学化的决策机制以确保决策风险尽可能不受客观因素的影响。由于主观因素难以人为控制，决策者易受到环境、情感等方面的影响，并且我国企业进行海外矿业投资所面临的决策风险要远高于国内，复杂的投资环境与瞬息万变的国际市场都会给企业的投资项目带来巨大的风险，因此，我国企业需要充分认识决策风险构成要素的内涵，以此提高企业项目投资的成功率。根据海外矿业投资的特殊性，决策风险的构成要素主要包括投资决策风险、高层决策能力和决策机制健全程度三个方面。

1. 投资决策风险

投资决策风险主要是指企业进行项目投资将面临的主要风险，投资决策风险较高容易导致投资决策失误，引起企业投资收益受损。投资决策风险的大小表现在企业投资决策成功可能性的高低上，投资决策风险越大，企业投资决策成功可能性越低；反之，则越高。企业投资决策成功与否可以用内部收益率（IRR）等指标对其进行量化衡量，对应在投资决策风险上表现为内部收益率越高，投资决策风险越低，两者呈反比关系。

投资决策风险主要涉及企业项目投资的准备阶段，从项目选取开始，主要包括项目投资开始时间、投资规模大小的确定、项目投资的区位选择等方面。项目选取与项目投资开始时间即项目的进入方向与进入时机的选取需要企业对国际市场的投资环境进行详尽考察，例如，对市场的供需情况进行分析，当企业选择的矿种供小于求时，说明企业项目投资的进入方向与进入时机都较为适宜，投资决策风险较低。投资规模应该考虑企业能够承受的能力范围，投资规模过大，超过企业的承受范围容易引起项目资金周转不畅，出现资金链脱节，影响项目的投资收益。项目投资的区位选择在海外矿业投资中占据重要地位，由于不同地区具有不同的生产要素禀赋，在矿业开发上也具有不同的比较优势，企业应该根据所选取的项目类别对各个选区进行客观科学的分析，选取具有比较优势的区域进行项目投资建设。

2. 高层决策能力

决策是以人为主体下达决定的过程，人在决策过程中占据十分重要的地位。由于人很容易受到环境、情感等方面的影响，决策者在下达决定时如果受到主观情绪、能力有限、环境、偏见等方面的影响有可能会导致决策失误，形成决策风险。因此，企业在控制决策风险方面应该努力提高决策者的风险控制能力，将主观影响因素控制在可接受的范围内，确保海外矿业投资项目的正常进行。

3. 决策机制健全程度

决策机制是决策风险构成要素的客观组成部分，指的是企业在经济活动中对生产经营各个方面做出决策的机制。一个健全的企业决策机制必须建立完善的决策系统，主要包括决策支持、决策咨询、决策评估、决策监督及决策反馈五个系统。企业的决策机制在整个经营运行机制中占据主要地位，贯穿于企业经营管理的全过程，健全的决策机制能够使决策正常运行，达到预期的决策目的。目前，决策机制越来越科学化，企业应该不断吸收学习先进的决策机制，降低决策风险。

第四章　海外矿业投资经营管理风险生成机制

第一节　海外矿业投资经营风险生成机制

一　政治法律风险生成机制

政治法律是国家的上层建筑，对一国经济基础有重要影响，是一国或企业进行海外投资时需要考虑的重要外部因素，同时也是很多国家吸引外资的首要因素。下面分别分析政治风险和法律风险的生成机制。[①]

（一）政治风险生成机制

1. 国际层面

（1）地缘政治。地缘政治风险是诱发政治风险的主要因素，已成为各国评估海外投资政治风险时主要考虑的因素之一，因为地缘政治活跃加剧了全球政治的不稳定性，对国际社会的政治及军事产生不利影响，还将逐步蔓延到其他领域。根据地缘政治理论，自然资源丰裕国家或地区往往战争、武装冲突频繁，政治风险隐患高，这些因素会破坏企业的正常经营秩序，减少资本的流入。因此，地缘政治会增加东道国政治、经济局势动荡的不确定性，难以提供一个相对稳定的外部环境，给企业的正常经营带来很大干扰。

[①] 张涛：《中国企业海外经营的政治风险分析》，硕士学位论文，北京林业大学，2013年；马宝金：《海外投资政治风险的法律防范研究》，硕士学位论文，天津财经大学，2013年。

（2）区域政治经济组织。当前，区域组织的政治经济活动也是引发政治风险的一个原因。国与国之间在争夺市场和资源的投资过程中不可避免地会产生竞争，区域组织为维护成员国的利益，往往会对非成员国的投资采取限制措施或设立各种进入障碍，而这些限制行为极易引起成员国与非成员国之间的摩擦和矛盾。通常情况下，由区域组织引致的政治风险主要有：一是区域协调。为了整体利益进行内部调整，对区域内的政治、经济和政策等经济环境有所改变。二是区域保护。加入区域组织会给原来的贸易伙伴带来不利影响，此外，区域组织更偏好选择一致行动来保护本区域的利益。三是政治或经济报复。当区域组织对其他组织或国家进行政治或经济报复时，跨国企业容易成为牺牲品。

（3）国际非政府组织。国际非政府组织（Non - Government Organization，NGO）与政府、商业团体性质差别很大，是非营利性的，一般属于特定的行业，代表了特定领域或阶层的利益。NGO与政府的关系复杂多变，有时要依靠政府的扶植和支持，有时也会反对政府的某些行为。其影响是超越国家的，该组织的活动也使国际政治复杂多变。

（4）第三国干预。在经营过程中，跨国公司必然会与其他国家存在竞争，故易受到第三国的干预。此类干预主要通过第三国直接进行制裁以及东道国政府迫于第三国的压力而违约来实现。此外，如东道国在政治和经济上依赖其他国家，则这些国家的政治和经济危机就很容易影响到东道国政治经济局势，从而给投资者带来影响。

2. 东道国层面

（1）政治不稳定和腐败。东道国政治敌对势力强大、种族和宗教冲突、各阶层的利益矛盾是政治不稳定的主要因素，往往会引起政府的频繁变动。这种变动有两层含义：一是常以政变、暴力等形式出现，容易引起社会动荡、治安混乱；二是反映在政策变动上，政策变动容易影响境外企业的经营环境。而我国海外矿业投资往往在经济欠发达的国家和地区，这些国家比较容易产生政局不稳、政权更迭和民族冲突等政治风险，如2001年中国地质矿业公司在科特迪瓦的锰矿项目就因该国内战而暂停。

此外，以权钱交易为基本特征的腐败，不但损害政权的合法性，且严重影响经济发展。一方面，政府腐败直接导致管理效率低下，一国的腐败程度越高，官僚主义程度越高，则政策透明满意度越低，政府效率也越低；反之，则政策透明满意度越高，政府政策效率也越高。另一方面，政府腐败导致企业"寻租"成本上升，造成企业、个人的经济损失，更甚者会造成社会动荡，极不利于吸引外商直接投资。

（2）经济民族主义。经济民族主义是在经济领域中反映出来的民族主义，主要是指政府或利益集团以保护国家经济和利益为由，对内在经济上设置各种壁垒或实施限制政策，对外则要求他国开放国内市场、提供优惠政策等。在全球经济一体化下，各国对经济主权都非常敏感，均采取各种保护措施使本国经济独立，从而维护国家主权。每个国家和地区都有经济民族主义，只是保护面不同。发达国家主要体现在限制技术、市场等方面；发展中国家则体现在对资源的保护上。为维护本国利益，对外通常会采取干预或歧视性政策。

（3）自然资源。自然资源一直是各国海外投资的热点。而自然资源集中的国家或地区往往是稳定性最差、最复杂的地区，宗教斗争、民族矛盾、武装冲突和战乱等比较多，自然资源是造成国家不稳定的主要因素之一。第一，自然资源本身作为一种财富，易引起各种争端和战争。且自然资源能够为战争各方给予经济支持，购买武器，使战乱不断。第二，对于某些国家和地区来说，自然资源是其经济命脉，也是经济的主要来源之一，从而会驱使国家独占收益的动机更强烈，维护自然资源主权的愿望也更加迫切，反而加剧了外部势力对自然资源的激烈争夺，也让外部势力控制冲突和矛盾更加便利。第三，西方发达国家，因工业化较早，国内资源消耗多、存量少，从发展中国家进口资源是破解国内供需矛盾的主要途径，使其纷纷加入到资源争夺浪潮中，导致因资源争夺而矛盾不断，甚至演化为局部战争或大规模的冲突，冲击当地投资活动。

此外，不当的投资行为也会激发政治风险，很多投资者在开发过程中重利润、轻环境，忽略对当地的社会责任，容易引起当地民众和环境保护组织的抵制、抗议，甚至引发暴力事件。

3. 企业自身层面

（1）投资主体。投资主体的实力、性质等对海外投资活动也会带来影响。我国进行海外投资的企业主要集中在国有企业，国有企业的海外资源开发行为常被东道国认为是代表国家行为，被视为威胁而非生意上的合作伙伴，投资阻力较大，很多项目往往以失败而告终。如果企业实力过大，东道国会担心国内市场被强占，从而排挤民族企业，以致控制该国经济。政府会通过一系列措施对其限制，利用政策、政治实力进行干预，甚至是更为严重的直接征收。

（2）投资目的。海外投资的主要目的在于获取自然资源、占有市场、利用廉价劳动力、学习技术等方面，而东道国吸引投资的目的往往在于获得资本、创造就业机会和学习先进技术。如果投资企业的投资经营活动和东道国的国家利益、引入外资的目的有出入，甚至产生冲突时，东道国会采取各种手段对境外投资企业进行干涉。此外，发展中国家到发达国家进行海外投资，往往是为了获取先进技术、管理经验等，往往会引起发达国家政府的警惕，从而会有针对性地提高审批标准，增加难度，阻碍投资进程，或者对投资进行严格审查、歧视性干预。

（3）投资行业。海外矿业投资因其资源的不可再生性以及经营周期长，各国政府都将其作为高度敏感性行业，面临的政治风险是非常高的。如 2006 年玻利维亚国有化法令的出台使在该国的境外矿业投资全部收归国有。此外，矿业开发对环境影响非常大，东道国往往会限制进入或者设置高门槛。

（4）投资区域。根据《2016 年度中国对外直接投资统计公报》数据，截至 2016 年年底，我国海外投资分布在全球 190 个国家和地区，对外直接投资净额（流量）为 1961.5 亿美元，其中，拉丁美洲和亚洲占 80.3%，而拉丁美洲和亚洲地区绝大多数国家的政治经济发展水平较低，对外投资限制多，往往政策不稳定，冲突和战争也多，国家政治风险隐患比较大。

（二）法律风险生成机制

1. 东道国法制不健全

因各国的政治体制、经济体制、文化背景、历史地理等不同，实行的经济发展战略、行业发展和技术政策也不同，因此，各国在对待外资立法上也会存在较大差异。目前，有关国际投资和与投资有关的经济活动还没有统一的国际法规，因此，跨国企业就面临着多重法律背景、体制差异所带来的风险。东道国如果没有一套完整的有关外资投资活动的法律法规，会使境外投资者的投资活动无法可依，一旦出现问题或东道国出于自身利益的考虑，东道国便会任意处置。我国矿业投资多集中在发展中国家和地区，这些国家的投资立法往往不健全、法律政策连续性差，外资保护措施力度也不够，因此，投资者面临风险的概率会更大。①

2. 我国国内相关法律不健全

目前，我国对外直接投资的依据主要以国务院相关部门政策形式出现，还缺乏一部纲领性和权威性的对外投资法，当前主要还是一些行政规章，有多头管理或存在管理空白的弊端，缺乏透明度和权威性。法律体系的不健全难以适应当前我国境外投资发展的迫切要求，并成为我国海外矿产资源开发健康有序发展的制约因素。同时，还缺少海外矿业投资的配套服务咨询制度，如果投资者不能通过有效途径了解东道国情况，不熟悉有关的法律政策，法律风险指数就会增加。政府对海外投资效果评估机制不健全，很多评估只是形式，这样，容易错失投资机会，增大投资风险。

3. 商务、法律信息服务滞后

随着经济全球化和贸易化程度的加深以及网络技术的发展，信息是海外投资经营的重要影响因素之一。长期以来，因政府的服务意识特别是为企业服务的意识不强，故没有形成一个系统提供国内外商业信息的权威机构，国外的供需信息或者投资很难及时有效地传到国内。如今很多海外投资项目大多是通过各种渠道得到非系统化的信息来做投资决策的，因缺乏完备的宏观信息系统，导致很多海外投资项目不管是在地区还是行业选择上，无法进行统筹安排，使投资行为产

---

① 李娜：《论海外投资的法律风险及其防范》，硕士学位论文，华中师范大学，2007年。

生一定的随机性和无序性。

4. 投资者法律意识不强

法律意识不强是海外投资者普遍存在的问题，主要表现在三个方面：一是防范法律风险的意识不强。在进行一些重大投资决策、重要经营活动前期缺乏法律指导，有些企业虽然有法律事务机构，也往往在事后补救。二是有些企业依法经营意识薄弱，从而会不自觉地进行违法经营活动，或者只顾企业利益而不顾法律约束，或者钻法律空子。三是企业的法制建设工作薄弱。法制建设不主动、不自觉，没有充分认识到企业法制建设对防御经营风险的重要性。[①]

二 宏观经济风险生成机制

宏观经济风险是指经济活动与物价水平的波动导致企业利润损失的不确定性。宏观经济风险具有累积性、潜在性和隐藏性等特征。累积性是指宏观经济风险会随着国家经济矛盾的不断加深而日益扩大，当累积到一定程度时，则会导致经济危机。潜在性是指宏观经济风险常常与宏观经济系统相辅相成，宏观经济运作和发展本身就蕴涵这类经济风险。隐藏性是指虽然宏观经济风险是潜在的，但往往是隐藏在经济系统内部，不会像价格那样明显地表现出来。[②]

宏观经济风险的产生主要来源于东道国国内因素和国际因素两个方面。

（一）东道国国内因素

1. 政治因素

本质上说，经济基础决定上层建筑，政治为经济所服务，但政治对经济也有巨大的反作用，有些国家政治实际上是主导经济的。政治的性质、模式、结构、稳定状况等不同，所可能引发的宏观经济风险也有很大差异。

2. 政策因素

政策对经济有较大的影响，所有的经济活动都是在既定的政策体

---

① 赵阳阳：《中国企业海外并购的法律风险及防范对策研究》，硕士学位论文，西南政法大学，2012年。
② 钟伟、刘尚希、陈超：《探究宏观经济风险》，《中国外汇》2012年第5期。

系下进行的，政策对经济变量有着直接和间接的影响。政策结构、政策性质、政策目标、政策模式、政策工具、政策传导机制以及政策效力等方面的差异，所造成的经营风险也不同。

3. 体制因素

经济体制对宏观经济风险有着重要影响。不同的经济体制所导致的风险性质是不同的：计划经济体制下，因有中央当局对资源进行统一调配，在短期内宏观经济的波动性较小；但从长远来看，因计划配置资源容易导致资源配置结构扭曲和效率低等不利影响，使宏观经济体系可能隐藏更大的系统性风险。东欧社会主义国家和苏联以及我国改革开放前实行的计划经济体制，充分证明了这一点。市场经济体制下，宏观经济的偶然性风险更大，微观经济主体的行为主要由市场价格信号来调节，而价格又具有天然的波动性（有时会出现异常波动），导致宏观经济运行也会产生波动。但从长远来看，一定条件下的微观经济主体的相对无序行为却会使宏观经济运行相对稳定，像分子热运动遵循分子热力学统计规律一样，即市场经济体制下宏观经济的系统性风险相对更小。

4. 经济质量因素

经济质量是决定宏观经济风险大小的关键因素，是经济发展质量、运行效率，经济潜力、创新能力、抗干扰能力、经济发展的协调性和可持续性以及综合竞争能力的综合。经济质量的优劣通常表现为经济发展的可持续性、经济与社会的和谐发展程度、总体经济发展的和谐程度、经济组织的效率、国内外部门机构是否优化、产业结构是否优化、企业组织和规模是否优化等方面。

5. 经济运行机制因素

经济运行机制是宏观经济主体、市场体系和微观经济主体相互作用的综合。一方面，三者之间的作用方式和联系形式不同，可能产生的宏观经济风险程度不同。通常在特定条件下三者之间存在有机协调统一性，则宏观经济风险较小；反之则较大。另一方面，因为三者各自的内在机理不同，产生的宏观经济风险程度也不一样。微观经济的运行机制、动力和制衡结构、创新能力的大小，市场体系完善程度、市场结构、市场设施情况以及宏观经济调控体系的构成、调控手段、目标和性质等不同，引起的宏观经济风险也会有很大的差异。

6. 对外开放程度

一国对外开放程度越高，国内与国外之间的经济联系越广泛，国内经济受国际经济影响越大，宏观经济风险则越大；对外开放程度越低，其受国际经济的影响越小，宏观经济风险也越小。

（二）国际因素

1. 国际政治环境

国际政治环境稳定与否，对各国经济影响很大。如果国际政治环境不稳定，则易造成国与国之间的经常性摩擦甚至引发战争，严重扰乱各国的经济发展。

2. 国际经济环境

在当代全球经济一体化背景下，国际经济环境对各国经济都有较大影响。国际经济环境越稳定，则各国经济的波动就越小；反之，则越大。

3. 国际经济体系

不同的国际经济体系对各国经济的影响程度也不一样。一体化的国际经济体系缩小了各国经济自主的空间，多极化的国际经济体系可能会导致国际经济的过度竞争，从而引起各国经济的不稳定，而区域化的国际经济体系，相对于前两者来说，引发的宏观经济风险会更小。

4. 国际经济传递渠道

由于各国的国内经济条件不同，国际经济对不同国家经济影响的途径也不一样。不同的经济传递途径可能引致的宏观经济风险程度也不一样。例如，对于以引进国际间接投资的国家来说，其宏观经济的风险程度较大；而对于以引进国际直接投资的国家来说，其宏观经济的风险程度相对较小。

三 社会风险生成机制

任何社会风险的产生都有根源可究，可以从以下四个主要方面来分析社会风险的生成机制。

（一）政治层面上的权力失控

权力失控现象在腐败程度高的国家普遍存在。权力失控是指公共权力拥有者在使用公共权力时偏离既定的规范使用权力的行为，也就是公共权力的非正常使用。权力失控的产生主要源于公共权力拥有者的自利行为和规范本身的缺陷，主要表现在以下两个方面。[①]

1. 权力滥用

权力滥用是指权力拥有者在使用权力时任意放大权力的使用范围，将权力用到不该用的地方，恣意践踏私权行为。在很多经济欠发达国家或地区，作为最大权力所有者的一级政府，有些官员时常易形成以自我为中心的为官心态，因此，便产生了有令不行、随意决策、渎职失职等现象。有些政府的支出成本高涨，资源配置效率低下，为公共财政留下巨大的"烂摊子"。比如，有些地方领导为其政绩而修建的各种华而不实的工程，直接导致了公共财政的恶性支出，且造成无序竞争以至于市场失灵。此外，公务暴力化的现象也明显增多，有些公务员以"维护秩序"的名义，依靠暴力执法，与普通群众起争执，导致有关政府机关遭到围攻的事件时常发生。

2. 权力"寻租"

权力"寻租"是指政府官员、企业经营者利用手中的权力，谋求并获得自身利益的一种非法活动。"寻租"性的腐败是很多国家腐败现象中较为严重的一种，这种行为不仅浪费大量稀缺资源，滋长社会既得利益集团，从而形成特权阶层，而且还降低了社会的整体福利水平，破坏了社会的正当价值观念。

（二）法律层面上的权利失衡

亚当·斯密在《国民财富的性质和原因的研究》中说："哪里有巨大的财富，哪里就有巨大的不平等。有一个巨富的人，同时至少必有500个穷人。少数人的富有，必定是以多数人的贫困为前提。"

这段话指的是权利失衡，而贫富差距和利益失衡的根源就在于权

---

① 陈远章：《转型期中国突发事件社会风险管理研究》，博士学位论文，中南大学，2009年。

利失衡。大多数国家的贫富差距问题归根结底还是权利失衡问题，社会各主体和各分部之间的权利失衡是国家产生社会风险的重要因素。权利失衡主要表现在劳资、城乡和阶层三个方面。

1. 劳资权利失衡

劳资关系在一定程度上是社会是否稳定的"晴雨表"，是关乎执政安全的重要前提。有些政府片面贬低物质资料、生产劳动和劳动者作用，夸大资本和资本家的作用，重招商引资忽略劳工权益保护，甚至以牺牲劳工权益来吸引投资者，经济的发展成为赚钱和单纯资本扩张，造成劳资权利失衡。

权利失衡很大一部分缘于国家制度化的权利保护程度，无论是资方还是劳方都比较低，缺乏制度化保护。权利的低水平失衡必会导致事实上的不均衡，社会强势群体与弱势群体在缺乏制度化权利保护的背景下，两者在谋求利益上的能力是不对等的。在完全依靠实力角逐时，前者可以利用各种非制度化的手段为自己谋利，而后者则几乎没有这种能力。因此，侵犯劳动者合法权益的事件时常发生，特别是劳动密集型行业如建筑业、采掘业、制造业等领域问题更为突出。一些私有企业唯利是图，忽视劳动者的健康权益，任意延长劳动时间、克扣工资、拒绝提供劳动保护。长此以往，处于弱势群体的劳动者则会采取罢工的形式来对抗雇主。罢工在很多国家都时常发生，而罢工往往容易引起社会动荡，严重威胁社会稳定。

2. 城乡权利失衡

工业革命的开展使世界各国的城乡经济都有了很大发展，城乡居民生活水平也有了巨大改善。与此同时，城乡居民收入存在巨大差距且在一定时期内持续扩张，也是世界各国工业化进程中普遍存在的现象。无论是在农业资源禀赋丰裕的西方发达国家，还是稀缺的东亚国家和地区，只要存在工业和农业两大部门，即二元经济体系下，城乡收入就会存在一定差距，这种收入差距尽管能在经济发展过程中自动予以克服，但这个过程保持的时间将非常漫长，从而出现城乡权利失衡。原因有两个：一是因农业产业弱质性和比较利益低下，国家财政支出明显表现出重工轻农的倾向；二是公共物品提供的城市偏向。公共物品只能由政府提供，政府在处理城乡利益关系上偏好于城市，城市的基础设施几乎全由国家承担，而农村公共物品的短缺却大多由农民自己承担，由此形成城乡不协调的格局。因为二元经济结构的历史惯性和现实投入相对不足，导致日益低下的农业比较利益状况得不到根本性改善，不仅加大了农业自然风险、制度风险和市场风险，还使大量劳动力、资本和土地等农业生产要素大量输入城市，从本质上减弱了农业可持续发展的根基，进一步加剧了农业弱质性状况，从而拉大了城乡差距。

3. 阶层权利失衡

当前各国社会阶层普遍存在"上层寡头化，下层碎片化"的趋势，存在不少的消极因素：一是新富群体强势化。诸如影视明星、企业家、高级工程技术人员等靠知识技能或合法经营致富，为经济文化发展做出贡献，而这阶层中的不法暴富者利用权钱，在合法与非法、权力与财富、体制内和体制外，既钻政策空子，又寻求政策保护，利用政府权力为己谋利等，这不仅是应注意的社会现象，更是值得警惕的政治现象。二是弱势群体边缘化。因城乡权利的失衡，导致农民的就业权益得不到保障，劳动条件差、强度大、工资低等，农民工普遍游离于社会保障体系之外，一旦发生工伤，只能获得细微的补偿，虽为国家经济发展做出巨大贡献，但收入却远低于社会总体工资水平，没有合理分享到经济发展带来的成果。

因此，造成收入差距的根本原因还在于体制和政策不平等导致的机会不公平。虽然收入差距不会直接引起社会动乱，却会成为引起社会动乱的中介因素，容易产生反叛社会的行为，进而引起骚乱、暴动等社会危机。

（三）道德层面上的道德失范

由道德失范引发的社会风险主要表现在以下两个方面。

1. 诚信缺失

（1）政府诚信下降。政府的失信如恶性传染疾病，政府若失信，市场各主体就会争相效仿，最常见的就是"说假话和套话"，把重大矿难报成平安无事，将污染严重描成山清水秀。在规则问题上，部分领导直接对抗法律法规，"不讲规则"的现象虽然不多见，但在公众下已演变成"潜规则"，成为权力扩张的隐蔽方式。尽管"潜规则"没有既定文书，在实际上却具有超强作用。长此以往，法定的正式制度将没有"法律效力"。此外，大多数官员都没有公共危机的概念，处理社会问题简单粗暴，甚至依靠黑社会力量，这不仅会造成整个社会的黑社会化，还会丧失国家公信力。

（2）企业诚信不良。市场交易缺乏信用机制、合同欺诈、产品质量低劣以及制假售假等增加了企业的诚信成本，假冒伪劣产品横行导致产品缺少信用保证，严重影响了社会的消费和投资行为。

（3）个人信用严重缺损。以我国为例，1990年，美国学者英格·雷哈特主持的"世界价值研究计划调查"显示，相信大多数人值得信任的人占被调查者的60%；到1996年，该数字降到50%；两年后，只有30%的中国人相信社会上大多数人值得信任，这无形中扩大了社会的信任危机，从而埋下社会风险隐患，需要引起重视。

2. 社会颓废

社会风气是反映社会文明程度的重要标志，是社会主体价值观的集中体现。然而，社会上出现的庸俗、颓废、消极之气等对社会风气威胁很大，主要表现在以下三个方面：

（1）物欲横流。主要表现为见利忘义、唯利是图。将市场原则注入非市场关系领域，如医院、学校、家庭、精神文化甚至是政治等领域，就会造成如乱收费、跑点、拉关系、行贿等不良社会风险，将医患关系、家庭关系、同事关系等变成金钱交易。黄、赌、毒也是败坏社会风气，污染传统价值观念的重大隐患。

（2）默认腐败。在社会颓废的状态下，腐败具备了被人们所默认或接受的价值。

（3）崇尚奢华。为证明自己的地位、名声和财富盲目崇尚奢侈。各种显性或隐性的广告、展现奢侈生活方式的新闻、电视里骄奢淫逸、好逸恶劳的角色等，这些现象都会败坏社会风气。

（四）管理层面上的控制失效

社会关系失调，社会运行失效，就会产生社会风险。社会控制是指人们凭借社会力量，采用一定的方式对社会个体、群体即组织的社会行为和价值观念进行引导和管束，对社会关系进行调节和制约的过程。社会控制在一定程度上是防范社会风险的重要举措，但控制一旦失效，也会引发风险。比如，网络上出现的网络色情、网络病毒和网络黑客等社会风险，而这些社会风险与现有的控制体系、手段和控制能力还难以适应，进而造成控制失效。

四 矿业市场风险生成机制

矿业市场风险主要来源于以下三个方面：

（一）矿业经济周期

矿业经济发展的周期与国民经济运行周期密切相关并受其影响，经济发展的周期性特征决定了对矿产品的需求和市场价格具有明显的周期性。一般而言，当某种矿产品价格处于低潮时，对该矿种的勘探和开发的投入会相应减少，探求的储量在这个时期内也会相应地减少。当某种矿产品的价格较好时，对该矿产勘探和开发的投入会增多。

（二）矿业权市场

矿业权包括探矿权和采矿权，通过市场交易来获取探矿权和采矿权存在很大的不确定性，因为通过市场交易而获得探矿权和采矿权的价格有可能比实际价值高很多。比较而言，探矿权的风险比采矿权的风险更大，因为采矿权的交易前提是具有可采的矿石，只是价值大与小的问题；而探矿权则存在最终没有任何可采矿产的可能。

矿权市场是否公开、公平、合理，矿权拍卖或在矿业企业并购时矿产资源信息开放程度如何等问题对海外矿业投资能否具备公平竞争环境和做出有效的投资决策都有较大影响。如地质矿产资源信息的开放程度，很多发展中国家和经济转型国家为吸引外资大肆宣传本国的矿产资源潜力，对外公布矿产储量、矿床位置等信息。而实际上，有些国家因地质环境复杂或技术等原因，很难获取真实、详尽的地质数据；有些国家的地质数据和地质信息归政府所有，矿业项目的投标者只能以规定价格购买一般性的地质资料包，中标者才能得到详细数据。一般而言，只有得到详细确切的地质和矿产数据，才能加大矿业投资者的投资信心，否则将会造成投资者犹豫不决，这种不确定性无形中也加大了矿业经营风险。

（三）矿产品价格

矿产品价格受国内外经济形势、工业化水平影响很大。矿产品的价格变化具有以下几个特点：

（1）价格变化的幅度大。

（2）价格变化受虚拟经济的影响较大。矿产品的价格已不完全是由实体经济中的供需关系决定，虚拟经济的走势也具有至关重要的影响。

（3）矿产品的垄断经营对矿产品价格局势的控制越来越明显。

五　自然资源风险生成机制

（一）不可抗力

不可抗力是指不能预见、不能避免，也无法克服的客观性。不可抗力风险主要是指由于自然原因所引发的自然灾害，如地震、风暴、大雪、山体滑坡、火灾、旱灾以及一些不可预知传染病、疾病，还有特殊的无法预测的地质条件、泉眼、流沙和泥石流等给经营活动带来的损失。

（二）地质环境

由地质环境引发的资源风险主要表现在矿产资源勘探开发投资过程中，找不到矿床或具有商业价值矿床的可能性。具体原因表现在三个方面：一是由于复杂的地质构造或缺乏详细的地质资料，甚至是东道国错误诱导，导致对矿床的错误认识；二是投资者心理因素，还有企业战略、个人偏见、未知因素以及惧怕心理等都会影响对矿床认识的正确性；三是因技术原因导致开发困难或增加投资，例如，矿区构造特点、矿藏特点、储层特点以及地质勘探精度要求等。

六　生产技术风险生成机制

（一）勘查技术风险

在海外矿业项目投资中，有时会出现对地质资料研判和井下实际调查不够，或根本没有下井调查、完全依赖对方提供的资料而造成实际投入后矿山生产无法进行或生产成本大大超出预期的情况，会引发勘查技术风险。矿业投资的显著特点是找矿难度大、成本高、效果差。勘探、开发的风险是一般工业企业不可比的。探矿技术力量的不同对勘查项目的成功与否起着决定性作用。不同的探矿者，勘查的结果可能差别巨大。勘查有运气的成分，但起主导作用的仍然是人的因素。探矿者的工作态度、工作思路、工作经验、勘查方法的运用、方法手段的组合、勘查过程对目标矿产的动态认知能力和超前的敏感性以及团队合作能力等，都起着至关重要的作用。可见，矿业投资的勘查技术力量的强弱对矿业投资，尤其是对矿产资源勘探性投资的成功与否影响非常大。

（二）开采技术与新工艺技术条件

1. 开采技术条件所带来的风险

根据目前的采矿技术水平，还存在许多有待攻克的难题。如高寒地区的采矿问题，设备动力、运输和工人作业条件尚未能得到解决；还有水体下的采矿问题、溶洞或暗河条件下的采矿问题、矿体或岩石遇水成泥石流情况下的采矿问题等，都是目前难以攻克的技术难题。另外，井下高温、岩爆等开采技术条件都在很大程度上提高了资源的开采成本，使项目盈利能力降低。总之，矿床所处的条件、能否被开发利用以及开发利用的程度也是决定矿业投资开发能否成功的决定性因素之一。

2. 采用新工艺技术的风险

主要表现为两种情况：一种是使用新工艺技术时达到设计生产能力所需时间的不确定性，另一种是最终生产能力是否能够达到设计生产能力的不确定性。如澳大利亚某红土镍矿项目采用了最新的高压酸浸技术，不仅建设投资和生产成本均明显超过可行性研究的预期值，而且投产后出现了较多技术问题，长时间达不到设计生产能力。澳大利亚赤道矿业公司在美国内华达州的托诺帕铜矿湿法浸出项目，2000年投产后铜回收率仅为37%，大大低于原来预计的80%—85%，最后于2001年关闭。①

_____

① 刘国平、齐长恒：《识别和控制投资海外矿业的风险》，《世界有色金属》2005年第3期。

（三）选冶技术条件

该风险和开采技术条件风险基本相似。矿石的组成成分的差异决定了选冶的难易程度，就当前的选冶技术水平来说，对一些复杂的矿石也存在选冶难以攻克的难题，并且矿石对选冶的工艺技术要求过高也会导致开发成本的上升，使项目变得不可行。我国的矿产开发史上，因选冶技术不过关而导致大量"呆矿"的例子也是大有存在。

第二节　海外矿业投资管理风险生成机制

一　财务风险生成机制

几乎每个企业都存在一定的财务风险问题。一般的财务风险分析主要是针对企业融资问题以及内部财务结构滋生出来的风险进行分析，但是，海外矿业投资中的财务风险较一般的财务风险还具备一些特殊性质，主要体现为汇率风险、利率风险等。这些特殊性质将成为海外矿业投资财务风险的产生原因与基础，也就是海外矿业投资财务风险的生成机制。

（一）内部生成机制

财务风险的内部生成机制主要是由资产流动性状况、负债结构、会计信息不完全以及财务负责人的能力等因素构成，下面将从这几方面进行分析。

1. 资产负债结构

资产流动性与负债结构可以综合为企业的资产负债结构问题，与企业的资产负债率有着直接而密切的关系。

（1）资产流动性差引起的财务风险。资产流动性差是引起财务风险造成财务危机的直接原因，主要表现在应收账款与存货两个财务指标上。企业为了提高市场占有率，就会不断地促进销售额上升以期能够获得更多的利润，而在提高销量的方式上较多企业都会采取赊销，直接造成企业应收账款额度的大幅上升。与此同时，企业为了增加销量在选取客源上若不够谨慎，就容易出现呆账坏账，造成应收账款无法收回，债务人无偿地占有企业资产，还款期也不明确，使企业资产受损或滞留，影响企业资产流动性，进而引起财务风险。流动资产中另一个占有较大比重的是存货，存货的流动性状况主要表现在库存产品的积压情况。存货流动性差即库存产品积压，资金得不到及时回笼，甚至导致企业资金链中断，对后续生产与投资均会产生不利影响。此外，库存产品还需要支付一定的保管费用，使企业不仅得不到预期的收益，还要额外支付费用，导致企业利润下降，形成财务风险。长期库存产品除上述情况外还将面临库存产品价格下跌所引起的损失，增大了财务风险。

（2）企业负债结构不合理引起的财务风险。企业债务可以分为长期债务与短期债务两种类型，其中短期债务比长期债务的风险更大。从长远发展角度看，企业不仅需要长期债务维持长期生产经营也需要短期债务进行资金流转，如果企业在某一时期有较多的短期债务，同时还有将要转换成短期债务的长期债务就会增加企业的负债压力，一旦企业偿债能力较弱就有可能面临破产危机，形成了财务风险。

2. 会计信息不完全

会计信息不完全容易引起会计信息风险，主要是由于海外矿业投资项目本身较国内矿业投资项目更加复杂，合同涉及内容更广，且不同国家之间会计制度存在差异，一旦存在会计系统缺陷或人为操作隐瞒决定性信息，未按国际准则或双方约定细则真实全面地进行会计信息公开或共享，就会造成信息使用者即决策人员做出错误决策，从而引发会计信息风险。

会计信息获取不完全，不仅对企业内部经营管理造成影响，也对企业投资者和市场期望产生影响。企业一旦出现披露的信息不符合上市地监督机构的要求，或违背了国家和地方的政策法规，将可能面临有关机构的处罚，增加交易成本，还会影响企业在资本市场上的声誉和形象。

3. 财务负责人能力

（1）风险意识淡薄。财务管理人员对财务风险的认识不够充分，对财务风险的概念及其生成机制缺乏足够的了解，在建立相关的风险防范系统方面不够专业，风险意识淡薄，这些缺陷都将影响财务负责人的决策，易造成决策失误引起财务风险。

（2）内部财务关系混乱。财务管理不善容易造成财务关系混乱，出现资金管理漏洞。资金在使用与管理过程中出现灰色区域，容易造成人为非法占用企业资产，出现资金使用效率低下或资金使用不到位等情况，加大了企业财务风险。

（二）外部生成机制

财务风险的外部生成机制主要是由利率、汇率、融资等风险因素构成，下面将从这几方面进行分析。

1. 利率风险

利率是市场经济状况的"晴雨表"，利率提高不仅会引起筹资成本增加，还会对证券市场产生影响。我国许多企业已经开始对市场利率进行一些预测，有效地利用利率下调的时机，对负债利率进行掉期。利率水平的变动主要受中央银行货币政策的影响，从而影响企业的资金成本以及资产的收益率。

由于海外矿业投资的特殊性，从事这类项目投资的企业需要在长时间内筹措大量的资金用以支持项目开发建设，投资回收期往往需要几年。如果此时利率上升，将会使资金成本上升，企业会随之遭受利息损失，从而引发企业的财务风险。企业所拥有的长期与短期债务在还本之前均需要支付利息，一般情况下，一年以内的短期债务主要以固定利率为主，而一年以上的长期债务主要以浮动利率计算利息。如果企业债务中大部分以浮动利率计息，一旦利率上升就会引起利息上涨增加筹资成本；反之，如果企业债务中大部分以固定利率计息，一旦利率下降企业仍然需要按照固定利率付息，无法做到节约筹资成本，这两种情况均会引起财务成本增加，产生财务风险。此外，随着筹资方式的不断扩大，企业从信用贷款的筹资方式扩展到证券市场中，通过发行上市的方式筹措资金，运用这种方式进行资金筹集不需要担心利率与本金支付问题，使企业经营没有后顾之忧。但是，证券市场会受到市场利率的影响，市场利率上升会使证券市场整体情况下降；反之，市场利率下降资金量会涌入证券市场中，使证券市场走向繁荣。因此，企业在准备发行上市筹集资金时要做好利率波动预期，避免由此引起的失误而导致企业筹措资金受阻，引起财务风险。

2. 汇率风险

汇率风险的发生原因是汇率变动。海外矿业投资项目收益跟随汇率变动而产生波动，有可能会造成企业收益减少，投资成本增加。尤其是在项目投资建设时会持有大量的外币或者向国外银行进行借贷，这些交易行为都存在币种的互换、折算问题，使企业的资产或负债随汇率变动增加或减少。一旦汇率变动使企业资产减少、负债增加就提高了企业的财务风险。

依据汇率风险的三种不同类型分别进行财务风险生成机制分析：一是企业在日常的交易活动中产生的汇率风险。主要是指企业在进行海外矿业投资时会出现以外币计价的投资活动，甚至包括企业因进行矿业投资需要大量资金而进行的借贷活动以及引进先进技术与资源的交易活动，这些交易活动都会因汇率变动而给企业带来获益或损失的财务风险。二是企业在进行会计核算时发生的汇率风险。主要是指由于企业进行海外矿业投资时会计处理上会出现时间的延误，若在这段延误时期内汇率出现变动的话，就会使企业产生账面损失，引起财务风险。三是企业在经营过程中由于一些未能预料到的汇率变化情况进而造成企业获益或损失的财务风险，影响着企业战略的制定，主要表现在对市场的预期。

3. 融资风险

在进行海外矿业投资时，根据海外矿业投资的不同阶段选择合适的融资方式可以降低融资风险。勘查阶段融资最大的特点是融资风险高，资金需求量小，成功时收益回报率高，可选择的融资方式相对少；开发阶段的融资特点是资金需求大，风险程度较低，资金回报率有所下降，可选择融资的方式多；矿山投产进入经营期，是矿业开发的一个新阶段，这个阶段的资金需求主要是资金运营以及偿还债务。

二 跨文化风险生成机制

（一）来源分析

跨文化风险的根本来源是文化之间的差异。文化差异可以分成两个方面，一方面是文化渊源差异，另一方面是文化现状差异。文化渊源差异与文化现状差异的区别在于改变的难易程度。文化渊源差异主要指的是相异文化之间存在的价值观、是非观和逻辑条理等方面的深层次差异，具有不易被外界干扰改变的坚固力量；而文化现状差异指的是表层次的差异，例如，暂时的流行趋势、社会倾向等，这些差异可以通过一段时间的文化调和进行改变。文化差异主要表现在权力距离、不确定性回避、个人主义与集体主义倾向和功利主义与人文主义倾向四个方面，这四个方面也是产生文化差异的基础。[①]

1. 权力距离

权力距离指的是社会对于组织中的权力分配不平等的接受范围，是格尔特·霍夫施泰德（Geert Hofstede）建立的四维体系区分文化差异的第一个维度。权力距离在不同的文化背景下，大小不一，例如，在东方文化长期影响下的国家往往拥有较高的权力距离指数，这类社会能够接受的不平等现象范围较大，不会因承受不平等而发生激烈反抗；反之，长期受西方文化影响的国家权力距离指数较低，对不平等现象具有强烈的反抗意识。我国企业在进行海外矿业投资时要针对投资所在国权力距离大小做出相应的应对策略，针对权力距离指数较低的国家必须注意上下级关系、权力分配等问题，避免出现由于权力分配不平等而引起的罢工或暴乱等不利影响。

2. 不确定性回避

不确定性回避作为四维体系的第二个维度，指的是社会对于存在的不确定性或者模糊情况的承受程度，具有不确定性回避的社会往往需要制定更多的行为规范、准则和法律条理使社会成员不会受到不确定性的威胁。在企业中，不确定性回避其实就表明了其对风险的态度，具有不确定性回避的企业组织内部需要建立程序化决策体系，固

---

① 邵书峰：《论先进文化建设中的文化风险》，《上饶师范学院学报》2004年第4期。

定的流程操作有利于企业的经营管理；相对而言，不确定性回避较弱
的企业在内部组织管理时要给予企业成员足够的自由，程序化决策程
度较低。

3. 个人主义与集体主义倾向

个人主义与集体主义倾向指的是在一个社会中群体与个人之间的
关系。如果这种关系趋向于以个人权利与自由为主，形成较为松散的
社会结构即为个人主义倾向的社会形态。反之，如果这种关系趋向于
以集体为重，个人情感服从集体利益，形成较为紧密的社会结构即为
集体主义倾向的社会形态。企业如果以集体主义理念进行经营管理，
其内部成员必然也存在集体主义倾向，此时，管理者应该鼓励每个员
工参与决策，决策的执行较为迅速，但不利之处在于决策时间较长。
个人主义倾向的社会管理者需要执行相反的管理对策。

4. 功利主义与人文主义倾向

在功利主义倾向的社会中，人们更加注重收入、挑战、进取和被
认可，一般认为，成功的标志是财富与认可，在这种社会氛围中，企
业应该注重经济增长与扩大规模，才会得到当地社会的认可。在人文
主义倾向的社会中，成功的标志是良好的社会关系与生存环境，更加
注重的是人际交流、情感与自由，不希望工作带来过多的压力。

（二）产生机制

虽然跨文化风险来源于文化差异，但其完全演化产生还需要一定
的外部条件，也就是需要市场竞争给予助力。也就是说，跨文化风险
的产生与发展都离不开市场，必须要通过市场竞争才能体现，在市场
竞争机制下，文化差异才能够顺利发展演化成跨文化风险。我国企业
在进行海外矿业投资时不可避免地要与其他企业在不同文化环境下接
触，特别是与具有文化优势的当地企业展开各种形式的竞争。只有在
这种市场竞争的催化下，文化差异才会在实际经营过程中给企业带来
有益或有损的影响，此时文化差异才能转化成跨文化风险。如果没有
市场竞争的作用，也就没有利益冲突，此时文化差异即使存在也不会
转化成风险而对企业造成任何不利影响。因此，跨文化风险的产生主
要是通过我国企业与投资所在国企业之间的市场竞争中表现出来的，

这是我国企业进行海外矿业投资的必然结果。

三 人力资源风险生成机制

人力资源风险在企业内部是客观存在的，其产生的影响不仅涉及企业内部的管理机制，也会影响企业对外经营状况。人力资源风险存在于企业管理的全过程，从规划开始，涉及招聘、人事变动、人员福利等各个方面，在每个方面都有产生人力资源风险的可能性。现代企业管理理论将人力资源风险的生成机制划分为两个方面，即人的因素和环境因素。[①]

（一）人的因素

由于人力资源的特殊性使其必然与人产生密不可分的关系，而人作为企业人力资源管理的行动主体，其行为存在两种情况，即有限理性和机会主义。

1. 有限理性

有限理性指的是企业内部人员为了实现企业的目标或期望会尽自己最大的努力，尽可能完美地完成工作，但是，由于人的能力有限以及人具有复杂的心理环境，可能无法完美地完成任务或工作。其主要表现在两个方面：

（1）人的能力有限。人们在工作及管理过程中认知能力存在有限性，这种有限性由很多原因形成。例如，由于经验、知识和技术等方面有限，不能发现工作中存在的全部问题；或者由于主观因素，人们刻意规避某些风险因素，这些原因都有可能引起人力资源风险或者加大风险的危害程度。

（2）人的表达有限。在企业经营管理中，人与人之间的交流需要表达与理解，由于每个人的思维、心理都存在不同程度的差异，表达方式与理解方式也不尽相同。因此，无论采取何种方式、尽多大努力，人们在表达方面都会存在一定的限制。尤其是从事海外矿业投资的企业，语言、文化、理解方式等在不同的国家都有很大差异，企业

---

① 黄云志、黄建强：《企业人力资源风险存在的理论基础》，《现代企业》2005 年第 8 期。

内部与外部的信息传递和思想交流都可能会出现阻碍，引起人力资源风险。

2. 机会主义

机会主义是经济学中假设的一种行为，这种行为指的是人们为了维护自己的利益或者为了谋取个人利益而未按约定向他人如实、完全地进行信息的披露，是一种典型的损人利己行为。这种行为的产生是由于人们在经济活动中会尽可能保护和增加自己的利益，只要有机会，都会运用各种手段追逐利益。另外，有限理性与信息不完全共享也为机会主义的产生提供了平台。在企业中，员工为了加薪、升职或者通过其他渠道获得不正当的利益而采取一些策略性行为，如对工作中存在的问题进行欺瞒、未能如实进行信息披露、欺诈行为等以获取一己私利，机会主义行为的存在将会促进人力资源风险的产生。机会主义行为在大数条件下会受到抑制，在小数条件下才会不断加重，具体见环境因素分析。

（二）环境因素

人存在于社会环境之中，极易受到环境的各种影响，这些影响都会不同程度地影响到人们的工作与生活状态，对企业的正常运行产生影响。环境因素主要包括环境的不确定性、大数条件和小数条件两个方面。①

1. 环境的不确定性

人们所处的生存环境包括工作与生活环境，对企业的人力资源都会产生很大影响，环境的好坏优劣都会直接影响到企业员工的工作积极性。这种环境的不确定性对企业员工身体与心理都存在很大的影响，例如，由地震、火灾和海啸等自然因素引起的环境不确定性、由于企业员工在国外工作生活与国内家人聚少离多等情感方面引起的环境不确定性等，这些环境的不确定性均会对人力资源风险的产生与增大起到促进作用。

---

① R. H. Coase, "The Nature of the Firm", *Economica*, Vol. 4, No. 16, 1937.

2. 大数条件和小数条件

大数条件和小数条件对人力资源风险的影响往往是与机会主义行为一起进行分析与讨论的。一般情况下，机会主义行为将会受到大数条件的制约，而小数条件的环境将会加重机会主义行为倾向。大数条件指的是在整个行业市场中交易双方面临的对手可能会很多，在这种竞争较为激烈的环境条件下，一旦交易方存在机会主义行为，那么交易另一方可以转而选择其他合作方，机会主义行为的存在将会削弱人们的竞争力，此时人们都能够清楚地了解到机会主义行为是不利的，都会克制这种行为的产生。而在小数条件下情况则恰恰相反，由于市场中能供选择的交易对手较少，交易的其中一方容易出现机会主义行为。在企业人力资源招聘环节比较容易出现这种情况，如果人才市场中企业所需的人才供给较少，小数条件成立，交易对手容易出现机会主义行为，给企业带来人力资源风险。

（三）其他因素

其他因素指的是既与人的因素有联系又与环境因素有关的因素，在此主要分析信息不对称对人力资源风险的作用机制。人力资源活动过程是以人为中心进行的，而人的心理极为复杂，目前仍没有任何理论能够准确地、完全地分析人的心理活动过程，因此，人力资源管理者想要完全了解企业员工的能力、道德、思想等信息非常困难，这种情况就存在着员工与管理者的信息不对称，容易形成人力资源风险。企业在招聘时会进行多重测试包括笔试与面试都是为了能够更加全面地了解应聘者的全部信息，以便择优录用，这些测试可以在一定程度上了解到应聘者的能力，但其道德水准信息需要在长时间的工作中才能收集到，由此就产生了由于人员录用而带来的人力资源风险。另外，企业内部员工在加薪、升职、奖惩时都需要人力资源管理部门对其进行详细的考察，这种信息收集费时费力，一旦处理不当容易引起员工的机会主义倾向，进而带来人力资源风险。

四 无形资产风险生成机制

我国企业在进行海外矿业投资时所面临的无形资产风险主要包括知识产权风险和土地使用权风险。按其无形资产风险生成的来源不同可分为外部生成机制与内部生成机制，具体分析如下：

（一）外部生成机制

1. 政治法律因素

由于无形资产的概念在国际上没有一个统一、准确的范本，各国对于无形资产的划分存在差异。但无形资产是企业一项重要的战略资源，在企业的经营管理中占据不可替代的地位。因此，从政治方面分析，各国对于无形资产规则的制定与实施、无形资产政策的制定等差异都可能给企业带来无形资产风险。

由于这种差异性的存在，企业在进行海外矿业投资时会事先签订无形资产合约，双方按照合约约定的内容进行无形资产的处理，但在合约制定时也容易引起无形资产风险。如果投资所在国较为强势，希望合约以其国无形资产法律条例为准则制定，这时企业有可能屈从强权不得不以投资所在国的法律为准则进行合约的制定与实施，与国内法律形成差异或冲突，引起无形资产风险。这种由于法律差异引起的无形资产风险侧重表现在知识产权风险上。由于知识产权是人的智慧资产，所以需要法律给予垄断性的保护，这种保护使知识产权权利人的利益得到了保障但同时法律也设定了各种条例对知识产权进行合理约束，起到维持权利人利益与社会利益平衡的作用。知识产权法律限制条例会依据各国文化、政治、经济等方面不同而产生差异，而且针对不同的知识产权产品各国的法律条例在不同时期、不同状态下也不尽相同。例如，"不与作品的正常利用相冲突"和"不应不合理地损害权利人的正当利益"等类似这些基本内容一致但表达方式存在差异的情况，对企业而言，有可能带来便利但也可能带来知识产权风险，使研发的技术等知识产权成果功亏一篑。

2. 市场经济因素

市场经济因素主要指的是由于经济环境变化与市场环境变化所引发的无形资产风险。经济环境变化主要是指投资所在国经济条件与经济政策变化，市场环境变化主要是指复杂的市场竞争环境。

海外矿业投资是一种以获取资源或获取利益为目的的经济活动行为。我国企业在投资过程中将会受到投资所在国经济环境的影响，这种由于经济环境变化带来的影响将会引起多种风险，其中也包括无形资产风险。投资所在国自然资源与人力资源等发生变化将会给企业的跨国经营带来无形资产风险。不同国家的经济发展水平不同，所实行的经济政策也不同。当经济政策变化中包含与无形资产有关的政策变化，就会给企业带来无形资产风险。

在全球经济一体化浪潮中，跨国经营企业不仅要面对来自国内市场的竞争压力，还要应对来自国际市场的各种竞争压力。企业需要在技术、管理等无形资产方面不断创新扩展，否则容易在市场竞争中处于劣势。另外，由于多方面因素的影响，各国市场中矿产资源的供需情况存在差异，尤其在资产证券化飞速发展的国际市场中，知识产权资产证券化也在不断发展，资本市场容易受到市场供需情况的影响，增加了知识产权风险相当于增加了企业的无形资产风险。

（二）内部生成机制

海外矿业投资无形资产风险的内部产生根源主要是由无形资产管理制度的完善程度决定的，主要表现为无形资产运营管理机制的合理程度。

无形资产运营管理机制不合理主要是由于企业管理者不重视、决策者判断失误所造成的。目前，我国企业对无形资产的重视程度不高，很多老企业对新兴事物接受能力较弱，需要较长时间才能融入企业的运营中。同时，具备海外矿业投资能力的企业主要是拥有雄厚资金的老企业，这些企业如果对无形资产管理不够重视，在国际市场上的竞争力将会低于其他企业，或者极易被合作方窃取知识产权等无形资产，形成无形资产风险。在进行海外矿业投资时，企业会与合作方制定知识产权共享机制，一方面确保了企业能够以提供先进技术为条件在该国进行矿业投资，另一方面也保护了企业的一些机密技术、文件等不被他国所窃取。这种知识产权共享机制隶属于企业的无形资产管理机制中，无形资产管理机制的完善与合理程度将决定企业知识产权共享机制的完善与合理程度。因此，管理者与决策者需要加强对无形资产管理的重视程度，制定尽可能完善的管理机制，否则容易导致无形资产风险的产生。

五　决策风险生成机制

决策风险的生成机制一般包括主观因素和客观因素两个方面。其中，主观因素主要是指决策主体即决策者对决策风险产生的作用机制，客观因素主要是指决策机制的完善程度对决策风险产生的作用机制。

（一）主观因素

决策者是决策的主体，是引起决策风险的主观因素，决策者的风险控制能力将会决定决策目标是否能顺利达成。影响决策者风险控制能力的因素主要包括以下三个方面：

1. 决策者的认知模式

心理学理论认为，人已经拥有的知识结构将会决定人的认知模式。认知模式是人类对客观世界的理解方式，每个人的认知模式都存在差异，这种差异其实就是人们都需要通过自己的主观判断做出决策。对同一事物的理解不同，做出的决策也不同，决策结果不同必然会导致决策风险的产生。

在新知识、新信息被人们所接受时一般会建立在已有的认知模式上，而认知模式主要是人在长时间对信息接收后类化形成的思维模式，它是决策者做出决策的基础。决策者在进行决策时会面对大量的信息，决策者的认知模式将会对收集到的信息进行过滤分析，此时如果所接收到的信息与决策者的认知模式不符，则这类信息极易被决策者忽视，使决策者下达决策时出现失误，产生决策风险。另外，在进行信息整合时由于不同决策者的人生经历、期望、背景和需求不同，面对同样的信息整合问题会产生不同的整合方式，导致信息处理结果不同，决策也就会因人而异。

2. 决策者的个人经验与专业知识

决策者所拥有的工作经验与专业知识将会影响决策者对信息的分析处理能力、突发状况的应急反应能力、问题的辨析能力、未来发展的把握能力。海外矿业投资项目对决策者所拥有的个人经验与专业知识要求较高，需要具备地质、采矿、选矿、经济、政治、法律等各方面的专业知识以及实际操作经验。如果决策者具有的知识结构不够完备、个人工作经验匮乏就会使决策出现失误的可能性增大，产生决策风险。

3. 决策者的认知偏差

认知偏差是人们普遍存在的认知心理现象，是指人们在认识和判断事物时，与事实本身所产生的某种差别或偏离，是由于人们认知能力的有限性、问题决策时情境的依赖性以及情绪、情感等因素影响产生的。企业决策者认知偏差的大小直接影响着决策行为及决策实施效果。认知偏差主要包括代表性启发式、易得性启发式、锚定和调整启发式、归因偏差等类型。①

（1）代表性启发式所导致的偏差。代表性启发式是指人们简单地用类比的方法去判断，如果甲类事件相似于乙类事件，则甲就属于乙，与乙同类。事件甲相似于乙类事件的程度越高，属于乙类事件的可能性也就越高。使用"代表性"进行判断往往导致过度自信。

（2）易得性启发式所导致的偏差。易得性启发式是指人们倾向于根据客观事物或现象在知觉或记忆中获得的难易程度来估计其概率的现象。即当人们需要做出判断时，往往会依赖快速得到的信息或是最先想到的东西，而不是致力于挖掘更多的信息。

（3）锚定和调整启发式所导致的偏差。锚定是指当人们需要对某个事件做定量估测时，会将某些特定的数值作为起始值，这些起始值就像"锚"一样使估测值落于某一区域中。如果这些"锚"定的方向有误，那么估测就会产生偏差。锚定效应通常有三种体现：不充分的调整、在连续和独立事件的估测偏向和主观概率分布的估测偏向。

（4）归因偏差。归因是指原因归属，即将行为或事件的结果归属于某种原因，也就是寻求结果的原因。心理学将归因理解为一种过程，因此，归因是指根据行为或事件的结果，通过知觉、思维、推断等内部信息加工过程而确认造成该结果之原因的认知活动。在心理学

---

① 谢开勇、邹梅、裴飞云：《认知偏差及对战略决策的影响》，《科技管理研究》2008年第12期；王军、王海燕：《认知偏差对管理决策影响研究》，《黑龙江对外经贸》2009年第2期；郑雨明：《决策判断中认知偏差及其干预策略》，《统计与决策》2007年第10期。

中，一般将归因看成是一种决策制定过程。面对一种结果，往往有多种可能的候选因素存在，到底哪一种因素是造成该结果的原因，这就需要通过比较、推断，最后做出决策，从中选出一种或几种因素作为该结果的原因。人们通常在推断自己和他人行为的原因时，并不总是客观的，常常出现错误或偏差，这就是归因偏差。

（二）客观因素

1. 决策环境

企业在进行决策时往往处在一个复杂的环境中，这个环境中存在大量的不确定性，并且会随着外在条件的变化而不断变化，这就增加了决策的模糊性，使企业决策缺乏可靠性，产生决策风险。任何投资环境都存在不确定性，在信息足够充足的情况下企业可以对环境进行预测，此时决策者可以降低决策风险。但是，在实际投资过程中，信息获取经常存在不完整的情况，决策环境瞬息万变，企业进行预测就容易存在失误，准确性降低。环境不确定性程度增加或环境的不稳定容易影响决策者的主观判断，使决策风险加大。

2. 决策机制

企业的决策机制是否完善对企业的决策制定将产生重要影响。决策机制对企业的作用主要表现在对信息的过滤与信息的感知上。完善的决策机制能够将企业获取的大量信息包括历史信息和新信息进行有效过滤，将信息层层筛选之后留下有用的信息供决策者进行决策时使用，这样可以避免冗余的信息使决策者需要花费大量的时间精力进行分辨，也不容易让错误的信息给决策者带来不利影响。但是，在实际操作中，组织的决策机制大多都存在一定的缺陷，例如，不同的管理层有不同的偏好，对于信息的选取也存在偏好，从而影响决策信息的过滤与感知。如果决策机制中出现一个信息被两个及以上的管理者重复筛选，不同管理者之间出现信息分岔则容易使决策过程无法进行下去。这些情况的出现都是由于决策机制不健全、不完善，将会导致决策风险的产生。

第五章 海外矿业投资经营管理风险评估模型

第一节 基于云物元的评估方法

一 物元理论

在现实世界中，总是存在两类问题：相容问题与不相容问题。当所给的条件能达到要实现的目标时，称为相容问题；当所给的条件不能达到要实现的目标时，则称为不相容问题。例如，利用少量的资金投资一个耗资大的项目，如何实现？要用一把只能称重 500 千克的秤，去称重量大于 1000 千克的小象，如何实现？物元理论就是对现实世界中的矛盾问题进行研究，来探讨处理矛盾问题的规律和方法。它把客观世界看成一个物元世界，把处理客观世界中的矛盾问题变成处理物元之间的矛盾问题。

因为求解不相容问题，如果只从抽象的量和形的侧面考虑，是无法解决问题的，而必须同时考虑质和量，对质和量进行变换，才可以使问题获得解决。物元分析的数学工具是建立于可拓集合基础上的可拓数学。物元分析本身不是数学的一个分支，在它的数学描述系统中还需要保留一定的开放环节。在这些环节中，人脑思维与客观实际要在这里发挥作用。它是在经典数学、模糊数学基础上发展起来而又有别于它们的新学科。经典数学的逻辑基础是形式逻辑，模糊数学的逻辑基础是模糊逻辑，而物元分析的逻辑基础则是形式逻辑与辩证逻辑的结合。经典数学是描述人脑思维、按形式逻辑处理问题的工具，模糊数学是描述人脑思维处理模糊性信息的工具，而物元分析则是描述人脑思维出点子、想办法解决不相容问题的工具，它带有很浓的人工智能色彩。物元分析是一门着重应用的学科，它既可以用在"硬"学科方面，又可以用在"软"学科方面。

（一）基本概念

物元理论由蔡文教授创建于 20 世纪 80 年代，由起初的物元分析到目前的物元可拓论，已发展成了系统的理论体系，通过形式化的模型来分析事物扩展可能性的形成机制及方法，把现实生活中的矛盾事件当作物元的关系来处理，通常用来处理不相容的繁杂事件，多用在多因子综合评估中。[1]

物元理论的基本单位是物元，用 N 表示给定的事物名称，N 有 c 个特征，其量值为 v，将事物的名称、特征及量值有序组合起来便构成了 R =（N，c，v），作为形容事物的基本单位，称为物元。在物元理论中，v = c(N) 形容的是事物质和量两者之间的关系，c 和 v 组成特征元 M(c，v)，形容的是事物的特征。[2]

（二）多维物元

假定一个事物有多项特征，那么，事物 N 可用 n 项特征 c_1，c_2，…,c_n 及其量值 v_1，v_2，…，v_2 来反映，即：

$$R = \begin{bmatrix} N & c_1 & v_1 \\ & c_2 & v_2 \\ & \cdots & \cdots \\ & c_n & v_n \end{bmatrix} = \begin{bmatrix} N & c_1 & c_1\ (N) \\ & c_2 & c_2\ (N) \\ & \cdots & \cdots \\ & c_n & c_n\ (N) \end{bmatrix} \tag{5.1}$$

式中：R 为多维物元；R 的分物元为 $R_i = (N_i，c_i，v_i)$（$i = 1$，2，…，n），则 R 可化为 R =（N，C，V）。

---

[1]　胡资斌：《基于云物元理论的变压器绝缘状态评估的研究》，硕士学位论文，华北电力大学，2012 年。

[2]　蔡文：《物元模型及其应用》，科学技术文献出版社 1994 年版。

$$C = \begin{bmatrix} c_1 \\ c_2 \\ \cdots \\ c_n \end{bmatrix}, \quad V = \begin{bmatrix} v_1 \\ v_2 \\ \cdots \\ v_n \end{bmatrix} \qquad (5.2)$$

（三）经典域和节域

经典域就是将评估标准定量地分为若干等级，将每一个指标取值范围进行分级，并将属于同一指标的取值范围组合在一起形成一个等级。[1] 经典域的物元表示如下：

$$R_j = (N_j, C_i, V_j) = \begin{bmatrix} N_j & c_1 & v_{j1} \\ & c_2 & v_{j2} \\ & \cdots & \cdots \\ & c_n & v_{jn} \end{bmatrix} = \begin{bmatrix} N_j & c_1 & (a_{j1}, b_{j1}) \\ & c_2 & (a_{j2}, b_{j2}) \\ & \cdots & \cdots \\ & c_n & (a_{jn}, b_{jn}) \end{bmatrix} \qquad (5.3)$$

式中：$N_j(j = 1, 2, \cdots, m)$ 为第 j 类评估等级；$c_i(i = 1, 2, \cdots, n)$ 为对应的评估状况等级的特征；$v_{jt} = (a_{jt}, b_{jt})$ 为 N_j 关于 c_i 所确定的量值范围，也就是各评估等级关于指标的量值范围，称为经典域。

节域是各个等级总的取值范围，即经典域的集合。节域物元表示为：

$$R_p = (N_p, C_i, V_p) = \begin{bmatrix} N_p & c_1 & v_{p1} \\ & c_2 & v_{p2} \\ & \cdots & \cdots \\ & c_n & v_{pn} \end{bmatrix} = \begin{bmatrix} N_p & c_1 & (a_{p1}, b_{p1}) \\ & c_2 & (a_{p2}, b_{p2}) \\ & \cdots & \cdots \\ & c_n & (a_{pn}, b_{pn}) \end{bmatrix} \qquad (5.4)$$

式中：N_p 为评估等级的全体；$v_{pi} = (a_{pi}, b_{pi})$ 为 N_p 关于 c_i 所确定的量值范围，也就是 N 的节域，显然有 $V_j \subset V_p$。[2]

二 云模型理论

在日常生活中，经常会遇到不确定的、模糊的概念，例如，"快速"是指什么样的速度？"工资高"，具体是多少？"漂亮"，不同的

---

① 任慧君、岳德鹏、冯露：《基于物元模型的北京市大兴区风沙灾害危险性评价》，《林业调查规划》2011 年第 2 期。

② 岳开伟：《基于云物元的电能质量综合评估及其应用研究》，硕士学位论文，北京交通大学，2012 年。

人有不同的看法；"年轻人"，具体指哪个年龄段？这些模糊的概念经常出现在人们的自然语言中，但很难用定量的数据表示出来。而云模型就是能形成定性和定量之间不确定性转换的模型①，该模型由中国工程院院士李德毅教授于 1995 年提出，是处理定性概念与定量描述的不确定转换模型。自提出至今，已成功地应用到自然语言处理、数据挖掘、决策分析、智能控制、图像处理等领域。

云模型既是云的具体实现方法，也是基于云的运算、推理和控制等的基础。它既可以表示由定性概念到定量表示的过程（正向云发生器），也可以表示由定量表示到定性概念的过程（逆向云发生器）。

（一）基本概念

云是由大量的云滴组成，每一个云滴就是某一定性概念在数量上的一次具有不确定性和模糊性的具体实现。

设 U 是由精准数值所构成的定量论域，A 是 U 中的定性概念，关于 U 里的任何一个元素 x，都有一个稳定状态的随机数 $\mu_A(x) \in [0, 1]$，是 x 关于 A 的隶属度，则 x 在 U 中的分布就是隶属云，称为云，x 则称为云滴。②

云模型实现了定性概念到定量值的多次随机转换，即将定性概念转换成了空间的多个点，是一个离散的符合某随机分布的转换过程，因此具有随机性。即每个定量值的出现都是一次随机事件，其表示可以用概率分布函数来形象描述。云变量不是简单的随机或者模糊变量，而是具有随机确定度的随机变量。云滴能够代表该概念的确定度具有模糊集合理论中隶属度的含义，同时确定度本身也是一个随机变量，可以用概率分布函数来描述。③

从云的概念可知其有以下特点：

（1）U 既可为一维，也可为多维。

（2）对于任意的 $x \in U$，x 到区间 [0, 1] 都是一对多的函数，其

---

①　叶琼、李绍稳、张友华：《云模型及应用综述》，《计算机工程与设计》2011 年第 12 期。

②　李德毅、杜鹢：《不确定性人工智能》，国防工业出版社 2005 年版。

③　温秀峰：《基于云理论的电力系统运行风险评估的研究》，硕士学位论文，华北电力大学，2008 年。

隶属度也不是固定值，而是概率分布，由此形成了云，而非一条曲线。

（3）云由大量云滴构成，每一个云滴都是该定性概念在论域空间的真实体现，每个云滴的实现都存在不确定性，不同时间形成的云，其特点也不一样，但云的整个形状能够体现出定性概念的一般特征，且云滴越多，体现出来的该定性概念的特征会越突出。

（4）云滴具有不均匀的密集度。云的底部和顶部的汇集程度最高，其他部分较为分散，汇集状态体现的是隶属度随机性大小，即远离或者靠近概念中心处的随机性较小，不远不近则说明随机性较大。

（5）云有半云和完整云，前者又分半降云与半升云，半云状态说明该定性概念有单侧特点。

（二）云的数字特征

云模型通过其数字特征来描述，云的数字特征是云计算的数值基础，由期望（E_x）、熵（E_n）及超熵（H_e）来表示，如图5-1所示，它们将事物的随机性和模糊性联系起来，形成了定性概念和定量值间的模糊函数。[1]

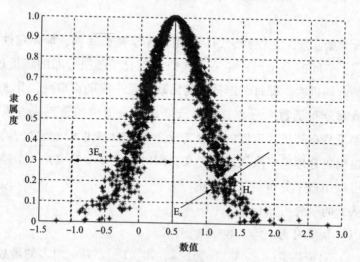

图5-1　正态云的数字特征

① 王国胤、李德毅、姚一豫：《云模型与粒计算》，科学出版社2012年版；杨薛明、苑津莎、王剑锋：《基于云理论的配电网空间负荷预测方法研究》，《中国电机工程学报》2006年第6期。

（1）期望 E_x（Expected Value）。指云滴在论域空间分布的期望，是最能反映定性概念的点值，同时说明了云的中心位置所在。

（2）熵 E_n（Entropy）。用来衡量定性概念的不确定性，该不确定性体现在：熵表示的是云滴在论域空间里能被语言值所认可的范围，也就是模糊度；熵反映了代表定性概念的云滴出现的随机性；熵表达了模糊性与随机性间的关系。通常，熵越大，定性概念模糊性就越大，量化定性概念的难度则越大。

（3）超熵 H_e（Hyper Entropy）。熵的不确定性度量，即熵的熵，由熵的随机性和模糊性共同决定。反映了每个数值隶属这个语言值程度的凝聚性，即云滴的凝聚程度。超熵越大，云的离散程度越大，隶属度的随机性也随之增大，云的厚度也越大。

（三）云发生器

云发生器是指云的生成算法，它为定性和定量的相辅相成关系构建了函数关系。按云的生成维数分，分为一维云发生器和二维云发生器，在此用的都是前者；按计算方向分，分为正向云发生器和逆向云发生器。前者是最基础的云发生器，适用范围较广，且能够生成基本云、X 条件云与 Y 条件云。由于正态分布的广泛存在性，常用的云发生器主要有以下两种：

1. 正向正态云发生器

如图 5-2 所示，正态云发生器是一个前向的、直接的过程，从定性到定量的函数，达到了从语言值反映的定性信息中获取定量数据的分布规律及范围。

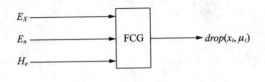

图 5-2　一维正向云发生器

给定一维正态云的数字特征（E_x，E_n，H_e），生成云滴 drop（x_i，

u_i）的算法如下[①]：

输入：数字特征（E_x，E_n，H_e），云滴数 n；

输出：n 个云滴 x 和其隶属度 y。

其算法步骤如下：

（1）生成一个以 E_n 为期望值，H_e 为标准差的正态随机数 $E'_n = R_N(E_n, H_e)$；

（2）生成一个以 E_x 为期望值，E'_n 为标准差的正态随机数 $x = R_N(E_x, E'_n)$；

（3）计算 $y = \exp\left[-\dfrac{(x - E_x)^2}{2(E'_n)^2}\right]$ 的值，（x，y）是论域空间里的云滴；

（4）重复步骤（1）、步骤（2），直至生成 n 个云滴。

假设评定语言值"温度为 20℃左右"，按照上述步骤进行编程，编程的代码见附录 I，通过 Matlab 软件所生成 1000 个数字特征为（20，0.5，0.07）的云滴，如图 5 - 3 所示，得其隶属云。

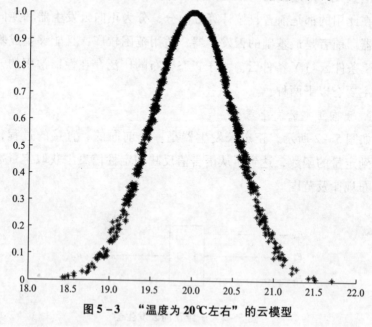

图 5 - 3　"温度为 20℃左右"的云模型

---

① 李德毅、孟海军、史雪梅：《隶属云和隶属云发生器》，《计算机研究与发展》1995年第 6 期。

2. 逆向正态云发生器

如图 5 - 4 所示，逆向正态云发生器是一个逆向的、间接的过程，把一系列的定量数据转换成用数字特征描述的定性概念。[①]

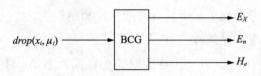

图 5 - 4　一维逆向云发生器

逆向正态云发生器算法以统计理论为基础，有使用隶属度信息和不使用隶属度信息两类算法，前者的算法如下：

输入：样本点 x_i 和其隶属度 y_i，其中，$i = 1$，2，…，n；

输出：数字特征（E_x，E_n，H_e）。

其算法步骤如下：

（1）计算 x_i 的均值 $\hat{E}_x = \dfrac{1}{n} \sum\limits_{i=1}^{n} x_i$，作为期望 E_x 的估计值；

（2）计算 x_i 的标准差 $\hat{E}_n = \sqrt{\dfrac{\sum\limits_{i=1}^{n} (x_i - \hat{E}_x)^2}{n - 1}}$，得到 E_n 的估计值；

（3）对每一对数（x_i，y_i），计算 $E'_n = \dfrac{|x_i - \hat{E}_x|}{\sqrt{-2\ln y_i}}$；

（4）根据 $\hat{H}_e = \sqrt{\dfrac{1}{n-1} \sum\limits_{i=1}^{n} (E'_{ni} - \hat{E}_n)^2}$，计算得到 H_e 的估计值。

三　正态云物元模型

传统的物元模型中，v 是一个数值，其关联函数的计算也是基于确定数值而推导的。但是，在实际情况中，v 有可能是个不确定的数，v 附近的数值是具有亦此亦彼的模糊性的。另外，统计规律也显示，v 有时应该在某一个相对稳定的范围且服从某种分布，即 v 同时具有随

---

① 崔天宝：《基于云模型的短期电价预测的研究》，硕士学位论文，华北电力大学，2008 年。

机性。因此，如果继续采用一个确定的数去建立物元和建立关联函数显然是不太准确的。① 而云模型恰好是反映人类和事物知识当中具有随机性和模糊性的这种不确定性的数学理论，将云模型引入物元理论中对物元进行重新构造，实际上，就是用云模型来代替物元模型中的确定数 v，即考虑到了 v 所具有的随机性和模糊性。

（一）正态云模型的"$3E_n$"规则

在论域 U 中，云中 x 任意选取的小区间元素 Δx 对于定性概念 $\tilde{A}$ 的贡献 ΔC 是②：

$$\Delta C \approx \mu_{\tilde{A}}(x)\frac{\Delta x}{\sqrt{2\pi}E_n} \tag{5.5}$$

因此，云中所有区间元素对定性概念 $\tilde{A}$ 的贡献 C 是：

$$C \approx \frac{\int_{-\infty}^{+\infty}\mu_{\tilde{A}}(x)\,\mathrm{d}x}{\sqrt{2\pi}E_n}\frac{\int_{-\infty}^{+\infty}-\frac{(x-E_x)^2}{2E_n^2}}{\sqrt{2\pi}E_n} = 1 \tag{5.6}$$

由于

$$C \approx \frac{1}{\sqrt{2\pi}E_n}\int_{E_x-3E_n}^{E_x+3E_n}\mu_{\tilde{A}}(x)\,\mathrm{d}x = 99.74\% \tag{5.7}$$

所以，在论域 U 中，有 99.74% 对定性概念有贡献的区间元素落在了 $[E_x-3E_n,\ E_x+3E_n]$ 上，而出现在该区间外的区间元素仅有 0.26%，出现的概率很小，可以略去其对定性概念的贡献，对云模型的总体特征不会有影响，此即为正态云模型的 $3E_n$ 规则。

（二）正态云物元的关联系数

关联系数将待评估的风险情况转化为云评估中可用的数据形式，同时也对评估的风险物元和评估指标评判等级间的关系进行量化。传统的物元理论采用左侧距和右侧距确定物元的最优取值③，引入云理

① 谢庆、彭澎、唐山：《基于云物元分析原理的电力变压器故障诊断方法研究》，《高压电器》2009 年第 6 期。
② 邓晓燕、张申如：《隶属云模型的统计性质和有限精度实现》，《解放军理工大学学报》（自然科学版）2003 年第 6 期。
③ 丁立、赵成勇：《物元分析在电能质量综合评估中的应用》，第三届电能质量（国际）研讨会论文集，三亚市，2006 年 4 月。

论后，该法不再适用，这里，对于云模型关联数的计算方法主要有：

1. 区间数值转化成云物元关联度的计算

用区间数值来反映事物指标和云表示的事物指标两者之间的关联度，要先将前者用云表示，然后，采用云和云关联度的计算方式来计算。

经营管理风险评估中的各个指标等级就是区间数，用指标近似法把区间数转化成云数据，也就是把各指标的区间数当成双约束指标 $[c_{\min}, c_{\max}]$，用区间的中值来表示整个区间，从而得到 E_x，按照正态云的"$3E_n$"规则求得 E_n。

用以下公式计算云参数：

$$E_x = \frac{(c_{\min} + c_{\max})}{2} \tag{5.8}$$

$$E_n = \frac{(c_{\max} - c_{\min})}{6} \tag{5.9}$$

从熵 E_n 可知，熵 E_n 越大，定性概念能认可的数值范围就越宽，概念就越不清。如果在边界处互相分散得很清晰，说明模糊性不够，则适合需要严格区分的概念，如风险综合评估里"高"和"低"等级；而对于处在两者之间的如"较低""一般"等级，因风险分级边界值的模糊性与随机性，有些指标的风险就会处于两个等级之间，而具体位于哪一等级无须严格的界定，因此，隶属云也可以模糊些。

以隶属度为 0.5 作分界，求出参数 E_n 的步骤为：

（1）令式（5.11）的值为 0.5，计算可得 $x = E_x \pm 1.1774E_n$，则 $E_x - 1.1774E_n$、$E_x + 1.1774E_n$ 分别为边界处 $c_{\min}$、$c_{\max}$ 的值。即：

$E_x - 1.1774E_n = c_{\min}$

$E_x + 1.1774E_n = c_{\max}$

（2）将步骤（1）中的两式相减，得：

$$E_n = \frac{(c_{\max} - c_{\min})}{2.3548} \tag{5.10}$$

H_e 的值可随指标实际情况与不确定性作变化。H_e 的值越小，云就越"薄"，隶属度的随机性就越小，评估结果更有可比性，但会忽略位于边界处的点；H_e 的值越大，云就越"厚"，隶属度的随机性也越大，能包容更多的点，但会使评估结果缺乏可比性，风险等级隶属云之间的间隔就越不明显。隶属度大于 50% 的部分，越清晰越好；50% 以下的，可以相互交叉模糊点。

2. 确定性数值换成云物元关联度的计算

确定性数值换成云物元关联度，可采用该数值关于云的隶属度来反映，在经营管理风险评估中，即求出各风险关于各风险等级的关联度，其计算过程为：

（1）某云的数字特征为（E_{x_i}，E_{n_i}，H_{e_i}）；

（2）产生一个正态随机数 E'_n，服从期望值为 E_n、标准差为 H_e 的分布；

（3）令该确定数值 x 为云滴，计算云滴 x 关于其等级云的隶属度：

$$y = \exp\left[\frac{-(x-E_x)^2}{2(E'_n)^2}\right] \tag{5.11}$$

（三）正态云物元模型

将正态云引入物元理论中，物元则表示为：

$$R = \begin{bmatrix} R_1 \\ R_2 \\ \cdots \\ R_n \end{bmatrix} = \begin{bmatrix} N & c_1 & (E_{x_1}, E_{n_1}, H_{e_1}) \\ & c_2 & (E_{x_2}, E_{n_2}, H_{e_2}) \\ & \cdots & \cdots \\ & c_n & (E_{x_n}, E_{n_n}, H_{e_n}) \end{bmatrix} \tag{5.12}$$

第二节 海外矿业投资经营风险评估模型

一 经营风险评估指标体系

（一）风险因素的识别

风险因素的识别是海外矿业投资经营风险评估的基础和依据，能否系统地、正确地识别风险，将直接决定风险评估的科学性。风险识别的方法通常有德尔菲法、环境扫描法、FTA 法、情景分析法、检查表法等或多种方法的组合。基于对海外矿业投资经营风险评估文献的查阅，在此，利用德尔菲法识别风险。采用这种方法的原因在于其具有很强的可操作性：德尔菲法是较为常用的风险识别方法，通过矿业领域的专家、企业家对到海外矿业投资所面临的经营风险进行更为系统的识别，可保障风险评估的科学性。

向中国五矿集团公司、中国冶金科工集团有限公司、中国铝业股份有限公司、江西铜业集团公司、紫金矿业集团股份有限公司、深圳市中金岭南有色金属股份有限公司、有色金属技术经济研究院等 11 家单位的海外项目部高层管理者、风险控制部门人员、技术专家发出了风险因素识别专家调查表（见附录Ⅲ），共收回有效问卷 34 份。通过对因素识别专家调查表的整理分析，并结合经营风险的生成机制识别出主要风险因素，如表 5－1 所示。即海外矿业投资经营面临的风险主要来自政治法律风险、宏观经济风险、社会风险、矿业市场风险、自然资源风险和生产技术风险六个层面。

（二）评估指标体系构建的主要原则

1. 系统性原则

要求在筛选指标时应尽量系统、全面地选择各级各类指标，尽量系统地揭示、描述和反映出项目经营风险的整体情况，对经营风险做出客观的评估。

2. 层次性原则

海外矿业投资经营风险评估指标体系应有合理的层次逻辑结构。只有层次分明、条理清晰、逻辑结构合理的指标体系，才能在实际操作中客观地反映某一项目经营方面风险的大小。同时，层次性强、逻辑性好的指标体系不仅能最大限度地降低风险评估误差，也有助于企业有针对性地规避风险。

3. 可测性原则

指标体系不是越大越好，应考虑指标的量化及数据取得的难易程度和可靠性，要易于处理，以保证评估指标体系的客观公正。

表 5 – 1   海外矿业投资经营风险因素识别

风险因素类别	风险的主要内容	影响风险的具体因素
政治法律风险	政局风险	是否经常发生战争、内乱以及政权更迭
	政策风险	矿业政策
	环保风险	环保标准
	征收风险	征用、没收、国有化
宏观经济风险	经济发展水平	经济质量状况
	物价水平	通货膨胀率
社会风险	社会治安	社会治安状况、暴力犯罪率的高低
	罢工风险	工会等非政府组织对矿业项目的阻扰、工会罢工发生的频率
矿业市场风险	矿产资源潜力	潜力指数
	矿产品价格	矿产品价格是否稳定
	基础设施	交通、通信、水电等的建设状况以及原材料、燃料等物资供应情况
自然资源风险	气候条件	温度、雨量、霜冻天的长短
	自然灾害	重大自然灾害发生的情况
	地质资源储量变化	资源储量是否稳定
	矿石品位	投资矿种的品位
生产技术风险	矿床水文地质条件	水文地质环境的优劣
	勘探风险	地质、矿床勘探难易程度
	采选工艺设备适配性	采矿、选矿、冶炼等设备与矿区的匹配状况
	安全生产保障程度	安全防护工作如何

4. 适用性原则

指标体系必须突出重点，且计算方便，充分利用现有的统计指标，并考虑数据的可收集性，以适应对海外矿业投资项目经营风险评估的需要。

5. 目标导向原则

建立指标体系的目的不是简单地评估项目经营风险的大小，更重要的是通过分析得出的结论能够为企业在进行海外矿业投资经营时提供科学的辅助决策依据。

（三）评估指标体系的构建

在风险因素识别的基础上，根据评估指标体系构建的原则，建立了海外矿业投资经营风险评估指标体系，如表 5-2 所示。

表 5-2　　　　　　　　　海外矿业投资经营风险评估指标体系

目标层	一级指标	二级指标	风险因素的度量
海外矿业投资经营风险 OI	政治法律风险 OI_1	政局风险 OI_{11}	政局的稳定性
		政策风险 OI_{12}	2012 年世界主要国家或地区矿业投资政策潜力评估得分
		环保风险 OI_{13}	环境保护法律法规是否严格
		征收风险 OI_{14}	征用、没收、国有化
	宏观经济风险 OI_2	经济发展水平 OI_{21}	人均 GDP
		物价水平 OI_{22}	通货膨胀率
	社会风险 OI_3	社会治安 OI_{31}	社会治安状况
		罢工风险 OI_{32}	工会罢工发生的情况
	矿业市场风险 OI_4	矿产资源潜力 OI_{41}	加拿大 Fraser 研究所 2011 年对全球各国或地区矿产潜力评估排名
		矿产品价格 OI_{42}	所投资矿石价格的波动状况
		基础设施 OI_{43}	世界论坛发布的《2012—2013 年全球竞争力报告》中的各国基础设施排名
	自然资源风险 OI_5	气候条件 OI_{51}	温度、雨量、霜冻天的长短
		自然灾害 OI_{52}	重大自然灾害发生的情况
		地质资源储量变化 OI_{53}	地质资源储量、可控资源量
		矿石品位 OI_{54}	投资矿石的平均品位
	生产技术风险 OI_6	矿床水文地质条件 OI_{61}	水文地质条件的优劣
		勘探风险 OI_{62}	历史勘查情况
		采选工艺设备适配性 OI_{63}	单位采矿成本、选矿成本和冶炼成本合计（美元/吨）
		安全生产保障程度 OI_{64}	安全保护程度

二 指标权重的确定

（一）指标权重的确定方法

指标权重是用来反映各个指标在整个指标体系中的相对重要程度，无论采取哪种评估方法，都须结合指标权重和指标值对评估对象做出综合评估。因此，评估指标权重的确定是综合评估中不可缺少的一步工作。指标权重的确定，有主观赋权法、客观赋权法和主客观综合赋权法。下面介绍前两种方法：

主观赋权法是利用专家或个人的知识或经验，通过综合咨询评分的定性方法来确定指标的权重的方法。常见的有专家调查法、综合指数法、层次分析法和网络分析法。

客观赋权法是通过数学理论来确定权重，由调查的数据来决定，无须征求专家的意见，常见的有信息熵法、主成分分析法、均方差法、复相关系数法和变异系数法。

基于风险评估指标体系自身特点的考虑，采用主观赋权法中的专家调查法来确定指标权重，理由有以下两点：

（1）客观赋权法是针对多方案评估的较可行的赋权方法，多用于定量指标较多的指标体系中。针对海外矿业投资经营风险评估指标体系中定性指标与定量指标数量相当的情况，选取主观赋权法即利用专家经验得到的权重将更有说服力。

（2）主观赋权法采用专家调查法，对于本书所研究问题有完备的专家团队可以利用，因此有很好的可操作性和可信度。

（二）评估指标权重的确定

专家调查法是以专家作为索取信息对象，以专家的经验和知识为基础，由专家通过调查研究对问题做出判断、评估和预测的一种方法。向高等院校、设计院和矿山企业等单位矿业工程、经济管理领域的42名专家发出了赋权调查表，共收回有效问卷35份，征询专家情况如表5-3所示。

采用算术平均法，计算35位专家赋予的各指标权重值，得到评估指标权重均值，结果如表5-4所示。

表 5 – 3   征询专家情况

序号	问卷数量	专家来源	专家职称	专业领域
1	10	高等院校	教授、副教授	矿业工程、经济管理
2	7	设计院	高级工程师、工程师	矿业工程
3	8	国内矿山企业	高级工程师、工程师	矿业工程、经济管理
4	10	海外矿山企业	经理、高级工程师	经济管理

表 5 – 4   风险评估指标权重均值

目标层	一级指标		二级指标	
	指标	相对于目标层的权重	指标	相对于上级指标的权重
海外矿业投资经营风险 OI	政治法律风险 OI_1	0.22	政局风险 OI_{11}	0.36
			政策风险 OI_{12}	0.27
			环保风险 OI_{13}	0.16
			征收风险 OI_{14}	0.21
	宏观经济风险 OI_2	0.14	经济发展水平 OI_{21}	0.38
			物价水平 OI_{22}	0.62
	社会风险 OI_3	0.11	社会治安 OI_{31}	0.42
			罢工风险 OI_{32}	0.58
	矿业市场风险 OI_4	0.13	矿产资源潜力 OI_{41}	0.42
			矿产品价格 OI_{42}	0.25
			基础设施 OI_{43}	0.33
	自然资源风险 OI_5	0.24	气候条件 OI_{51}	0.22
			自然灾害 OI_{52}	0.17
			地质资源储量变化 OI_{53}	0.27
			矿石品位 OI_{54}	0.34
	生产技术风险 OI_6	0.16	矿床水文地质条件 OI_{61}	0.17
			勘探风险 OI_{62}	0.24
			采选工艺设备适配性 OI_{63}	0.28
			安全生产保障程度 OI_{64}	0.31

三　基于云物元的经营风险评估模型

利用云模型在处理随机性和模糊性问题方面的优势，结合物元理论在处理事物间矛盾关系的特点，将包含多个指标的经营风险使用多维物元来进行定量描述，建立基于云物元理论的海外矿业投资经营风险评估模型，具体评估步骤如下：

（一）评估指标的量化

为将投资项目情况进行量化，需结合指标数据对各二级指标进行分级，具体分级规则如表5-5所示。

（二）风险等级的划分

将风险划分为5个等级：低 $[0, 0.2]$、较低 $(0.2, 0.4]$、一般 $(0.4, 0.6]$、较高 $(0.6, 0.8]$ 和高 $(0.8, 1.0]$。

（三）构建评估物元

对于经营风险评估指标体系，将某项目风险状况作为目标层物元，为总物元，包括6个一级指标，即政治法律风险、宏观经济风险、社会风险、矿业市场风险、自然资源风险和生产技术风险，每个一级指标可作为一个项目层物元。对于以上6个一级指标，又分为19个子项目，可作为待评估物元，因此，各待评估物元可表示为（不失一般性，为表达方便，后面相应计算公式中的经营风险指标OI、管理风险指标MI均统一用I表示）：

$$R_i = (I_i, I_{ip}, v_{ip}) = \begin{bmatrix} I_i & I_{i1} & v_{i1} \\ & I_{i2} & v_{i2} \\ & \cdots & \cdots \\ & I_{in} & v_{in} \end{bmatrix} \quad (5.13)$$

式中：$I_i(i=1, 2, \cdots, 6)$ 为待评估子项目层事物；$I_{ip}(p=1, 2, \cdots, n)$ 为 I_i 所对应的 n 个二级指标；v_{ip} 为 I_{ip} 所对应的量值。

（四）确定经典域和节域

各风险等级经典域的物元表示如下：

$$R_j = (N_j, I_{iP}, V_{jiP}) = \begin{bmatrix} N_j & I_{i1} & v_{ji1} \\ & I_{i2} & v_{ji2} \\ & \cdots & \cdots \\ & I_{in} & v_{jin} \end{bmatrix} \quad (5.14)$$

表5-5　二级指标分级规则

指标	0.1	0.2	0.3	0.4	0.5	0.6	0.7	0.8	0.9	1
OI_{11}		稳定		较稳定		一般		波动较大		波动
OI_{12}/分	>54	(48,54]	(42,48]	(36,42]	(30,36]	(24,30]	(18,24]	(12,18]	(6,12]	≤6
OI_{13}		很松		较松		一般		较严格		严格
OI_{14}		很低		低		一般		较高		高
OI_{21}/美元		[40000,80000]		[20000,40000]		[10000,20000]		[5000,10000]		[1000,5000]
OI_{22}/%		(1,3]		(3,6]		(6,9]		(10,50]		>50
OI_{31}		稳定		较稳定		一般		较差		差
OI_{32}		少		较少		一般		较多		多
OI_{41}/名	≤8	(8,16]	(16,24]	(24,32]	(32,40]	(40,48]	(48,56]	(56,64]	(64,72]	>72
OI_{42}		稳定		较稳定		一般		波动较大		波动
OI_{43}/名	≤14	(14,28]	(28,42]	(42,56]	(56,70]	(70,84]	(84,98]	(98,112]	(112,126]	>126
OI_{51}		好		较好		一般		较差		差
OI_{52}		少		较少		一般		较多		多
OI_{53}		稳定		较稳定		一般		波动较大		波动
OI_{54}		有利		较有利		一般		较不利		不利
OI_{61}		有利		较有利		一般		较不利		不利
OI_{62}		很低		低		一般		较高		高
OI_{63}/美元·吨$^{-1}$	≤140	(140,200]	(200,260]	(260,320]	(320,360]	(360,420]	(420,480]	(480,540]	(540,600]	(600,660]
OI_{64}		高		较高		一般		较低		低

式中：$N_j(j=1, 2, \cdots, m)$ 为第 j 类风险评估等级；$I_{ip}(p=1, 2, \cdots, n)$ 为各二级指标；$V_{jip}(p=1, 2, \cdots, n)$ 为 N_j 关于 I_{ip} 所确定的量值范围，即各风险等级关于对应评估指标的量值范围（经典域）。

根据风险等级的划分，得到风险"低"经典域为 R_1、风险"较低"经典域为 R_2、风险"一般"经典域为 R_3、风险"较高"经典域为 R_4、风险"高"经典域为 R_5，具体表示如下：

$$R_1 = (N_1, I_{ip}, V_{1ip}) = \begin{bmatrix} N_1 & I_{i1} & (0, 0.2) \\ & I_{i2} & (0, 0.2) \\ & \cdots & \cdots \\ & I_{in} & (0, 0.2) \end{bmatrix}$$

$$R_2 = (N_2, I_{ip}, V_{2ip}) = \begin{bmatrix} N_2 & I_{i1} & (0.2, 0.4) \\ & I_{i2} & (0.2, 0.4) \\ & \cdots & \cdots \\ & I_{in} & (0.2, 0.4) \end{bmatrix}$$

$$R_3 = (N_3, I_{ip}, V_{3ip}) = \begin{bmatrix} N_3 & I_{i1} & (0.4, 0.6) \\ & I_{i2} & (0.4, 0.6) \\ & \cdots & \cdots \\ & I_{in} & (0.4, 0.6) \end{bmatrix}$$

$$R_4 = (N_4, I_{ip}, V_{4ip}) = \begin{bmatrix} N_4 & I_{i1} & (0.6, 0.8) \\ & I_{i2} & (0.6, 0.8) \\ & \cdots & \cdots \\ & I_{in} & (0.6, 0.8) \end{bmatrix}$$

$$R_5 = (N_5, I_{ip}, V_{5ip}) = \begin{bmatrix} N_5 & I_{i1} & (0.8, 1.0) \\ & I_{i2} & (0.8, 1.0) \\ & \cdots & \cdots \\ & I_{in} & (0.8, 1.0) \end{bmatrix}$$

在经典域的基础上，各指标的节域为各指标 5 个等级总的取值范围。即：

$$R_p = (N_p,\ I_{ip},\ V_{Nip}) = \begin{bmatrix} N_p & I_{i1} & v_{Ni1} \\ & I_{i2} & v_{Ni2} \\ & \cdots & \cdots \\ & I_{in} & v_{Nin} \end{bmatrix} = \begin{bmatrix} N_p & I_{i1} & (a_{Ni1},\ b_{Ni1}) \\ & I_{i2} & (a_{Ni2},\ b_{Ni2}) \\ & \cdots & \cdots \\ & I_{in} & (a_{Nin},\ b_{Nin}) \end{bmatrix}$$

$$= \begin{bmatrix} N_p & I_{i1} & (0,\ 1) \\ & I_{i2} & (0,\ 1) \\ & \cdots & \cdots \\ & I_{in} & (0,\ 1) \end{bmatrix}$$

式中：N_p 为评估等级的全体；$v_{Nip} = (a_{Nip},\ b_{Nip})$ 为 N_p 关于 I_{in} ($i=1,\ 2,\ \cdots,\ n$) 所确定的量值范围，即 N 的节域，节域的范围为 $(0,\ 1)$。

（五）确定模型的经典域和节域

根据上述物元中的经典域和节域，利用式（5.8）和式（5.10）求出云模型中的 E_x 和 E_n（0.085）。根据 H_e 的定义，通过 Matlab 软件进行编程，所编的代码见附录Ⅱ。如图 5 – 5 所示，根据风险等级隶属云图，本书将其定位为 $H_e = 0.008$，从而得到各待评估物元的经典域为：

$$R_0 = \begin{bmatrix} N & N_1 & N_2 \\ I_{i1} & (0.1,0.085,0.008) & (0.3,0.085,0.008) \\ I_{i2} & (0.1,0.085,0.008) & (0.3,0.085,0.008) \\ \cdots & \cdots & \cdots \\ I_{in} & (0.1,0.085,0.008) & (0.3,0.085,0.008) \end{bmatrix}$$

$$\begin{matrix} N_3 & N_4 & N_5 \\ (0.5,0.085,0.008) & (0.7,0.085,0.008) & (0.9,0.085,0.008) \\ (0.5,0.085,0.008) & (0.7,0.085,0.008) & (0.9,0.085,0.008) \\ \cdots & \cdots & \cdots \\ (0.5,0.085,0.008) & (0.7,0.085,0.008) & (0.9,0.085,0.008) \end{matrix}$$

式中：R_0 为各待评估物元的同征物元体；N_i（$i=1,\ \cdots,\ 5$）为各评估物元的 5 个风险等级；I_{in} 为第 i 个待评估物元所对应的 n 个二级指标，其量值是采用云模型表示的各风险等级范围，为经典域。

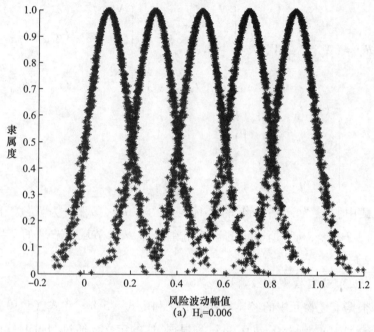

(a) $H_e=0.006$

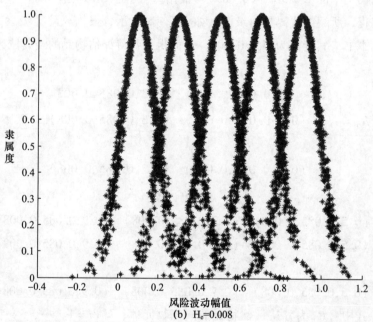

(b) $H_e=0.008$

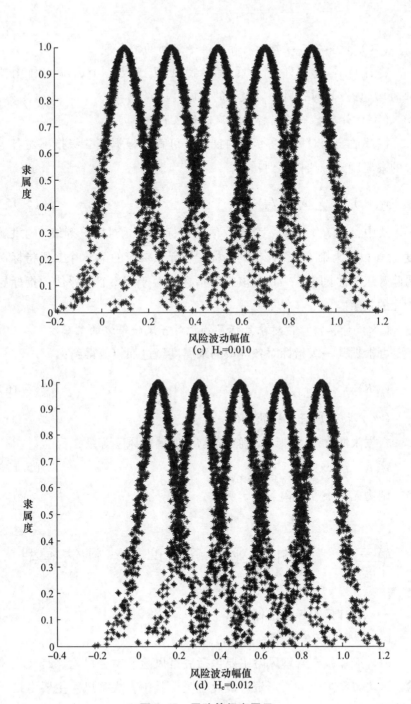

(c) $H_e = 0.010$

(d) $H_e = 0.012$

图5-5　风险等级隶属云

（六）计算各二级指标对各风险等级间的隶属度

将各待评估物元的二级指标特征值当成一个云滴，利用式（5.11）计算其对各风险等级云的隶属度。

（七）计算各一级指标对各风险等级的隶属度

待评估物元对风险等级 j 的隶属度可直接根据其二级指标对各等级的隶属度经过加权得到：

$$y_j(R_i) = \sum_{p=1}^{n} \omega_{ip} y_j(I_{ip}) \tag{5.15}$$

式中：$y_j(R_i)$ 为第 i 个待评估的指标层物元对风险等级 j 的隶属度；$y_j(I_{ip})$ 为第 i 个待评估的指标层物元所对应的第 ip 个二级指标对风险等级 j 的隶属度；ω_{ip} 为该二级指标相对于第 i 个待评估的指标层物元的权重。

（八）计算待评估对象目标层物元对各风险等级的隶属度

可根据其一级指标对各等级的隶属度经过加权而得到：

$$y_j(R) = \sum_{i=1}^{6} \omega_i y_j(R_i) \tag{5.16}$$

（九）物元风险等级的评定

根据隶属度最大原则，确定各物元所属的风险等级，若：

$$y_j(R) = \max_{j \in (低,较低,一般,较高,高)} y_j(R) \tag{5.17}$$

则物元 R 属于风险等级 j。

第三节　海外矿业投资管理风险评估模型

一　管理风险评估指标体系

（一）管理风险因素的基本构成

海外矿业投资管理风险主要包括决策风险、财务风险、跨文化风险、人力资源风险和无形资产风险五类。其中，决策风险主要由投资决策风险、高层决策能力和决策机制健全程度构成；财务风险主要由利率风险、汇率风险、融资风险、资产负债率构成；跨文化风险主要由沟通风险、商务管理及禁忌风险构成；人力资源风险主要由东道国受教育水平、工资水平和人事制度完善程度构成；无形资产风险主要由知识产权风险和土地使用权风险构成。

（二）风险因素的识别

风险因素的识别是构建海外矿业投资管理风险评估指标体系的基础和依据，因为对风险因素识别的有效性和全面性直接决定了风险评估的有效性和可操作性。风险因素的识别是指对海外矿业投资管理风险所面临的以及潜在的风险源和风险因素加以判断及归类的过程，即找出风险和引起风险的主要因素，并对其后果做出评估。风险因素的识别过程主要包括感知风险和分析风险两个环节。感知风险是指对海外矿业投资管理风险所客观存在的各种风险的认知和了解；分析风险是指对引起风险事故的风险因素之间的内在联系和区别进行了解及分析。风险因素的识别不仅要对所面临的确定风险进行识别，更主要的也是更困难的是对各种不确定的和潜在的风险进行识别。[①]

通过专家调查法对所得的风险进行罗列和总结，如表 5 – 6 所示。

表 5 – 6　　　　　　　　　　风险因素识别

风险因素的类别	风险的内容	影响风险的具体因素
决策风险	投资决策	项目投资决策
	高层	领导层能力
	决策机制	组织的决策系统
跨文化风险	沟通	跨国企业内外部沟通问题
	商务管理及禁忌	文化差异引起
人力资源风险	受教育	投资所在国的社会平均水平
	工资	投资所在国的收入状况
	人事制度	人事制度完善程度
无形资产风险	知识产权	知识产权政策、法律的影响
	土地使用权	土地使用年限差异

① 刘凤：《国外矿产资源开发选区风险评价研究》，硕士学位论文，中南大学，2009年。

续表

风险因素的类别	风险的内容	影响风险的具体因素
财务风险	利率	利率稳定性
	汇率	汇率稳定性
	融资	融资的难易
	资产负债率	企业的资产状况

根据风险因素识别结果表并结合评估指标体系的构建原则，将风险因素的类别设为一级指标，风险的内容设为二级指标，构建了海外矿业投资管理风险评估指标体系，如表5－7所示。

表5－7　　　　　　海外矿业投资管理风险评估指标体系

目标层	一级指标	二级指标	风险因素度量
海外矿业投资管理风险 MI	决策风险 MI_1	投资决策风险 MI_{11}	用 IRR（内部收益率）衡量
		高层决策能力 MI_{12}	企业领导层的海外矿业投资经验，项目主要负责人的从业年限、资历水平
		决策机制完善程度 MI_{13}	组织内部决策系统完善程度
	跨文化风险 MI_2	沟通风险 MI_{21}	我国与投资所在国宗教、语言、文化背景等差异程度导致沟通出现障碍的大小
		商务管理及禁忌风险 MI_{22}	投资所在国商务惯例和禁忌与国际标准的差异程度
	人力资源风险 MI_3	受教育水平 MI_{31}	劳动力平均受教育年限
		工资水平 MI_{32}	投资所在国居民收入水平
		人事制度 MI_{33}	企业内部人事制度完善程度
	无形资产风险 MI_4	知识产权风险 MI_{41}	投资所在国知识产权相关法律的完善程度
		土地使用权风险 MI_{42}	土地使用年限与矿业投资周期的匹配状况、征用土地的难易程度
	财务风险 MI_5	利率风险 MI_{51}	利率波动性
		汇率风险 MI_{52}	近五年兑美元官方汇率的标准差系数
		融资风险 MI_{53}	2012 年世界银行《全球营商环境报告》中的信贷融资便利程度排名
		资产负债率 MI_{54}	负债与资产比率

二　指标权重的确定

采取专家调查法来确定各指标的权重。向高等院校、设计院、国内矿山企业和海外矿山企业（主要采集具有矿业投资实践的专家和高级管理人员）等单位矿业工程、经济管理领域 35 位专家发放了调查问卷，共收回有效问卷 26 份（其中高等院校 5 份、设计院 4 份、国内矿山企业 6 份、海外矿山企业 11 份）。经过整理得到海外矿业投资管理风险评估指标权重，如表 5－8 所示。

表 5－8　　　　　海外矿业投资管理风险评估指标权重

目标层	一级指标	一级指标权重	二级指标	二级指标权重
海外矿业投资管理风险 MI	决策风险 MI_1	0.25	投资决策风险 MI_{11}	0.41
			高层决策能力 MI_{12}	0.36
			决策机制完善程度 MI_{13}	0.23
	跨文化风险 MI_2	0.20	沟通风险 MI_{21}	0.65
			商务管理及禁忌风险 MI_{22}	0.35
	人力资源风险 MI_3	0.15	受教育水平 MI_{31}	0.37
			工资水平 MI_{32}	0.34
			人事制度 MI_{33}	0.29
	无形资产风险 MI_4	0.10	知识产权风险 MI_{41}	0.42
			土地使用权风险 MI_{42}	0.58
	财务风险 MI_5	0.30	利率风险 MI_{51}	0.19
			汇率风险 MI_{52}	0.26
			融资风险 MI_{53}	0.21
			资产负债率 MI_{54}	0.34

三　基于云物元的管理风险评估模型

（一）各二级指标风险量化值的确定

（1）评估指标的量化。根据指标数据对各二级评估指标进行分级量化，具体如表 5－9 所示。

表 5-9　各二级指标的分级量化

二级指标	0.1	0.2	0.3	0.4	0.5	0.6	0.7	0.8	0.9	1.0
MI_{11}/%	>40	(35, 40]	(30, 35]	(25, 30]	(20, 25]	(15, 20]	(10, 15]	(5, 10]	(0, 5]	≤0
MI_{12}		高		较高		一般		较低		低
MI_{13}		高		较高		一般		较低		低
MI_{21}		小		较小		一般		较大		大
MI_{22}		小		较小		一般		较大		大
MI_{31}/年	>12	(10.5, 12]	(9, 10.5]	(7.5, 9]	(6, 7.5]	(4.5, 6]	(3, 4.5]	(1.5, 3]	(0, 1.5]	0
MI_{32}/美元	≤400	(400, 6000]	(6000, 12000]	(12000, 18000]	(18000, 24000]	(24000, 30000]	(30000, 36000]	(36000, 42000]	(42000, 48000]	>48000
MI_{33}		高		较高		一般		较低		低
MI_{41}		低		较低		一般		较高		高
MI_{42}		低		较低		一般		较高		高
MI_{51}/%		≤ -50		(-30, -50]		(-10, -30]		(-10, 10]		(10, 30]
MI_{52}/%		≤20		(20, 40]		(40, 60]		(60, 80]		(80, 100]
MI_{53}/名	≤18	(18, 36]	(36, 54]	(54, 72]	(72, 90]	(90, 108]	(108, 126]	(126, 144]	(144, 162]	>162
MI_{54}/%	≤20	(20, 30]	(30, 40]	(40, 50]	(50, 60]	(60, 70]	(70, 80]	(80, 90]	(90, 100]	>100

（2）根据各二级指标的分级量化表和各国的二级指标的具体状况，确定各个国家的各个二级指标量化值。

（二）风险值隶属度的计算

将各待评估物元的二级指标特征值当成一个云滴，利用式（5.11）计算其对各风险等级云的隶属度。

（三）经典域和节域的确定及计算

将风险等级划分为五类，分别为低、较低、一般、较高和高。各风险等级的区间划分如表 5 – 10 所示。

表 5 – 10 　　　　　　　　海外矿业投资管理风险等级的划分

风险等级	低	较低	一般	较高	高
等级范围	0—0.2	0.2—0.4	0.4—0.6	0.6—0.8	0.8—1

1. 经典域和节域的确定

各风险等级经典域的物元表示如下：

$$R_j = (u_j, \ I_{ip} V_{jip}) = \begin{bmatrix} u_j & I_{i1} & v_{ji1} \\ & I_{i2} & v_{ji2} \\ & \vdots & \vdots \\ & I_{in} & v_{jin} \end{bmatrix}$$

式中：u_j 为第 j 类风险评估等级；I_{i1}，I_{i2}，$\cdots$，I_{in} 为各二级指标；v_{ji1}，v_{ji2}，$\cdots$，v_{jin} 为各二级指标关于 u_j 所确定的量值范围，即经典域。

根据各风险等级的划分，得到风险低经典域 R_1、风险较低经典域 R_2、风险一般经典域 R_3、风险较高经典域 R_4 和风险高经典域 R_5：

$$R_1 = (u_1, \ I_{ip}, \ V_{1ip}) = \begin{bmatrix} u_1 & I_{i1} & <0, \ 0.2> \\ & I_{i2} & <0, \ 0.2> \\ & \vdots & \vdots \\ & I_{in} & <0, \ 0.2> \end{bmatrix}$$

$$R_2 = (u_2,\ I_{ip},\ V_{2ip}) = \begin{bmatrix} u_2 & I_{i1} & <0.2,\ 0.4> \\ & I_{i2} & <0.2,\ 0.4> \\ & \vdots & \vdots \\ & I_{in} & <0.2,\ 0.4> \end{bmatrix}$$

$$R_3 = (u_3,\ I_{ip},\ V_{3ip}) = \begin{bmatrix} u_3 & I_{i1} & <0.4,\ 0.6> \\ & I_{i2} & <0.4,\ 0.6> \\ & \vdots & \vdots \\ & I_{in} & <0.4,\ 0.6> \end{bmatrix}$$

$$R_4 = (u_4,\ I_{ip},\ V_{4ip}) = \begin{bmatrix} u_4 & I_{i1} & <0.6,\ 0.8> \\ & I_{i2} & <0.6,\ 0.8> \\ & \vdots & \vdots \\ & I_{in} & <0.6,\ 0.8> \end{bmatrix}$$

$$R_5 = (u_5,\ I_{ip},\ V_{5ip}) = \begin{bmatrix} u_5 & I_{i1} & <0.8,\ 1> \\ & I_{i2} & <0.8,\ 1> \\ & \vdots & \vdots \\ & I_{in} & <0.8,\ 1> \end{bmatrix}$$

在经典域的基础上，各指标的节域为各指标 5 个等级总的取值范围。即：

$$R_U = (U,\ I_{ip},\ V_{Uip}) = \begin{bmatrix} U & I_{i1} & v_{Ui1} \\ & I_{i2} & v_{Ui2} \\ & \vdots & \vdots \\ & I_{in} & v_{Uin} \end{bmatrix} = \begin{bmatrix} U & I_{i1} & <a_{Ui1},\ b_{Ui1}> \\ & I_{i2} & <a_{Ui2},\ b_{Ui2}> \\ & \vdots & \vdots \\ & I_{in} & <a_{Uin},\ b_{Uin}> \end{bmatrix}$$

$$= \begin{bmatrix} U & I_{i1} & <0,\ 1> \\ & I_{i2} & <0,\ 1> \\ & \vdots & \vdots \\ & I_{in} & <0,\ 1> \end{bmatrix}$$

式中：U 为风险等级的全体；v_{Ui1}，v_{Ui2}，$\cdots$，v_{Uin} 为 U 关于 I_{i1}，I_{i2}，$\cdots$，I_{in} 的范围，即节域，范围为 $<0,\ 1>$。

2. 经典域和节域的计算

结合上述物元中的经典域和节域，利用式（5.8）和式（5.10），可得到用云模型表示的各风险等级的 E_x 和 E_n。根据以隶属度 0.5 为分界处的规则，即隶属度大于 0.5 的部分应该越清晰越好，而隶属度小于 0.5 的部分则可以适当地相互交叉，适当模糊点。

在分别确定 E_x 和 E_n 后，通过 Matlab 进行编程，代码见附录Ⅱ，求得 H_e 在取 0.004、0.007、0.010、0.013 四种情况下的五种风险等级云，如图 5 − 6 至图 5 − 9 所示，综合考虑，取定 $H_e = 0.007$。图 5 −7 即为 5 个风险等级区间的云表示。为了形象地将各等级云对称地表现出来，各等级云图的取值从 −0.2—1.2，而实际的风险等级云图是 0.1—1 的部分。各待评估物元的云物元模型的经典域为：

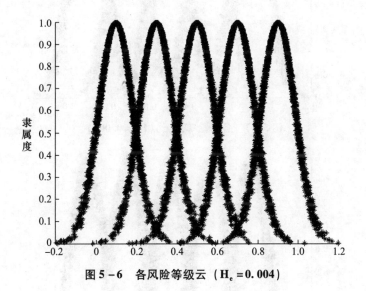

图 5 − 6　各风险等级云（$H_e = 0.004$）

$$R_0 = \begin{bmatrix} U & u_1 & u_2 \\ I_{i1} & (0.1,\ 0.085,\ 0.007) & (0.3,\ 0.085,\ 0.007) \\ I_{i2} & (0.1,\ 0.085,\ 0.007) & (0.3,\ 0.085,\ 0.007) \\ \vdots & \vdots & \vdots \\ I_{in} & (0.1,\ 0.085,\ 0.007) & (0.3,\ 0.085,\ 0.007) \end{bmatrix}$$

$$
\begin{array}{ccc}
u_3 & u_4 & u_5 \\
(0.5,\ 0.085,\ 0.007) & (0.7,\ 0.085,\ 0.007) & (0.9,\ 0.085,\ 0.007) \\
(0.5,\ 0.085,\ 0.007) & (0.7,\ 0.085,\ 0.007) & (0.9,\ 0.085,\ 0.007) \\
\vdots & \vdots & \vdots \\
(0.5,\ 0.085,\ 0.007) & (0.7,\ 0.085,\ 0.007) & (0.9,\ 0.085,\ 0.007)
\end{array}\Big]
$$

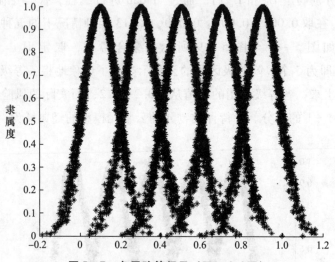

图 5 - 7　各风险等级云（$H_e = 0.007$）

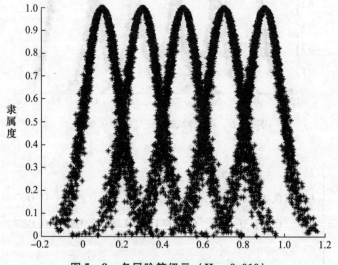

图 5 - 8　各风险等级云（$H_e = 0.010$）

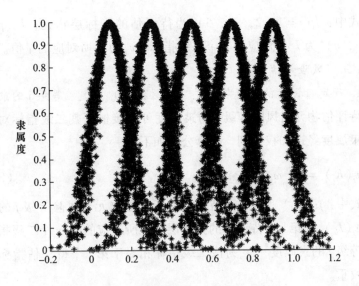

图 5-9 各风险等级云（$H_e = 0.013$）

式中：R_0 为各待评估物元的同征物元体；u_1 至 u_5 为各待评估物元的 5 个风险等级；I_{i1}，I_{i2}，…，I_{in} 为第 i 个待评估物元所对应的 n 个二级指标，其量值采用云模型来表示各风险等级的范围，成为云物元模型的经典域。各云物元模型的经典域的总和即为云物元模型的节域。

（四）待评估物元的构建

在海外矿业投资管理风险评估指标体系的基础上，将某一项目总的风险作为待评估的目标层物元，为总的物元，其包括 5 个一级风险评估指标，即决策风险、财务风险、跨文化风险、人力资源风险和无形资产风险，每个一级风险评估指标可以看作指标层物元，即可视为待评估的指标层物元。以上每个一级指标都有各自的二级指标。各待评估的指标层物元可表示为：

$$R_i = (I_i, \ I_{ip}, \ v_{ip}) = \begin{bmatrix} I_i & I_{i1} & v_{i1} \\ & I_{i2} & v_{i2} \\ & \vdots & \vdots \\ & I_{in} & v_{in} \end{bmatrix}$$

式中：$I_i(i = 1, 2, \cdots, 5)$ 为待评估的指标层物元；$I_{ip}(p = 1, 2, \cdots, n)$ 为 I_i 所对应的 n 个二级指标；v_{ip} 为 I_{ip} 所对应的量值。

（五）风险评估

1. 确定待评估的指标层物元（一级指标）对风险等级 j 的隶属度

待评估物元对风险等级 j 的隶属度可直接根据其二级指标对各等级的隶属度经过加权得到，计算公式如下：

$$\mu_j(R_i) = \sum_{p=1}^{n} \omega_{ip}\mu_j(I_{ip}) \tag{5.18}$$

式中：$\mu_j(R_i)$ 为第 i 个待评估的指标层物元对风险等级 j 的隶属度；$\mu_j(I_{ip})$ 为第 i 个待评估的指标层物元所对应的第 ip 个二级指标对风险等级 j 的隶属度；ω_{ip} 为该二级指标相对于第 i 个待评估指标层物元的权重。

2. 确定待评估的目标层物元（总风险）对风险等级 j 的隶属度

待评估的目标层物元对风险等级 j 的隶属度可利用各待评估的指标层物元对风险等级 j 的隶属度通过同样的加权方法得到，如式（5.19）所示：

$$\mu_j(R) = \sum_{i=1}^{5} \omega_i\mu_j(R_i) \tag{5.19}$$

式中：$\mu_j(R)$ 为待评估的目标层物元对风险等级 j 的隶属度；ω_i 为第 i 个一级指标相对于总目标的权重。

3. 物元风险等级的评定

确定各物元所属的风险等级是根据隶属度最大的原则。若：

$$\mu_j(R) = \max_{j \in \{低,较低,一般,较高,高\}} \mu_j(R) \tag{5.20}$$

则物元 R 属于风险等级 j。

第六章 海外矿业投资经营管理风险评估案例

本书所建立的海外矿业投资经营管理风险评估指标体系和模型适用于项目生命周期的不同阶段，即在投资论证、项目基建、投产运营等过程中均存在经营和管理风险中所涉及的主要风险类别。以下案例研究侧重在项目投资论证阶段，在项目基建和投产运营阶段，可以根据所投资矿业项目的具体数据进行动态评估，建立动态风险数据库。

第一节 海外矿业投资经营风险评估典型案例

一 原始数据

以国内三家企业的项目（用 A、B、C 代替）分别投资津巴布韦铬矿、南非铬矿和加拿大铁矿为例，对所构建的海外矿业投资经营风险云物元评估模型进行应用。根据表 5-2 海外矿业投资经营风险评估指标体系对这三个项目的有关资料进行收集整理（数据来自矿山企业项目投资可行性研究报告及相关调研数据），见附录Ⅳ，结合表 5-5 二级指标分析规则得到这三个项目二级指标风险值如表 6-1 所示。

二 风险值隶属度的计算

将各二级指标当成一个云滴，根据式（5.11），计算其对各风险等级云的隶属度。由云模型理论可知，代表某个定性概念的确定度不是恒定不变的，而是始终在细微地变化着的，因为根据云物元模型隶属度的计算步骤，服从均值为 E_n，标准差为 H_e 的正态随机数 E'_n 本身就是个服从某正态分布的随机数，根据式（5.11）也就必然决定了确定度的变化性，但是，这种变化并不影响云的整体特征。在此利用

表6-1　　　　　　　三个项目二级指标风险值

指标	A 项目	B 项目	C 项目	指标	A 项目	B 项目	C 项目
OI_{11}	0.5	0.3	0.2	OI_{43}	1	0.5	0.1
OI_{12}	0.7	0.3	0.1	OI_{51}	0.4	0.4	0.7
OI_{13}	0.7	0.7	0.8	OI_{52}	0.5	0.4	0.7
OI_{14}	0.2	0.4	0.2	OI_{53}	0.4	0.6	0.4
OI_{21}	1	0.8	0.2	OI_{54}	0.2	0.3	0.3
OI_{22}	0.1	0.4	0.2	OI_{61}	0.6	0.6	0.3
OI_{31}	0.4	0.8	0.2	OI_{62}	0.4	0.6	0.3
OI_{32}	0.3	0.9	0.8	OI_{63}	0.5	0.6	0.3
OI_{41}	0.5	0.5	0.2	OI_{64}	0.4	0.4	0.4
OI_{42}	0.5	0.5	0.7				

Matlab 编程，代码见附录 V，试验1003次，求取1003次确定度的中位数作为该云滴对该等级云的隶属度。因此，求出的各二级指标的所有取值对五个风险等级云的隶属度如表6-2所示。

表6-2　　　　　　各风险值对各风险等级的隶属度

风险值	低	较低	一般	较高	高
0.1	1.0000	0.0640	0.0000	0.0000	0.0000
0.2	0.4988	0.4986	0.0018	0.0000	0.0000
0.3	0.0619	1.0000	0.0631	0.0000	0.0000
0.4	0.0020	0.4979	0.5052	0.0020	0.0000
0.5	0.0000	0.0618	1.0000	0.0624	0.0000
0.6	0.0000	0.0020	0.5016	0.5035	0.0020
0.7	0.0000	0.0000	0.0619	1.0000	0.0641
0.8	0.0000	0.0000	0.0019	0.5036	0.4999
0.9	0.0000	0.0000	0.0000	0.0616	1.0000
1.0	0.0000	0.0000	0.0000	0.0019	0.5034 *

注：* 数值"1.0"对"高"等级的隶属度用软件计算的为0.5034，结合本书，实际应为1.0000。

三　经营风险评估

（一）A 项目经营风险评估

利用所建立的云物元模型对 A 项目投资经营风险进行评估，具体评估步骤如下：

1. 确定待评估物元

根据表 6 - 1，确定 A 项目的待评估物元为：

$$R_1 = \begin{bmatrix} I_1 & I_{11} & 0.5 \\ & I_{12} & 0.7 \\ & I_{13} & 0.7 \\ & I_{14} & 0.2 \end{bmatrix} \quad R_2 = \begin{bmatrix} I_2 & I_{21} & 1 \\ & I_{22} & 0.1 \end{bmatrix} \quad R_3 = \begin{bmatrix} I_3 & I_{31} & 0.4 \\ & I_{32} & 0.3 \end{bmatrix}$$

$$R_4 = \begin{bmatrix} I_4 & I_{41} & 0.5 \\ & I_{42} & 0.5 \\ & I_{43} & 1 \end{bmatrix} \quad R_5 = \begin{bmatrix} I_5 & I_{51} & 0.4 \\ & I_{52} & 0.5 \\ & I_{53} & 0.4 \\ & I_{54} & 0.2 \end{bmatrix} \quad R_6 = \begin{bmatrix} I_6 & I_{61} & 0.6 \\ & I_{62} & 0.4 \\ & I_{63} & 0.5 \\ & I_{64} & 0.4 \end{bmatrix}$$

2. 二级指标风险评估

根据 A 项目的待评估物元，利用表 6 - 2 确定其各二级指标对各风险等级的隶属度，如表 6 - 3 所示。

表 6 - 3　　　　　　A 项目各二级指标对各风险等级的隶属度

指标	低	较低	一般	较高	高
OI_{11}	0.0000	0.0618	1.0000	0.0624	0.0000
OI_{12}	0.0000	0.0000	0.0619	1.0000	0.0641
OI_{13}	0.0000	0.0000	0.0619	1.0000	0.0641
OI_{14}	0.4988	0.4986	0.0018	0.0000	0.0000
OI_{21}	0.0000	0.0000	0.0000	0.0019	1.0000
OI_{22}	1.0000	0.0640	0.0000	0.0000	0.0000
OI_{31}	0.0020	0.4979	0.5052	0.0020	0.0000
OI_{32}	0.0619	1.0000	0.0631	0.0000	0.0000
OI_{41}	0.0000	0.0618	1.0000	0.0624	0.0000
OI_{42}	0.0000	0.0618	1.0000	0.0624	0.0000

指标	低	较低	一般	较高	高
OI_{43}	0.0000	0.0000	0.0000	0.0019	1.0000
OI_{51}	0.0020	0.4979	0.5052	0.0020	0.0000
OI_{52}	0.0000	0.0618	1.0000	0.0624	0.0000
OI_{53}	0.0020	0.4979	0.5052	0.0020	0.0000
OI_{54}	0.4988	0.4986	0.0018	0.0000	0.0000
OI_{61}	0.0000	0.0020	0.5016	0.5035	0.0020
OI_{62}	0.0020	0.4979	0.5052	0.0020	0.0000
OI_{63}	0.0000	0.0618	1.0000	0.0624	0.0000
OI_{64}	0.0020	0.4979	0.5052	0.0020	0.0000

3. 各指标层物元（一级指标）风险评估

利用式（5.15），根据表 6-3 并结合各二级指标的权重，确定各一级指标对各风险等级的隶属度。

$$y_j(R_1) = \sum_{p=1}^{4} \omega_{1p} y_j(I_{1p}) = (0.36, 0.27, 0.16, 0.21) \cdot$$

$$\begin{bmatrix} 0.0000 & 0.0618 & 1.0000 & 0.0624 & 0.0000 \\ 0.0000 & 0.0000 & 0.0619 & 1.0000 & 0.0641 \\ 0.0000 & 0.0000 & 0.0619 & 1.0000 & 0.0641 \\ 0.4988 & 0.4986 & 0.0018 & 0.0000 & 0.0000 \end{bmatrix}$$

$$= (0.1047, 0.1270, 0.3870, 0.4025, 0.0276)$$

$$y_j(R_2) = \sum_{p=1}^{2} \omega_{2p} y_j(I_{2p}) = (0.38, 0.62) \cdot$$

$$\begin{bmatrix} 0.0000 & 0.0000 & 0.0000 & 0.0019 & 1.0000 \\ 1.0000 & 0.0640 & 0.0000 & 0.0000 & 0.0000 \end{bmatrix}$$

$$= (0.6200, 0.0397, 0.0000, 0.0007, 0.3800)$$

$$y_j(R_3) = \sum_{p=1}^{2} \omega_{2p} y_j(I_{2p}) = (0.42, 0.58) \cdot$$

$$\begin{bmatrix} 0.0020 & 0.4979 & 0.5052 & 0.0020 & 0.0000 \\ 0.0619 & 1.0000 & 0.0631 & 0.0000 & 0.0000 \end{bmatrix}$$

$$= (0.0367, 0.7891, 0.2488, 0.0008, 0.0000)$$

$$y_j(R_4) = \sum_{p=1}^{3} \omega_{4p} y_j(I_{4p}) = (0.42, 0.25, 0.33) \cdot$$

$$\begin{bmatrix} 0.0000 & 0.0618 & 1.0000 & 0.0624 & 0.0000 \\ 0.0000 & 0.0618 & 1.0000 & 0.0624 & 0.0000 \\ 0.0000 & 0.0000 & 0.0000 & 0.0019 & 1.0000 \end{bmatrix}$$

$$= (0.0000, 0.0414, 0.6700, 0.0424, 0.3300)$$

$$y_j(R_5) = \sum_{p=1}^{4} \omega_{5p} y_j(I_{5p}) = (0.22, 0.17, 0.27, 0.34) \cdot$$

$$\begin{bmatrix} 0.0020 & 0.4979 & 0.5020 & 0.0020 & 0.0000 \\ 0.0000 & 0.0618 & 0.0619 & 1.0000 & 0.0000 \\ 0.0019 & 1.0000 & 0.0631 & 0.0000 & 0.000 \\ 0.4988 & 0.4986 & 0.0018 & 0.0000 & 0.0000 \end{bmatrix}$$

$$= (0.1706, 0.4240, 0.4182, 0.0116, 0.0000)$$

$$y_j(R_6) = \sum_{p=1}^{4} \omega_{6p} y_j(I_{6p}) = (0.17, 0.24, 0.28, 0.31) \cdot$$

$$\begin{bmatrix} 0.0000 & 0.0020 & 0.5016 & 0.5035 & 0.0020 \\ 0.0020 & 0.4979 & 0.5052 & 0.0020 & 0.0000 \\ 0.0000 & 0.0618 & 1.0000 & 0.0624 & 0.000 \\ 0.0020 & 0.4979 & 0.5052 & 0.0020 & 0.0000 \end{bmatrix}$$

$$= (0.0011, 0.2915, 0.6431, 0.1042, 0.0003)$$

整理上述所求的 A 项目各一级指标对各风险等级的隶属度，利用式（5.16）计算得到 A 项目各一级指标对各风险等级的隶属度及风险等级，结果如表 6 - 4 所示。

表 6 - 4　A 项目各一级指标对各风险等级的隶属度及风险等级

指标	低	较低	一般	较高	高	风险等级
OI_1	0.1047	0.1270	0.3870	0.4525	0.0276	较高
OI_2	0.6200	0.0397	0.0000	0.0007	0.3800	低
OI_3	0.0367	0.7891	0.2488	0.0008	0.0000	较低
OI_4	0.0000	0.0414	0.6700	0.0424	0.3300	一般
OI_5	0.1706	0.4240	0.4182	0.0116	0.0000	较低
OI_6	0.0011	0.2915	0.6431	0.1042	0.0003	一般

4. 目标层物元（总风险）风险评估

利用式（5.16），根据表 6 - 4 并结合各一级指标的权重，确定各一级指标对各风险等级的隶属度。

$$y_j(R) = \sum_{i=1}^{6} \omega_i y_j(R_i)$$

$$= (0.22, 0.14, 0.11, 0.13, 0.24, 0.16) \cdot$$

$$\begin{bmatrix} 0.1047 & 0.1270 & 0.3807 & 0.4525 & 0.0276 \\ 0.6200 & 0.0397 & 0.0000 & 0.0007 & 0.3800 \\ 0.0367 & 0.7891 & 0.2488 & 0.0008 & 0.0000 \\ 0.0000 & 0.0414 & 0.6700 & 0.0424 & 0.3300 \\ 0.1706 & 0.4240 & 0.4182 & 0.0116 & 0.0000 \\ 0.0011 & 0.2915 & 0.6431 & 0.1042 & 0.0003 \end{bmatrix}$$

$$= (0.1550, 0.2741, 0.4029, 0.1247, 0.1022)$$

根据式（5.17），可得：

$$y_j(R) = \max_{j \in (低,较低,一般,较高,高)} y_j(R)$$

$$= \max(0.1550, 0.2741, 0.4029, 0.1247, 0.1022)$$

$$= 0.4029 = y_{一般}(R)$$

因此，A 项目的经营风险等级为一般。

（二）B 项目经营风险评估

1. 确定待评估物元

根据表 6 - 1，确定 B 项目的待评估物元为：

$$R_1 = \begin{bmatrix} I_1 & I_{11} & 0.3 \\ & I_{12} & 0.3 \\ & I_{13} & 0.7 \\ & I_{14} & 0.4 \end{bmatrix} \quad R_2 = \begin{bmatrix} I_2 & I_{21} & 0.8 \\ & I_{22} & 0.4 \end{bmatrix} \quad R_3 = \begin{bmatrix} I_3 & I_{31} & 0.8 \\ & I_{32} & 0.9 \end{bmatrix}$$

$$R_4 = \begin{bmatrix} I_4 & I_{41} & 0.5 \\ & I_{42} & 0.5 \\ & I_{43} & 0.5 \end{bmatrix} \quad R_5 = \begin{bmatrix} I_5 & I_{51} & 0.4 \\ & I_{52} & 0.4 \\ & I_{53} & 0.6 \\ & I_{54} & 0.3 \end{bmatrix} \quad R_6 = \begin{bmatrix} I_6 & I_{61} & 0.4 \\ & I_{62} & 0.6 \\ & I_{63} & 0.4 \\ & I_{64} & 0.4 \end{bmatrix}$$

2. 二级指标风险评估

根据 B 项目的待评估物元，利用表 6 - 2 确定 B 项目各二级指标对各风险等级的隶属度，结果如表 6 - 5 所示。

表 6 - 5　　　　　　B 项目各二级指标对各风险等级的隶属度

指标	低	较低	一般	较高	高
OI_{11}	0.0619	1.0000	0.0631	0.0000	0.0000
OI_{12}	0.0619	1.0000	0.0631	0.0000	0.0000
OI_{13}	0.0000	0.0000	0.0619	1.0000	0.0641
OI_{14}	0.0020	0.4979	0.5052	0.0020	0.0000
OI_{21}	0.0000	0.0000	0.0019	0.5036	0.4999
OI_{22}	0.0020	0.4979	0.5052	0.0020	0.0000
OI_{31}	0.0000	0.0000	0.0019	0.5036	0.4999
OI_{32}	0.0000	0.0000	0.0000	0.0616	1.0000
OI_{41}	0.0000	0.0618	1.0000	0.0624	0.0000
OI_{42}	0.0000	0.0618	1.0000	0.0624	0.0000
OI_{43}	0.0000	0.0618	1.0000	0.0624	0.0000
OI_{51}	0.0020	0.4979	0.5052	0.0020	0.0000
OI_{52}	0.0020	0.4979	0.5052	0.0020	0.0000
OI_{53}	0.0000	0.0020	0.5016	0.5035	0.0020
OI_{54}	0.0619	1.0000	0.0631	0.0000	0.0000
OI_{61}	0.0020	0.4979	0.5052	0.0020	0.0000
OI_{62}	0.0020	0.4979	0.5052	0.0020	0.0000
OI_{63}	0.0000	0.0020	0.5016	0.5035	0.0020
OI_{64}	0.0020	0.4979	0.5052	0.0020	0.0000

3. 各指标层物元（一级指标）风险评估

利用式（5.15），根据表 6 - 3 并结合各二级指标的权重，确定各一级指标对各风险等级的隶属度。

$$y_j(R_1) = \sum_{p=1}^{4} \omega_{1p} y_j(I_{1p}) = (0.36, 0.27, 0.16, 0.21) \cdot$$

$$\begin{bmatrix} 0.0619 & 1.0000 & 0.0631 & 0.0000 & 0.0000 \\ 0.0619 & 1.0000 & 0.0619 & 0.0000 & 0.0000 \\ 0.0000 & 0.0000 & 0.0619 & 1.0000 & 0.0641 \\ 0.0020 & 0.4979 & 0.5052 & 0.0020 & 0.0000 \end{bmatrix}$$

$$= (0.0394, 0.7346, 0.1557, 0.1604, 0.0103)$$

$$y_j(R_2) = \sum_{p=1}^{2} \omega_{2p} y_j(I_{2p}) = (0.38, 0.62) \cdot$$

$$\begin{bmatrix} 0.0000 & 0.0000 & 0.0019 & 0.5036 & 0.4999 \\ 0.0020 & 0.4979 & 0.5052 & 0.0020 & 0.0000 \end{bmatrix}$$

$$= (0.0012, 0.3087, 0.3139, 0.1926, 0.1900)$$

$$y_j(R_3) = \sum_{p=1}^{2} \omega_{3p} y_j(I_{3p}) = (0.42, 0.58) \cdot$$

$$\begin{bmatrix} 0.0000 & 0.0000 & 0.0019 & 0.5036 & 0.4999 \\ 0.0000 & 0.0000 & 0.0000 & 0.0616 & 1.0000 \end{bmatrix}$$

$$= (0.0000, 0.0000, 0.0008, 0.2472, 0.7900)$$

$$y_j(R_4) = \sum_{p=1}^{3} \omega_{4p} y_j(I_{4p}) = (0.42, 0.25, 0.33) \cdot$$

$$\begin{bmatrix} 0.0000 & 0.0618 & 1.0000 & 0.0624 & 0.0000 \\ 0.0000 & 0.0618 & 1.0000 & 0.0624 & 0.0000 \\ 0.0000 & 0.0618 & 1.0000 & 0.0624 & 0.0000 \end{bmatrix}$$

$$= (0.0000, 0.0618, 1.0000, 0.0624, 0.0000)$$

$$y_j(R_5) = \sum_{p=1}^{4} \omega_{5p} y_j(I_{5p}) = (0.22, 0.17, 0.27, 0.34) \cdot$$

$$\begin{bmatrix} 0.0020 & 0.4979 & 0.5020 & 0.0020 & 0.0000 \\ 0.0020 & 0.4979 & 0.5052 & 0.0020 & 0.0000 \\ 0.0000 & 0.0618 & 1.0000 & 0.0624 & 0.000 \\ 0.0619 & 1.0000 & 0.0631 & 0.0000 & 0.0000 \end{bmatrix}$$

$$= (0.0218, 0.5347, 0.3539, 0.1367, 0.0005)$$

$$y_j(R_6) = \sum_{p=1}^{4} \omega_{6p} y_j(I_{6p}) = (0.17, 0.24, 0.28, 0.31) \cdot$$

$$\begin{bmatrix} 0.0020 & 0.4979 & 0.5052 & 0.0020 & 0.0000 \\ 0.0020 & 0.4979 & 0.5052 & 0.0020 & 0.0000 \\ 0.0000 & 0.0020 & 0.5016 & 0.5035 & 0.0020 \\ 0.0020 & 0.4979 & 0.5052 & 0.0020 & 0.0000 \end{bmatrix}$$

$$= (0.0014, 0.3590, 0.5042, 0.1424, 0.0006)$$

　　整理上述所求的 B 项目各一级指标对各风险等级的隶属度，利用式（5.16）得到 B 项目各一级指标对各级等级的隶属度及风险等级，结果如表 6 - 6 所示。

表 6 - 6　　B 项目各一级指标对各风险等级的隶属度及风险等级

指标	低	较低	一般	较高	高	风险等级
OI_1	0.0394	0.7346	0.1557	0.1604	0.0103	较低
OI_2	0.0012	0.3087	0.3139	0.1926	0.1900	一般
OI_3	0.0000	0.0000	0.0008	0.2472	0.7900	高
OI_4	0.0000	0.0618	1.0000	0.0624	0.0000	一般
OI_5	0.0218	0.5347	0.3539	0.1367	0.0005	较低
OI_6	0.0014	0.3590	0.5042	0.1424	0.0006	一般

4. 目标层物元（总风险）风险评估

　　利用式（5.16），根据表 6 - 8 并结合各一级指标的权重，确定各一级指标对各风险等级的隶属度。

$$y_j(R) = \sum_{i=1}^{6} \omega_i y_j(R_i)$$

$$= (0.22, 0.14, 0.11, 0.13, 0.24, 0.16) \cdot$$

$$\begin{bmatrix} 0.0394 & 0.7346 & 0.1557 & 0.1604 & 0.0103 \\ 0.0012 & 0.3087 & 0.3139 & 0.1926 & 0.3139 \\ 0.0000 & 0.0000 & 0.0008 & 0.2472 & 0.7900 \\ 0.0000 & 0.0618 & 1.0000 & 0.0624 & 0.0000 \\ 0.0218 & 0.5347 & 0.3539 & 0.1367 & 0.0005 \\ 0.0014 & 0.3580 & 0.5042 & 0.1424 & 0.0006 \end{bmatrix}$$

$$= (0.0143, 0.3986, 0.3739, 0.1532, 0.1160)$$

根据式 (5.17)，可得：

$$y_j(R) = \max_{j \in (低,较低,一般,较高,高)} y_j(R)$$

$$= \max(0.0143, 0.3986, 0.3739, 0.1532, 0.1160)$$

$$= 0.3986 = y_{较低}(R)$$

因此，B 项目的经营风险等级为较低，但接近一般。

（三）C 项目经营风险评估

1. 确定待评估物元

根据表 6-1，确定 C 项目的待评估物元为：

$$R_1 = \begin{bmatrix} I_1 & I_{11} & 0.2 \\ & I_{12} & 0.1 \\ & I_{13} & 0.8 \\ & I_{14} & 0.2 \end{bmatrix} \quad R_2 = \begin{bmatrix} I_2 & I_{21} & 0.2 \\ & I_{22} & 0.2 \end{bmatrix} \quad R_3 = \begin{bmatrix} I_3 & I_{31} & 0.2 \\ & I_{32} & 0.8 \end{bmatrix}$$

$$R_4 = \begin{bmatrix} I_4 & I_{41} & 0.2 \\ & I_{42} & 0.7 \\ & I_{43} & 0.1 \end{bmatrix} \quad R_5 = \begin{bmatrix} I_5 & I_{51} & 0.7 \\ & I_{52} & 0.7 \\ & I_{53} & 0.4 \\ & I_{54} & 0.3 \end{bmatrix} \quad R_6 = \begin{bmatrix} I_6 & I_{61} & 0.3 \\ & I_{62} & 0.3 \\ & I_{63} & 0.3 \\ & I_{64} & 0.4 \end{bmatrix}$$

2. 二级指标风险评估

根据 C 项目的待评估物元，利用表 6-2 确定其各二级指标对各风险等级的隶属度，如表 6-7 所示。

表 6-7   C 项目各二级指标对各风险等级的隶属度

指标	低	较低	一般	较高	高
OI$_{11}$	0.4988	0.4986	0.0018	0.0000	0.0000
OI$_{12}$	1.0000	0.0640	0.0000	0.0000	0.0000
OI$_{13}$	0.0000	0.0000	0.0019	0.5036	0.4999
OI$_{14}$	0.4988	0.4986	0.0018	0.0000	0.0000
OI$_{21}$	0.4988	0.4986	0.0018	0.0000	0.0000

续表

指标	低	较低	一般	较高	高
OI_{22}	0.4988	0.4986	0.0018	0.0000	0.0000
OI_{31}	0.4988	0.4986	0.0018	0.0000	0.0000
OI_{32}	0.0000	0.0000	0.0019	0.5036	0.4999
OI_{41}	0.4988	0.4986	0.0018	0.0000	0.0000
OI_{42}	0.0000	0.0000	0.0619	1.0000	0.0641
OI_{43}	1.0000	0.0640	0.0000	0.0000	0.0000
OI_{51}	0.0000	0.0000	0.0619	1.0000	0.0641
OI_{52}	0.0000	0.0000	0.0619	1.0000	0.0641
OI_{53}	0.0020	0.4979	0.5052	0.0020	0.0000
OI_{54}	0.0619	1.0000	0.0631	0.0000	0.0000
OI_{61}	0.0619	1.0000	0.0631	0.0000	0.0000
OI_{62}	0.0619	1.0000	0.0631	0.0000	0.0000
OI_{63}	0.0619	1.0000	0.0631	0.0000	0.0000
OI_{64}	0.0020	0.4979	0.5052	0.0020	0.0000

3. 各指标层物元（一级指标）风险评估

利用式（5.15），根据表 6 - 7 并结合各一级指标的权重，确定各一级指标对各风险等级的隶属度。

$$y_j(R_1) = \sum_{p=1}^{4} \omega_{1p} y_j(I_{1p}) = (0.36, 0.27, 0.16, 0.21) \cdot$$

$$\begin{bmatrix} 0.4988 & 0.4986 & 0.0018 & 0.0000 & 0.0000 \\ 1.0000 & 0.0640 & 0.0000 & 0.0000 & 0.0000 \\ 0.0000 & 0.0000 & 0.0019 & 0.5036 & 0.4999 \\ 0.4988 & 0.4986 & 0.0018 & 0.0000 & 0.0000 \end{bmatrix}$$

$$= (0.5543, 0.3015, 0.0013, 0.0806, 0.0800)$$

$$y_j(R_2) = \sum_{p=1}^{2} \omega_{2p} y_j(I_{2p}) = (0.38, 0.62) \cdot$$

$$\begin{bmatrix} 0.4988 & 0.4986 & 0.0018 & 0.0000 & 0.0000 \\ 0.4988 & 0.4986 & 0.0018 & 0.0000 & 0.0000 \end{bmatrix}$$

$$= (0.4988, 0.4986. 0.0018, 0.0000, 0.0000)$$

$$y_j(R_3) = \sum_{p=1}^{2} \omega_{3p} y_j(I_{3p}) = (0.42, 0.58) \cdot$$

$$\begin{bmatrix} 0.4988 & 0.4986 & 0.0018 & 0.0000 & 0.0000 \\ 0.0000 & 0.0000 & 0.0019 & 0.5036 & 0.4999 \end{bmatrix}$$

$$= (0.2095, 0.2094, 0.0019, 0.2921)$$

$$y_j(R_4) = \sum_{p=1}^{3} \omega_{4p} y_j(I_{4p}) = (0.42, 0.25, 0.33) \cdot$$

$$\begin{bmatrix} 0.4988 & 0.4988 & 0.0018 & 0.0000 & 0.0000 \\ 0.0000 & 0.0000 & 0.0619 & 1.0000 & 0.0641 \\ 1.0000 & 0.0640 & 0.0000 & 0.0000 & 0.0000 \end{bmatrix}$$

$$= (0.5395, 0.2305, 0.0162, 0.2500, 0.0160)$$

$$y_j(R_5) = \sum_{p=1}^{4} \omega_{5p} y_j(I_{5p}) = (0.22, 0.17, 0.27, 0.34) \cdot$$

$$\begin{bmatrix} 0.0000 & 0.0000 & 0.0619 & 1.0000 & 0.0614 \\ 0.0000 & 0.0000 & 0.0619 & 1.0000 & 0.0614 \\ 0.0619 & 1.0000 & 0.0631 & 0.0000 & 0.0000 \\ 0.0619 & 1.0000 & 0.0631 & 0.0000 & 0.0000 \end{bmatrix}$$

$$= (0.0216, 0.4744, 0.1820, 3905, 0.0250)$$

$$y_j(R_6) = \sum_{p=1}^{4} \omega_{6p} y_j(I_{6p}) = (0.17, 0.24, 0.28, 0.31) \cdot$$

$$\begin{bmatrix} 0.0619 & 1.0000 & 0.0631 & 0.0000 & 0.0000 \\ 0.0619 & 1.0000 & 0.0631 & 0.0000 & 0.0000 \\ 0.0619 & 1.0000 & 0.0631 & 0.0000 & 0.0000 \\ 0.0020 & 0.4979 & 0.5052 & 0.0020 & 0.0000 \end{bmatrix}$$

$$= (0.0433, 0.8443, 0.2002, 0.0006, 0.0000)$$

整理上述所求的 C 项目各一级指标对各风险等级的隶属度，利用式（5.16）得到 C 项目各一级指标对各风险等级的隶属度及风险等级，结果如表 6-8 所示。

表 6 - 8　　C 项目各一级指标对各风险等级的隶属度及风险等级

指标	低	较低	一般	较高	高	风险等级
OI_1	0.5543	0.3015	0.0013	0.0806	0.0800	低
OI_2	0.4988	0.4986	0.0018	0.0000	0.0000	低
OI_3	0.2095	0.2094	0.0019	0.2921	0.2899	较高
OI_4	0.5395	0.2305	0.0162	0.2500	0.0160	低
OI_5	0.0216	0.4744	0.1820	0.3905	0.0250	较低
OI_6	0.0433	0.8443	0.2002	0.0006	0.0000	较低

4. 目标层物元（总风险）风险评估

利用式（5.16），根据表 6 - 8 并结合各一级指标的权重，确定各一级指标对各风险等级的隶属度。

$$y_j(R) = \sum_{i=1}^{6} \omega_i y_j(R_i) = (0.22, 0.14, 0.11, 0.13, 0.24, 0.16) \cdot$$

$$\begin{bmatrix} 0.5543 & 0.3015 & 0.0013 & 0.0806 & 0.0800 \\ 0.4988 & 0.4986 & 0.0018 & 0.0000 & 0.0000 \\ 0.2095 & 0.2094 & 0.0019 & 0.2921 & 0.2899 \\ 0.5395 & 0.2305 & 0.0162 & 0.2500 & 0.0160 \\ 0.0216 & 0.4744 & 0.1820 & 0.3905 & 0.0250 \\ 0.0433 & 0.8443 & 0.2002 & 0.0006 & 0.0000 \end{bmatrix}$$

$$= (0.2971, 0.4381, 0.0786, 0.1762, 0.0576)$$

根据式（5.17），可得：

$$y_j(R) = \max_{j \in (低,较低,一般,较高,高)} y_j(R)$$

$$= \max(0.2971, 0.4381, 0.0786, 0.1762, 0.0576, 0.4381)$$

$$= 0.4381 = y_{较低}(R)$$

因此，C 项目的经营风险等级为较低。

为便于比较，将三个项目一级指标的风险等级（见表 6 - 4、表 6 - 6 和表 6 - 8）以及总风险情况进行整理，得到表 6 - 9。

表 6 - 9 三个项目一级指标和总风险情况

指标	A 项目	B 项目	C 项目
政治法律风险（OI_1）	较高*	较低	低
宏观经济风险（OI_2）	低	一般	低
社会风险（OI_3）	较低	高*	较高*
矿业市场风险（OI_4）	一般	一般	低
自然资源风险（OI_5）	较低	较低	较低
生产技术风险（OI_6）	一般	一般	较低
经营风险 OI	一般	较低——一般	较低

注：*表示应重点关注的一级指标风险。

四 结果分析

（一）A 项目

项目投资东道国为津巴布韦，该国蕴藏有世界储量 80% 的可用于最佳冶炼高碳铬铁合金的铬矿石，铬矿也是该国最丰富和最重要的矿产资源，其储量占世界的 12.24%，居世界第二位。但是，因缺乏足够的技术和资金，津巴布韦铬矿产量很小，因此，选择到该国投资开发铬矿资源无论是对于我国还是津巴布韦，都具有重要的战略意义。津巴布韦有一系列的吸引外资政策，其中，矿产勘探和采矿是该国优先发展且鼓励投资的领域，对外来独资和合资的矿业公司在税收、贷款和外汇汇出等方面有较多优惠政策。

津巴布韦政局和社会治安较为稳定，但其经济发展水平比较低，人均 GDP 仅为 B 项目东道国南非的 10%、C 项目东道国加拿大的 1.5%。"白人被赶走"和"国有化运动"等社会变革，大大降低了社会的运行效率和社会生产能力，是导致该国早些年极高通货膨胀率的根源，也由此使该国经济萎靡，交通、电力、燃料等基础设施非常薄弱，这不仅加大了项目的前期投入，也会降低项目的经营效率。

目标矿区处在津巴布韦铬矿带之一，铬矿藏丰富，可控资源量达 60%，品质高。但该矿体缓、薄的特点不利于提高生产能力，开采成本较高；前期勘探工作不够，缺少水文地质资料；大多工艺设备陈旧不利于生产，增加了设备的维修费用，同时也会带来安全隐患。

因此，A项目的经营风险处于"一般"状态。

（二）B项目

项目投资东道国南非矿产资源丰富，是世界五大矿产资源国之一，其矿产资源种类多、储量大、产量高。其中，铬矿资源储量位居世界第一，占世界总量的72.4%。南非政局稳定，有一系列的吸引外资政策。

南非作为非洲最大的经济体，是"金砖国家"、G20等重要国际组织成员，但人均GDP比较低；社会治安较差，是世界上高犯罪率的国家之一，2012年，每10万人中有3608.7起严重犯罪，虽然同比有所下降，但是，犯罪总量还是很高，治安形势比较严峻；南非法律严格；工会组织实力非常强大，合法和非法罢工时有发生，特别是近年来矿业劳资纠纷较多，矿工罢工频率较高。南非基础设施较发达，拥有现代化交通体系和非洲最完善的交通运输系统，但其能源供应不足，主要依靠进口。

目标矿区的水文地质条件简单，但因矿体总体的连续性和厚度较为特殊，加上历史上勘探较少，使矿层描述较为模糊，存在一定的勘探风险；南非采矿技术和设备较先进，特别在深层采矿方面，技术和设备位居世界领先地位，而合作企业也是一家在营企业，各项技术工艺比较成熟。

因此，B项目的经营风险处于"较低——一般"状态。

（三）C项目

C项目投资东道国加拿大是世界第三大矿业国，其矿产资源丰富，铁矿储量位居世界第六。政局稳定，法制健全，政策公开透明，且矿业投资政策潜力大。作为西方八大工业国之一，其经济整体基础扎实，经济增长稳定，基础设施完善，是很理想的投资环境。不过，需要注意的是，加拿大的罢工较为频繁。

目标矿区位于拉布拉多，是加拿大重要的铁矿产区，铁矿品质高；目标矿区勘探时间长，有详细的勘探记录；不过，矿区位于高原山区，多冰川湖，气候寒湿，加上加拿大地理环境复杂，自然灾害比较多，极不利于项目的勘探开发。

因此，C 项目的经营风险处于"较低"状态。

第二节　海外矿业投资管理风险评估典型案例

一　原始数据

仍然以国内三家企业的项目（用 A、B、C 代替）分别投资津巴布韦铬矿、南非铬矿和加拿大铁矿为例，对所构建的海外矿业投资管理风险云物元评估模型进行应用。根据表 5 - 7 评估指标体系对这三个项目的有关资料进行收集整理，见附录Ⅵ，结合表 5 - 9 得到三个项目二级指标风险值，结果如表 6 - 10 所示。

表 6 – 10　　　　　　　　　三个项目二级指标风险值

指标	A 项目	B 项目	C 项目	指标	A 项目	B 项目	C 项目
MI_{11}	0.6	0.6	0.4	MI_{33}	0.6	0.4	0.3
MI_{12}	0.6	0.7	0.4	MI_{41}	0.8	0.6	0.2
MI_{13}	0.3	0.2	0.2	MI_{42}	0.6	0.4	0.3
MI_{21}	0.6	0.6	0.6	MI_{51}	1	1	1
MI_{22}	0.3	0.3	0.3	MI_{52}	1	0.6	0.3
MI_{31}	0.4	0.3	0.1	MI_{53}	0.7	0.1	0.2
MI_{32}	0.2	0.2	0.8	MI_{54}	0.1	0.1	0.1

二　风险值隶属度的计算

根据式（5.11），计算各二级指标对各等级云的隶属度，利用 Matlab 软件进行编程，代码见附录Ⅴ，试验 1117 次，求取 1117 次确定度的中位数来作为该云滴对该等级云的隶属度。因此，求出各二级指标的所有取值对各风险值对风险等级的隶属度，结果如表 6 – 11 所示。

表 6 -11　　　　　　各风险值对各风险等级的隶属度

风险值	低	较低	一般	较高	高
0.1	1.0000	0.0633	0.0000	0.0000	0.0000
0.2	0.4996	0.4986	0.0020	0.0000	0.0000
0.3	0.0627	1.0000	0.0620	0.0000	0.0000
0.4	0.0021	0.5003	0.5037	0.0020	0.0000
0.5	0.0000	0.0624	1.0000	0.0614	0.0000
0.6	0.0000	0.0018	0.5004	0.5008	0.0020
0.7	0.0000	0.0000	0.0629	1.0000	0.0626
0.8	0.0000	0.0000	0.0019	0.5010	0.5012
0.9	0.0000	0.0000	0.0000	0.0632	1.0000
1.0	0.0000	0.0000	0.0000	0.0021	0.5015*

注：*数值"1.0"对"高"等级的隶属度用软件计算为 0.5015，结合本书，实际应为 1.0000。

三　管理风险评估

（一）A 项目管理风险评估

1. 确定待评估物元

根据表 6 - 10，确定 A 项目的待评估物元为：

$$R_1 = \begin{bmatrix} I_1 & I_{11} & 0.6 \\ & I_{12} & 0.6 \\ & I_{13} & 0.3 \end{bmatrix} \quad R_2 = \begin{bmatrix} I_2 & I_{21} & 0.6 \\ & I_{22} & 0.3 \end{bmatrix} \quad R_3 = \begin{bmatrix} I_3 & I_{31} & 0.4 \\ & I_{32} & 0.2 \\ & I_{33} & 0.6 \end{bmatrix}$$

$$R_4 = \begin{bmatrix} I_4 & I_{41} & 0.8 \\ & I_{42} & 0.6 \end{bmatrix} \quad R_5 = \begin{bmatrix} I_5 & I_{51} & 1 \\ & I_{52} & 1 \\ & I_{53} & 0.7 \\ & I_{54} & 0.1 \end{bmatrix}$$

2. 二级指标风险评估

根据 A 项目的待评估物元，利用表 6 - 11 确定 A 项各二级指标对各风险等级的隶属度，结果如表 6 - 12 所示。

表6-12　　　　　　A项目各二级指标对各风险等级的隶属度

指标	低	较低	一般	较高	高
MI_{11}	0.0000	0.0018	0.5004	0.5008	0.0020
MI_{12}	0.0000	0.0018	0.5004	0.5008	0.0020
MI_{13}	0.0627	1.0000	0.0620	0.0000	0.0000
MI_{21}	0.0000	0.0018	0.5004	0.5008	0.0020
MI_{22}	0.0627	1.0000	0.0620	0.0000	0.0000
MI_{31}	0.0021	0.5003	0.5037	0.0020	0.0000
MI_{32}	0.4996	0.4986	0.0020	0.0000	0.0000
MI_{33}	0.0000	0.0018	0.5004	0.5008	0.0020
MI_{41}	0.0000	0.0000	0.0019	0.5010	0.5012
MI_{42}	0.0000	0.0018	0.5004	0.5008	0.0020
MI_{51}	0.0000	0.0000	0.0000	0.0021	1.0000
MI_{52}	0.0000	0.0000	0.0000	0.0021	1.0000
MI_{53}	0.0000	0.0000	0.0629	1.0000	0.0626
MI_{54}	1.0000	0.0633	0.0000	0.0000	0.0000

3. 各指标层物元（一级指标）风险评估

利用式（5.18），根据表6-12并结合各二级指标的权重，确定各一级指标对各风险等级的隶属度。

$$\mu_j(R_1) = [\mu_{低}(R_1), \mu_{较低}(R_1), \mu_{一般}(R_1), \mu_{较高}(R_1), \mu_{高}(R_1)]$$

$$= (\omega_{11}, \omega_{12}, \omega_{13}) \cdot$$

$$\begin{bmatrix} \mu_{低}(I_{11}) & \mu_{较低}(I_{11}) & \mu_{一般}(I_{11}) & \mu_{较高}(I_{11}) & \mu_{高}(I_{11}) \\ \mu_{低}(I_{12}) & \mu_{较低}(I_{12}) & \mu_{一般}(I_{12}) & \mu_{较高}(I_{12}) & \mu_{高}(I_{12}) \\ \mu_{低}(I_{12}) & \mu_{较低}(I_{12}) & \mu_{一般}(I_{12}) & \mu_{较高}(I_{12}) & \mu_{高}(I_{12}) \end{bmatrix}$$

$$= (0.41, 0.36, 0.23) \cdot$$

$$\begin{bmatrix} 0.0000 & 0.0018 & 0.5004 & 0.5008 & 0.0020 \\ 0.0000 & 0.0018 & 0.5004 & 0.5008 & 0.0020 \\ 0.0627 & 1.0000 & 0.0620 & 0.0000 & 0.0000 \end{bmatrix}$$

$$= (0.0144, 0.2314, 0.3996, 0.3856, 0.0015)$$

$$\mu_j(R_2) = [\mu_{低}(R_2), \mu_{较低}(R_2), \mu_{一般}(R_2), \mu_{较高}(R_2), \mu_{高}(R_2)]$$

$$= (\omega_{21}, \omega_{22}) \cdot$$

$$\begin{bmatrix} \mu_{低}\ (I_{21}) & \mu_{较低}\ (I_{21}) & \mu_{一般}\ (I_{21}) & \mu_{较高}\ (I_{21}) & \mu_{高}\ (I_{21}) \\ \mu_{低}\ (I_{22}) & \mu_{较低}\ (I_{22}) & \mu_{一般}\ (I_{22}) & \mu_{较高}\ (I_{22}) & \mu_{高}\ (I_{22}) \end{bmatrix}$$

$$= (0.65,\ 0.35) \cdot$$

$$\begin{bmatrix} 0.0000 & 0.0018 & 0.5004 & 0.5008 & 0.0020 \\ 0.0627 & 1.0000 & 0.0620 & 0.0000 & 0.0000 \end{bmatrix}$$

$$= (0.0220,\ 0.0012,\ 0.3470,\ 0.3255,\ 0.0013)$$

$$\mu_j(R_3) = [\mu_{低}(R_3),\ \mu_{较低}(R_3),\ \mu_{一般}(R_3),\ \mu_{较高}(R_3),\ \mu_{高}(R_3)]$$

$$= (\omega_{31},\ \omega_{32},\ \omega_{33}) \cdot$$

$$\begin{bmatrix} \mu_{低}\ (I_{31}) & \mu_{较低}\ (I_{31}) & \mu_{一般}\ (I_{31}) & \mu_{较高}\ (I_{31}) & \mu_{高}\ (I_{31}) \\ \mu_{低}\ (I_{32}) & \mu_{较低}\ (I_{32}) & \mu_{一般}\ (I_{32}) & \mu_{较高}\ (I_{32}) & \mu_{高}\ (I_{32}) \\ \mu_{低}\ (I_{32}) & \mu_{较低}\ (I_{32}) & \mu_{一般}\ (I_{32}) & \mu_{较高}\ (I_{32}) & \mu_{高}\ (I_{32}) \end{bmatrix}$$

$$= (0.37,\ 0.34,\ 0.29) \cdot$$

$$\begin{bmatrix} 0.0021 & 0.5003 & 0.5037 & 0.0020 & 0.0000 \\ 0.4996 & 0.4986 & 0.0020 & 0.0000 & 0.0000 \\ 0.0000 & 0.0018 & 0.5004 & 0.5008 & 0.0020 \end{bmatrix}$$

$$= (0.1706,\ 0.3552,\ 0.3322,\ 0.1460,\ 0.0006)$$

$$\mu_j(R_4) = [\mu_{低}(R_4),\ \mu_{较低}(R_4),\ \mu_{一般}(R_4),\ \mu_{较高}(R_4),\ \mu_{高}(R_4)]$$

$$= (\omega_{41},\ \omega_{42}) \cdot$$

$$\begin{bmatrix} \mu_{低}\ (I_{41}) & \mu_{较低}\ (I_{41}) & \mu_{一般}\ (I_{41}) & \mu_{较高}\ (I_{41}) & \mu_{高}\ (I_{41}) \\ \mu_{低}\ (I_{42}) & \mu_{较低}\ (I_{42}) & \mu_{一般}\ (I_{42}) & \mu_{较高}\ (I_{42}) & \mu_{高}\ (I_{42}) \end{bmatrix}$$

$$= (0.42,\ 0.58) \cdot$$

$$\begin{bmatrix} 0.0000 & 0.0000 & 0.0019 & 0.5010 & 0.5012 \\ 0.0000 & 0.0018 & 0.5004 & 0.5008 & 0.0020 \end{bmatrix}$$

$$= (0.0000,\ 0.0019,\ 0.2910,\ 0.6111,\ 0.2117)$$

$$\mu_j(R_5) = [\mu_{低}(R_5),\ \mu_{较低}(R_5),\ \mu_{一般}(R_5),\ \mu_{较高}(R_5),\ \mu_{高}(R_5)]$$

$$= (\omega_{51},\ \omega_{52},\ \omega_{53},\ \omega_{54}) \cdot$$

$$\begin{bmatrix} \mu_{低}\ (I_{51}) & \mu_{较低}\ (I_{51}) & \mu_{一般}\ (I_{51}) & \mu_{较高}\ (I_{51}) & \mu_{高}\ (I_{51}) \\ \mu_{低}\ (I_{52}) & \mu_{较低}\ (I_{52}) & \mu_{一般}\ (I_{52}) & \mu_{较高}\ (I_{52}) & \mu_{高}\ (I_{52}) \\ \mu_{低}\ (I_{53}) & \mu_{一般}\ (I_{53}) & \mu_{一般}\ (I_{53}) & \mu_{较高}\ (I_{53}) & \mu_{高}\ (I_{53}) \\ \mu_{低}\ (I_{54}) & \mu_{一般}\ (I_{54}) & \mu_{一般}\ (I_{54}) & \mu_{较高}\ (I_{54}) & \mu_{高}\ (I_{54}) \end{bmatrix}$$

$$= (0.19, 0.26, 0.21, 0.34) \cdot$$

$$\begin{bmatrix} 0.0000 & 0.0000 & 0.0000 & 0.0021 & 1.0000 \\ 0.0000 & 0.0000 & 0.0000 & 0.0021 & 1.0000 \\ 0.0000 & 0.0000 & 0.0629 & 1.0000 & 0.0626 \\ 1.0000 & 0.0633 & 0.0000 & 0.0000 & 0.0000 \end{bmatrix}$$

$$= (0.3400, 0.0215, 0.0132, 0.2109, 0.4631)$$

整理上述所求的 A 项目各一级指标对各风险等级的隶属度，利用式（5.19）得到 A 项目各一级指标对各风险等级的隶属度及风险等级，结果如表 6 – 13 所示。

表 6 – 13　　A 项目各一级指标对各风险等级的隶属度及风险等级

指标	低	较低	一般	较高	高	风险等级
MI_1	0.0144	0.2314	0.3996	0.3856	0.0015	一般
MI_2	0.0219	0.3512	0.3470	0.3255	0.0013	较低
MI_3	0.1688	0.6847	0.1948	0.0007	0.0000	较低
MI_4	0.0000	0.0010	0.2910	0.5009	0.2117	较高
MI_5	0.3400	0.0215	0.01320	0.2109	0.4631	高

4. 目标层物元（总风险）风险评估

根据表 6 – 13，利用式（5.19）求总目标风险对各风险等级的隶属度，具体过程如下：

$$\mu_j(R) = (\omega_1, \omega_2, \omega_3, \omega_4, \omega_5,) \cdot$$

$$\begin{bmatrix} \mu_{低}(R_1) & \mu_{较低}(R_1) & \mu_{一般}(R_1) & \mu_{较高}(R_1) & \mu_{高}(R_1) \\ \mu_{低}(R_2) & \mu_{较低}(R_2) & \mu_{一般}(R_2) & \mu_{较高}(R_2) & \mu_{高}(R_2) \\ \mu_{低}(R_3) & \mu_{较低}(R_3) & \mu_{一般}(R_3) & \mu_{较高}(R_3) & \mu_{高}(R_3) \\ \mu_{低}(R_4) & \mu_{较低}(R_4) & \mu_{一般}(R_4) & \mu_{较高}(R_4) & \mu_{高}(R_4) \\ \mu_{低}(R_5) & \mu_{较低}(R_5) & \mu_{一般}(R_5) & \mu_{较高}(R_5) & \mu_{高}(R_5) \end{bmatrix}$$

$$= (0.25, 0.20, 0.15, 0.10, 0.30) \cdot$$

$$\begin{bmatrix} 0.0144 & 0.2314 & 0.3996 & 0.3856 & 0.0015 \\ 0.0219 & 0.3512 & 0.3470 & 0.3255 & 0.0013 \\ 0.1688 & 0.6847 & 0.1948 & 0.0007 & 0.0000 \\ 0.0000 & 0.0010 & 0.2910 & 0.5009 & 0.2117 \\ 0.3400 & 0.0215 & 0.0132 & 0.2109 & 0.4631 \end{bmatrix}$$

$$= (0.1353, 0.2373, 0.2316, 0.2750, 0.1607)$$

根据式 (5.20)，可得：

$$\mu_j(R) = \max_{j \in \{低,较低,一般,较高,高\}} \mu_j(R)$$

$$= \max(0.1353, 0.2373, 0.2316, 0.2750, 0.1607)$$

$$= 0.2750 = \mu_{较高}(R)$$

因此，A 项目的管理风险等级为较高。

（二）B 项目管理风险评估

1. 确定待评估物元

根据表 6-10，确定 B 项目的待评估物元为：

$$R_1 = \begin{bmatrix} I_1 & I_{11} & 0.6 \\ & I_{12} & 0.7 \\ & I_{13} & 0.2 \end{bmatrix} \quad R_2 = \begin{bmatrix} I_2 & I_{21} & 0.6 \\ & I_{22} & 0.3 \end{bmatrix} \quad R_3 = \begin{bmatrix} I_3 & I_{31} & 0.3 \\ & I_{12} & 0.3 \\ & I_{13} & 0.4 \end{bmatrix}$$

$$R_4 = \begin{bmatrix} I_4 & I_{41} & 0.6 \\ & I_{42} & 0.4 \end{bmatrix} \quad R_5 = \begin{bmatrix} I_5 & I_{51} & 1 \\ & I_{52} & 0.6 \\ & I_{53} & 0.1 \\ & I_{54} & 0.1 \end{bmatrix}$$

2. 二级指标风险评估

根据 B 项目的待评估物元，利用表 6-11 确定 B 项目各二级指标对各风险等级的隶属度，结果如表 6-14 所示。

表 6-14　　　　　B 项目各二级指标对各风险等级的隶属度

指标	低	较低	一般	较高	高
MI_{11}	0.0000	0.0018	0.5004	0.5008	0.0020
MI_{12}	0.0000	0.0000	0.0629	1.0000	0.0626

指标	低	较低	一般	较高	高
MI_{13}	0.4996	0.4986	0.0020	0.0000	0.0000
MI_{21}	0.0000	0.0018	0.5004	0.5008	0.0020
MI_{22}	0.0627	1.0000	0.0620	0.0000	0.0000
MI_{31}	0.0627	1.0000	0.0620	0.0000	0.0000
MI_{32}	0.0627	1.0000	0.0620	0.0000	0.0000
MI_{33}	0.0021	0.5003	0.5037	0.0020	0.0000
MI_{41}	0.0000	0.0018	0.5004	0.5008	0.0020
MI_{42}	0.0021	0.5003	0.5037	0.0020	0.0000
MI_{51}	0.0000	0.0000	0.0000	0.0021	1.0000
MI_{52}	0.0000	0.0018	0.5004	0.5008	0.0020
MI_{53}	1.0000	0.0633	0.0000	0.0000	0.0000
MI_{54}	1.0000	0.0633	0.0000	0.0000	0.0000

3. 各指标层物元（一级指标）风险评估

利用式（5.18），根据表6-14并结合各二级指标的权重，确定各一级指标对各风险等级的隶属度。

$$\mu_j(R_1) = [\mu_{低}(R_1), \mu_{较低}(R_1), \mu_{一般}(R_1), \mu_{较高}(R_1), \mu_{高}(R_1)]$$

$$= (\omega_{11}, \omega_{12}, \omega_{13}) \cdot$$

$$\begin{bmatrix} \mu_{低}(I_{11}) & \mu_{较低}(I_{11}) & \mu_{一般}(I_{11}) & \mu_{较高}(I_{11}) & \mu_{高}(I_{11}) \\ \mu_{低}(I_{12}) & \mu_{较低}(I_{12}) & \mu_{一般}(I_{12}) & \mu_{较高}(I_{12}) & \mu_{高}(I_{12}) \\ \mu_{低}(I_{12}) & \mu_{较低}(I_{12}) & \mu_{一般}(I_{12}) & \mu_{较高}(I_{12}) & \mu_{高}(I_{12}) \end{bmatrix}$$

$$= (0.41, 0.36, 0.23) \cdot$$

$$\begin{bmatrix} 0.0000 & 0.0018 & 0.5004 & 0.5008 & 0.0020 \\ 0.0000 & 0.0000 & 0.0629 & 1.0000 & 0.0626 \\ 0.4996 & 0.4986 & 0.0020 & 0.0000 & 0.0000 \end{bmatrix}$$

$$= (0.1149, 0.1154, 0.2283, 0.5653, 0.0234)$$

$$\mu_j(R_2) = [\mu_{低}(R_2), \mu_{较低}(R_2), \mu_{一般}(R_2), \mu_{较高}(R_2), \mu_{高}(R_2)]$$

$$= (\omega_{21}, \omega_{22}) \cdot$$

$$\begin{bmatrix} \mu_{\text{低}}(I_{21}) & \mu_{\text{较低}}(I_{21}) & \mu_{\text{一般}}(I_{21}) & \mu_{\text{较高}}(I_{21}) & \mu_{\text{高}}(I_{21}) \\ \mu_{\text{低}}(I_{22}) & \mu_{\text{较低}}(I_{22}) & \mu_{\text{一般}}(I_{22}) & \mu_{\text{较高}}(I_{22}) & \mu_{\text{高}}(I_{22}) \end{bmatrix}$$

$$= (0.65,\ 0.35) \cdot$$

$$\begin{bmatrix} 0.0000 & 0.0018 & 0.5004 & 0.5008 & 0.0020 \\ 0.0627 & 1.0000 & 0.0620 & 0.0000 & 0.0000 \end{bmatrix}$$

$$= (0.0219,\ 0.3512,\ 0.3470,\ 0.3255,\ 0.0013)$$

$$\mu_j(R_3) = [\mu_{\text{低}}(R_3),\ \mu_{\text{较低}}(R_3),\ \mu_{\text{一般}}(R_3),\ \mu_{\text{较高}}(R_3),\ \mu_{\text{高}}(R_3)]$$

$$= (\omega_{31},\ \omega_{32},\ \omega_{33}) \cdot$$

$$\begin{bmatrix} \mu_{\text{低}}(I_{31}) & \mu_{\text{较低}}(I_{31}) & \mu_{\text{一般}}(I_{31}) & \mu_{\text{较高}}(I_{31}) & \mu_{\text{高}}(I_{31}) \\ \mu_{\text{低}}(I_{32}) & \mu_{\text{较低}}(I_{32}) & \mu_{\text{一般}}(I_{32}) & \mu_{\text{较高}}(I_{32}) & \mu_{\text{高}}(I_{32}) \\ \mu_{\text{低}}(I_{32}) & \mu_{\text{较低}}(I_{32}) & \mu_{\text{一般}}(I_{32}) & \mu_{\text{较高}}(I_{32}) & \mu_{\text{高}}(I_{32}) \end{bmatrix}$$

$$= (0.37,\ 0.34,\ 0.29) \cdot$$

$$\begin{bmatrix} 0.0627 & 1.0000 & 0.0620 & 0.0000 & 0.0000 \\ 0.0627 & 1.0000 & 0.0620 & 0.0000 & 0.0000 \\ 0.0021 & 0.5003 & 0.5037 & 0.0020 & 0.0000 \end{bmatrix}$$

$$= (0.0451,\ 0.8551,\ 0.1901,\ 0.0006,\ 0.0000)$$

$$\mu_j(R_4) = [\mu_{\text{低}}(R_4),\ \mu_{\text{较低}}(R_4),\ \mu_{\text{一般}}(R_4),\ \mu_{\text{较高}}(R_4),\ \mu_{\text{高}}(R_4)]$$

$$= (\omega_{41},\ \omega_{42}) \cdot$$

$$\begin{bmatrix} \mu_{\text{低}}(I_{41}) & \mu_{\text{较低}}(I_{41}) & \mu_{\text{一般}}(I_{41}) & \mu_{\text{较高}}(I_{41}) & \mu_{\text{高}}(I_{41}) \\ \mu_{\text{低}}(I_{42}) & \mu_{\text{较低}}(I_{42}) & \mu_{\text{一般}}(I_{42}) & \mu_{\text{较高}}(I_{42}) & \mu_{\text{高}}(I_{42}) \end{bmatrix}$$

$$= (0.42,\ 0.58) \cdot$$

$$\begin{bmatrix} 0.0000 & 0.0018 & 0.5004 & 0.5008 & 0.0020 \\ 0.0021 & 0.5003 & 0.5037 & 0.0020 & 0.0000 \end{bmatrix}$$

$$= (0.0009,\ 0.2112,\ 0.5018,\ 0.2913,\ 0.0012)$$

$$\mu_j(R_5) = [\mu_{\text{低}}(R_5),\ \mu_{\text{较低}}(R_5),\ \mu_{\text{一般}}(R_5),\ \mu_{\text{较高}}(R_5),\ \mu_{\text{高}}(R_5)]$$

$$= (\omega_{51},\ \omega_{52},\ \omega_{53},\ \omega_{54}) \cdot$$

$$\begin{bmatrix} \mu_{\text{低}}(I_{51}) & \mu_{\text{较低}}(I_{51}) & \mu_{\text{一般}}(I_{51}) & \mu_{\text{较高}}(I_{51}) & \mu_{\text{高}}(I_{51}) \\ \mu_{\text{低}}(I_{52}) & \mu_{\text{较低}}(I_{52}) & \mu_{\text{一般}}(I_{52}) & \mu_{\text{较高}}(I_{52}) & \mu_{\text{高}}(I_{52}) \\ \mu_{\text{低}}(I_{53}) & \mu_{\text{一般}}(I_{53}) & \mu_{\text{一般}}(I_{53}) & \mu_{\text{较高}}(I_{53}) & \mu_{\text{高}}(I_{53}) \\ \mu_{\text{低}}(I_{54}) & \mu_{\text{一般}}(I_{54}) & \mu_{\text{一般}}(I_{54}) & \mu_{\text{较高}}(I_{54}) & \mu_{\text{高}}(I_{54}) \end{bmatrix}$$

$$= (0.19, 0.26, 0.21, 0.34) \cdot$$

$$\begin{bmatrix} 0.0000 & 0.0000 & 0.0000 & 0.0021 & 1.0000 \\ 0.0000 & 0.0018 & 0.5004 & 0.5008 & 0.0020 \\ 1.0000 & 0.0633 & 0.0000 & 0.0000 & 0.0000 \\ 1.0000 & 0.0633 & 0.0000 & 0.0000 & 0.0000 \end{bmatrix}$$

$$= (0.5500, 0.0353, 0.1301, 0.1306, 0.1905)$$

整理上述所求的 B 项目各一级指标对各风险等级的隶属度，利用式（5.19）得到 B 项目各一级指标对各风险等级的隶属度及风险等级，结果如表 6-15 所示。

表 6-15　B 项目各一级指标对各风险等级的隶属度及风险等级

指标	低	较低	一般	较高	高	风险等级
MI_1	0.1149	0.1154	0.2283	0.5653	0.0234	较高
MI_2	0.0219	0.3512	0.3470	0.3255	0.0013	较低
MI_3	0.0451	0.8551	0.1901	0.0006	0.0000	较低
MI_4	0.0009	0.2112	0.5018	0.2913	0.0012	一般
MI_5	0.5500	0.0353	0.1301	0.1306	0.1905	低

4. 目标层物元（总风险）风险评估

根据表 6-15，利用式（5.19）求总目标风险对各风险等级的隶属度，具体过程如下：

$$\mu_j(R) = (\omega_1, \omega_2, \omega_3, \omega_4, \omega_5) \cdot$$

$$\begin{bmatrix} \mu_{低}(R_1) & \mu_{较低}(R_1) & \mu_{一般}(R_1) & \mu_{较高}(R_1) & \mu_{高}(R_1) \\ \mu_{低}(R_2) & \mu_{较低}(R_2) & \mu_{一般}(R_2) & \mu_{较高}(R_2) & \mu_{高}(R_2) \\ \mu_{低}(R_3) & \mu_{较低}(R_3) & \mu_{一般}(R_3) & \mu_{较高}(R_3) & \mu_{高}(R_3) \\ \mu_{低}(R_4) & \mu_{较低}(R_4) & \mu_{一般}(R_4) & \mu_{较高}(R_4) & \mu_{高}(R_4) \\ \mu_{低}(R_5) & \mu_{较低}(R_5) & \mu_{一般}(R_5) & \mu_{较高}(R_5) & \mu_{高}(R_5) \end{bmatrix}$$

$$= (0.25, 0.20, 0.15, 0.10, 0.30) \cdot$$

$$\begin{bmatrix} 0.1149 & 0.1154 & 0.2283 & 0.5653 & 0.0234 \\ 0.0219 & 0.3512 & 0.3470 & 0.3255 & 0.0013 \\ 0.0451 & 0.8551 & 0.1901 & 0.0006 & 0.0000 \\ 0.0009 & 0.2112 & 0.5018 & 0.2913 & 0.0012 \\ 0.5500 & 0.0353 & 0.1301 & 0.1306 & 0.1905 \end{bmatrix}$$

$$= (0.2050, \ 0.2591, \ 0.2442, \ 0.2748, \ 0.0634)$$

根据式（5.20），可得：

$$\mu_j(R) = \max_{j \in \{低, 较低, 一般, 较高, 高\}} \mu_j(R)$$

$$= \max(0.2050, \ 0.2591, \ 0.2442, \ 0.2748, \ 0.0634)$$

$$= 0.2748 = \mu_{较高}(R)$$

因此，B 项目的管理风险等级为较高。

（三）C 项目管理风险评估

1. 确定待评估物元

根据表 6-10，确定 C 项目的待评估物元为：

$$R_1 = \begin{bmatrix} I_1 & I_{11} & 0.4 \\ & I_{12} & 0.4 \\ & I_{13} & 0.2 \end{bmatrix} \quad R_2 = \begin{bmatrix} I_2 & I_{21} & 0.6 \\ & I_{22} & 0.3 \end{bmatrix} \quad R_3 = \begin{bmatrix} I_3 & I_{31} & 0.1 \\ & I_{32} & 0.8 \\ & I_{33} & 0.3 \end{bmatrix}$$

$$R_4 = \begin{bmatrix} I_4 & I_{41} & 0.2 \\ & I_{42} & 0.3 \end{bmatrix} \quad R_5 = \begin{bmatrix} I_5 & I_{51} & 1 \\ & I_{52} & 0.3 \\ & I_{53} & 0.2 \\ & I_{54} & 0.1 \end{bmatrix}$$

2. 二级指标风险评估

根据 C 项目的待评估物元，利用表 6-11 确定 C 项目各二级指标对各风险等级的隶属度，结果如表 6-16 所示。

表 6-16　　　　C 项目各二级指标对各风险等级的隶属度

指标	低	较低	一般	较高	高
MI_{11}	0.0021	0.5003	0.5037	0.0020	0.0000
MI_{12}	0.0021	0.5003	0.5037	0.0020	0.0000

指标	低	较低	一般	较高	高
MI₁₃	0.4996	0.4986	0.0020	0.0000	0.0000
MI₂₁	0.0000	0.0018	0.5004	0.5008	0.0020
MI₂₂	0.0627	1.0000	0.0620	0.0000	0.0000
MI₃₁	1.0000	0.0633	0.0000	0.0000	0.0000
MI₃₂	0.0000	0.0000	0.0019	0.5010	0.5012
MI₃₃	0.0627	1.0000	0.0620	0.0000	0.0000
MI₄₁	0.4996	0.4986	0.0020	0.0000	0.0000
MI₄₂	0.0627	1.0000	0.0620	0.0000	0.0000
MI₅₁	0.0000	0.0000	0.0000	0.0021	1.0000
MI₅₂	0.0627	1.0000	0.0620	0.0000	0.0000
MI₅₃	0.4996	0.4986	0.0020	0.0000	0.0000
MI₅₄	1.0000	0.0633	0.0000	0.0000	0.0000

3. 各指标层物元（一级指标）风险评估

利用式（5.18），根据表 6 - 16 并结合各二级指标的权重，确定各一级指标对各风险等级的隶属度。

$$\mu_j(R_1) = [\mu_{低}(R_1), \mu_{较低}(R_1), \mu_{一般}(R_1), \mu_{较高}(R_1), \mu_{高}(R_1)]$$

$$= (\omega_{11}, \omega_{12}, \omega_{13}) \cdot$$

$$\begin{bmatrix} \mu_{低}(I_{11}) & \mu_{较低}(I_{11}) & \mu_{一般}(I_{11}) & \mu_{较高}(I_{11}) & \mu_{高}(I_{11}) \\ \mu_{低}(I_{12}) & \mu_{较低}(I_{12}) & \mu_{一般}(I_{12}) & \mu_{较高}(I_{12}) & \mu_{高}(I_{12}) \\ \mu_{低}(I_{12}) & \mu_{较低}(I_{12}) & \mu_{一般}(I_{12}) & \mu_{较高}(I_{12}) & \mu_{高}(I_{12}) \end{bmatrix}$$

$$= (0.41, 0.36, 0.23) \cdot$$

$$\begin{bmatrix} 0.0021 & 0.5003 & 0.5037 & 0.0020 & 0.0000 \\ 0.0021 & 0.5003 & 0.5037 & 0.0020 & 0.0000 \\ 0.4996 & 0.4986 & 0.0020 & 0.0000 & 0.0000 \end{bmatrix}$$

$$= (0.1165, 0.4999, 0.3883, 0.0015, 0.0000)$$

$$\mu_j(R_2) = [\mu_{低}(R_2), \mu_{较低}(R_2), \mu_{一般}(R_2), \mu_{较高}(R_2), \mu_{高}(R_2)]$$

$$= (\omega_{21}, \omega_{22}) \cdot$$

$$\begin{bmatrix} \mu_{低}\ (I_{21}) & \mu_{较低}\ (I_{21}) & \mu_{一般}\ (I_{21}) & \mu_{较高}\ (I_{21}) & \mu_{高}\ (I_{21}) \\ \mu_{低}\ (I_{22}) & \mu_{较低}\ (I_{22}) & \mu_{一般}\ (I_{22}) & \mu_{较高}\ (I_{22}) & \mu_{高}\ (I_{22}) \end{bmatrix}$$

$$= (0.65,\ 0.35) \cdot$$

$$\begin{bmatrix} 0.0000 & 0.0018 & 0.5004 & 0.5008 & 0.0020 \\ 0.0627 & 1.0000 & 0.0620 & 0.0000 & 0.0000 \end{bmatrix}$$

$$= (0.0219,\ 0.3512,\ 0.3470,\ 0.3255,\ 0.0013)$$

$$\mu_j(R_3) = [\mu_{低}(R_3),\ \mu_{较低}(R_3),\ \mu_{一般}(R_3),\ \mu_{较高}(R_3),\ \mu_{高}(R_3)]$$

$$= (\omega_{31},\ \omega_{32},\ \omega_{33}) \cdot$$

$$\begin{bmatrix} \mu_{低}\ (I_{31}) & \mu_{较低}\ (I_{31}) & \mu_{一般}\ (I_{31}) & \mu_{较高}\ (I_{31}) & \mu_{高}\ (I_{31}) \\ \mu_{低}\ (I_{32}) & \mu_{较低}\ (I_{32}) & \mu_{一般}\ (I_{32}) & \mu_{较高}\ (I_{32}) & \mu_{高}\ (I_{32}) \\ \mu_{低}\ (I_{32}) & \mu_{较低}\ (I_{32}) & \mu_{一般}\ (I_{32}) & \mu_{较高}\ (I_{32}) & \mu_{高}\ (I_{32}) \end{bmatrix}$$

$$= (0.37,\ 0.34,\ 0.29) \cdot$$

$$\begin{bmatrix} 1.0000 & 0.0633 & 0.0000 & 0.0000 & 0.0000 \\ 0.0000 & 0.0000 & 0.0019 & 0.5010 & 0.5012 \\ 0.0627 & 1.0000 & 0.0620 & 0.0000 & 0.0000 \end{bmatrix}$$

$$= (0.3882,\ 0.3134,\ 0.0186,\ 0.1703,\ 0.1704)$$

$$\mu_j(R_4) = [\mu_{低}(R_4),\ \mu_{较低}(R_4),\ \mu_{一般}(R_4),\ \mu_{较高}(R_4),\ \mu_{高}(R_4)]$$

$$= (\omega_{41},\ \omega_{42}) \cdot$$

$$\begin{bmatrix} \mu_{低}\ (I_{41}) & \mu_{较低}\ (I_{41}) & \mu_{一般}\ (I_{41}) & \mu_{较高}\ (I_{41}) & \mu_{高}\ (I_{41}) \\ \mu_{低}\ (I_{42}) & \mu_{较低}\ (I_{42}) & \mu_{一般}\ (I_{42}) & \mu_{较高}\ (I_{42}) & \mu_{高}\ (I_{42}) \end{bmatrix}$$

$$= (0.42,\ 0.58) \cdot$$

$$\begin{bmatrix} 0.4996 & 0.4986 & 0.0020 & 0.0000 & 0.0000 \\ 0.0627 & 1.0000 & 0.0620 & 0.0000 & 0.0000 \end{bmatrix}$$

$$= (0.2462,\ 0.7894,\ 0.0368,\ 0.0000,\ 0.0000)$$

$$\mu_j(R_5) = [\mu_{低}(R_5),\ \mu_{较低}(R_5),\ \mu_{一般}(R_5),\ \mu_{较高}(R_5),\ \mu_{高}(R_5)]$$

$$= (\omega_{51},\ \omega_{52},\ \omega_{53},\ \omega_{54}) \cdot$$

$$\begin{bmatrix} \mu_{低}\ (I_{51}) & \mu_{较低}\ (I_{51}) & \mu_{一般}\ (I_{51}) & \mu_{较高}\ (I_{51}) & \mu_{高}\ (I_{51}) \\ \mu_{低}\ (I_{52}) & \mu_{较低}\ (I_{52}) & \mu_{一般}\ (I_{52}) & \mu_{较高}\ (I_{52}) & \mu_{高}\ (I_{52}) \\ \mu_{低}\ (I_{53}) & \mu_{一般}\ (I_{53}) & \mu_{一般}\ (I_{53}) & \mu_{较高}\ (I_{53}) & \mu_{高}\ (I_{53}) \\ \mu_{低}\ (I_{54}) & \mu_{一般}\ (I_{54}) & \mu_{一般}\ (I_{54}) & \mu_{较高}\ (I_{54}) & \mu_{高}\ (I_{54}) \end{bmatrix}$$

$$= (0.19,\ 0.26,\ 0.21,\ 0.34) \cdot$$

$$\begin{bmatrix} 0.0000 & 0.0000 & 0.0000 & 0.0021 & 1.0000 \\ 0.0627 & 1.0000 & 0.0620 & 0.0000 & 0.0000 \\ 0.4996 & 0.4986 & 0.0020 & 0.0000 & 0.0000 \\ 1.0000 & 0.0633 & 0.0000 & 0.0000 & 0.0000 \end{bmatrix}$$

$$= (0.4612,\ 0.3862,\ 0.0165,\ 0.0004,\ 0.1900)$$

整理上述所求的 C 项目各一级指标对各风险等级的隶属度，利用式（5.19）得到 C 项目各一级指标所属的风险等级，结果如表 6 - 17 所示。

表 6 - 17　C 项目各一级指标对各风险等级的隶属度及风险等级

指标	低	较低	一般	较高	高	风险等级
MI_1	0.1165	0.4999	0.3883	0.0015	0.0000	较低
MI_2	0.0219	0.3512	0.3470	0.3255	0.0013	较低
MI_3	0.3882	0.3134	0.0186	0.1703	0.1704	低
MI_4	0.2462	0.7894	0.0368	0.0000	0.0000	较低
MI_5	0.4612	0.3862	0.0165	0.0004	0.1900	低

4. 目标层物元（总风险）风险评估

根据表 6 - 17，利用式（5.19）求总目标风险对各风险等级的隶属度，具体过程如下：

$$\mu_j(R) = (\omega_1,\ \omega_2,\ \omega_3,\ \omega_4,\ \omega_5,) \cdot$$

$$\begin{bmatrix} \mu_{低}(R_1) & \mu_{较低}(R_1) & \mu_{一般}(R_1) & \mu_{较高}(R_1) & \mu_{高}(R_1) \\ \mu_{低}(R_2) & \mu_{较低}(R_2) & \mu_{一般}(R_2) & \mu_{较高}(R_2) & \mu_{高}(R_2) \\ \mu_{低}(R_3) & \mu_{较低}(R_3) & \mu_{一般}(R_3) & \mu_{较高}(R_3) & \mu_{高}(R_3) \\ \mu_{低}(R_4) & \mu_{较低}(R_4) & \mu_{一般}(R_4) & \mu_{较高}(R_4) & \mu_{高}(R_4) \\ \mu_{低}(R_5) & \mu_{较低}(R_5) & \mu_{一般}(R_5) & \mu_{较高}(R_5) & \mu_{高}(R_5) \end{bmatrix}$$

$$= (0.25,\ 0.20,\ 0.15,\ 0.10,\ 0.30) \cdot$$

$$\begin{bmatrix} 0.1165 & 0.4999 & 0.3883 & 0.0015 & 0.0000 \\ 0.0219 & 0.3512 & 0.3470 & 0.3255 & 0.0013 \\ 0.3882 & 0.3134 & 0.0186 & 0.1703 & 0.1704 \\ 0.2462 & 0.7894 & 0.0368 & 0.0000 & 0.0000 \\ 0.4612 & 0.3862 & 0.0165 & 0.0004 & 0.1900 \end{bmatrix}$$

$$= (0.2547, 0.4371, 0.1779, 0.0911, 0.0828)$$

根据式（5.20），可得：

$$\mu_j(R) = \max_{j \in \{低,较低,一般,较高,高\}} \mu_j(R)$$

$$= \max (0.2547, 0.4371, 0.1779, 0.0911, 0.0828)$$

$$= 0.4371 = \mu_{较低}(R)$$

因此，C 项目的管理风险等级为较低。

为便于比较，将三个项目一级指标的风险等级（见表 6−13、表 6−15 和表 6−17）进行整理得到表 6−18。

表 6−18 三个项目一级指标及总风险情况

指标	A 项目	B 项目	C 项目
决策风险 MI_1	一般	较高*	较低
跨文化风险 MI_2	较低	较低	较低
人力资源风险 MI_3	较低	较低	低
无形资产风险 MI_4	较高*	一般*	较低
财务风险 MI_5	高*	低	低
管理风险 MI	较高	较高	较低

注：*表示应重点关注的一级指标风险。

四 结果分析

（一）A 项目

A 项目投资东道国为津巴布韦，到津巴布韦进行矿业投资预期管理风险较高，尤其要关注无形资产风险和财务风险两个方面。

1. 无形资产风险

知识产权风险方面，津巴布韦的知识产权法律法规不完善，具有高风险。产权联盟（PRA）及其合作者每年都会提供国际产权指数，其主要聚焦在三个领域——法律和政治环境、实物产权和知识产权，为私人产权保护提供了一个国际标尺。其中，知识产权对商标、专利、版权和其他知识资产的保护进行评估，这些直接决定了一个国家的多边贸易和投资市场的竞争力。2009 年报告的指数显示，津巴布韦以 3.2 数值排名第 109 位（共 115 个国家，其 GDP 占全球的 96%），根据此次报告，津巴布韦之所以拥有很低的指数值，原因在于司法独立性和法律规制的缺乏以及不稳定的政局。

在土地使用权风险方面，津巴布韦的土地权利不及地下矿产，具有较高风险。土地所有人对地标土地和土地附着物拥有权利，但对土地以下矿产并无权利。例如，探矿权证持有人通知土地所有人其将进行矿物勘探时，所有权人一般无权拒绝，只有在例外的特定情况下，探矿权证持有人才需要征得土地所有权人的特别同意。当然，如果土地所有权人希望排除此类影响，其可以将土地注册为 Arable Land，即不允许进行矿产勘探。探矿权证持有人与土地所有权人的纠纷由津巴布韦行政法庭（Administrative Court）管辖。

津巴布韦建立了专项土地制度。Deed Registration 法案规定了土地权利的登记、转让、担保和保护事宜。土地所有权只有通过唯一一种方式转让，即做出转让契据（Deed of Transfer），并由登记官进行登记。土地可以通过 Bond 的形式成为银行贷款的担保品，Bond 信息应当在土地契据上加注登记。作为对土地所有权的限制，超过 10 年的土地租赁协议必须在土地契据上加注登记。10 年以下的租赁协议的登记是自愿进行的。无论登记与否，买卖不破租赁。

津巴布韦建立了强制土地征收制度（Compulsory Acquisition）。根据《征地法案》的规定，由于公共搬迁需要，政府有权强制征收商业农用地，并给予原土地所有权人补偿。虽然法案规定了公共目的、征地程序、补偿办法，但该强制征收制度仍然常常引起投资争议。

2. 财务风险

汇率风险方面，津巴布韦的汇率波动大，风险高。同时，津巴布韦政府规定，拥有外汇的个人、非政府组织、使馆、国际组织等的外汇账户中的资金不可停留超过 30 天，超过 30 天必须按照官方汇率进行清算。在津巴布韦，由于汇率的不断下跌，外币十分走俏，与当地企业合作，很难采用外币结算。同时，津巴布韦也很难通过远期汇率合同、掉期交易等手段规避汇率风险。企业如不注重汇率风险防范，不仅利润会被吞噬，连生存都可能受到威胁。因此，如何规避汇率风险成为投资津巴布韦的企业必须重视的问题。

利率与融资风险方面，原则上，津巴布韦银行的贷款条件并不苛刻，只要符合条件的企业，无论外资还是当地资本，都可以申请并获得当地银行的贷款。银行重点支持农业、畜牧业以及食品加工项目，商业银行的贷款范围比较广泛。但是，由于津巴布韦资本流动性不足，银行利率普遍偏高，通常年利率为 20% 左右，而且波动性很大，即便如此，还时常出现贷不到款的现象。因此，具有较高的利率与融资风险。

资产负债率风险方面，本项目为低风险。

（二）B 项目

B 项目投资东道国为南非，到南非进行矿业投资，预期管理风险较高，尤其要关注决策风险和无形资产风险两个方面。

1. 决策风险

B 项目决策风险等级为较高，尤其应关注该项目的高层决策能力指标。2011 年，总经理离职，而在此之前，B 项目企业在南非事业部已换过三任总经理。企业高层的不稳定直接导致企业长期停产，给企业带来了较大损失。

2. 无形资产风险

知识产权风险方面，目前南非对知识产权的保护还不够充分，相关法律法规还不够完善，比如，专利方面没有专利审查的专门机构，著作权方面没有正式登记注册权的程序，且 2013 年由其总统签署的《知识产权法修正案》备受争议。因此，具有较高的知识产权风险。

土地使用权风险方面，风险等级为一般。南非 2004 年 5 月生效的新《矿产资源和石油开发法》规定，经过政府授权，可以对矿产资源进行勘探开发，根据该法，矿业权人享有在他人所有的土地上勘探、开发和处分矿产资源的权利。

（三）C项目

C项目投资东道国为加拿大，到该国进行矿业投资预期管理风险较低，适合投资。

第七章　海外矿业投资经营管理
风险预警模型

第一节　海外矿业投资经营管理
风险预警指标体系

从我国矿业企业海外投资自身的特点来看，其经营管理风险的合理预见尤为重要。主要表现在：我国矿业企业海外投资的建设期和投资回收期长，面临许多不确定因素，加大了投资支出取得预期效益的不稳定性；投资数额巨大，加大了公司在项目运营后再改变投资方向的难度。对经营管理风险进行预警，能给项目的运行决策提供参考并使项目管理人员及时采用适宜的对策，加强风险管理，尽量降低或规避因风险而带来的损失。[①]

一　风险预警指标选取的原则

（一）全面性

预警指标的选取需要涵盖海外矿业投资经营管理风险的基本情况，能够较为准确地反映风险威胁的程度。

（二）概括性

预警指标的选取需要对海外矿业投资所遇到的经营管理风险进行高度概括。

[①]　肖辉：《中国矿业企业跨国投资风险预警监控研究》，博士学位论文，武汉理工大学，2013年。

（三）动态性

预警指标的选取应能够使其在经营管理过程中逐步明确或及时地反映海外矿业投资经营管理风险的发展变化。

二　经营风险预警指标体系及权重的确定

经过对海外矿业投资经营风险评估指标体系进行筛选，选取了政局风险、经济发展水平、物价水平、社会风险、矿产品价格、矿石品位和生产技术风险作为海外矿业投资经营风险预警指标，并采用专家调查法确定权重，如表7-1所示。

表7-1　　　　　　　海外矿业投资经营风险预警指标及权重

预警指标	权重	指标度量
政局风险 C_1	0.25	政局的稳定性
经济发展水平 C_2	0.10	经济增长率（%）
物价水平 C_3	0.17	通货膨胀率（%）
社会风险 C_4	0.11	社会治安状况、工会罢工发生的情况等
矿产品价格 C_5	0.15	所投资矿石价格的波动状况（%）
矿石品位 C_6	0.12	所投资矿石的平均品位变化率（%）
生产技术风险 C_7	0.10	生产成本相对预期成本的变化率（%）

三　管理风险预警指标体系及权重的确定

经过对海外矿业投资管理风险评估指标体系进行筛选，选取了投资决策风险、受教育水平、工资水平、利率风险、汇率风险、融资风险和资产负债率作为海外矿业投资管理风险预警指标，并采用专家调查法确定权重，如表7-2所示。

表7-2　　　　　　　海外矿业投资管理风险预警指标及权重

预警指标	权重	指标度量
投资决策风险 D_1	0.16	IRR（%）
受教育水平 D_2	0.08	劳动力平均受教育年限（年）
工资水平 D_3	0.07	投资所在国居民平均收入水平（美元/人·年）

预警指标	权重	指标度量
利率风险 D_4	0.16	利率波动性（%）
汇率风险 D_5	0.18	近五年兑美元官方汇率的标准差系数（%）
融资风险 D_6	0.15	世界银行《全球营商环境报告》中的信贷融资便利程度排名（名）
资产负债率 D_7	0.20	负债与资产比率（%）

第二节　海外矿业投资经营管理风险预警指标分级

一　经营风险预警指标的分级

根据经营风险指标数据，可以对各指标进行分级，海外矿业投资经营风险预警指标分级规则如表 7-3 所示。

表 7-3　　　　海外矿业投资经营风险预警指标分级规则

指标	0.1	0.2	0.3	0.4	0.5	0.6	0.7	0.8	0.9	1
C_1		稳定		较稳定		一般		波动较大		波动
C_2		≥7		[4，7)		[1，4)		<1		
C_3		(1，3]		(3，6]		(6，9]		(10，50]		>50
C_4		稳定		较稳定		一般		较差		差
C_5		≥15		[5，15)		[-5，5)		[-15，-5)		<-15
C_6		≥20		[10，20)		[-10，10)		[-20，-10)		<-20
C_7		<-10		[-10，10)		[10，30)		[30，50)		≥50

二　管理风险预警指标的分级

根据管理风险指标数据，可以对各指标进行分级，海外矿业投资管理风险预警指标分级规则如表 7-4 所示。

表 7-4　　　　海外矿业投资管理风险预警指标分级规则

指标	0.1	0.2	0.3	0.4	0.5	0.6	0.7	0.8	0.9	1
D_1	>40	(35,40]	(30,35]	(25,30]	(20,25]	(15,20]	(10,15]	(5,10]	(0,5]	≤0
D_2	>12	(10.5,12]	(9,10.5]	(7.5,9]	(6,7.5]	(4.5,6]	(3,4.5]	(1.5,3]	(0,1.5]	0
D_3	≤400	(400,6000]	(6000,12000]	(12000,18000]	(18000,24000]	(24000,30000]	(30000,36000]	(36000,42000]	(42000,48000]	>48000
D_4	≤-50	(-30,-50]		(-10,-30]		(-10,10]		(10,30]		>30
D_5	≤20	(20,40]		(40,60]		(60,80]		(80,100]		>100
D_6	≤18	(18,36]	(36,54]	(54,72]	(72,90]	(90,108]	(108,126]	(126,144]	(144,162]	>162
D_7	≤20	(20,30]	(30,40]	(40,50]	(50,60]	(60,70]	(70,80]	(80,90]	(90,100]	>100

三　风险预警等级的划分

将风险划分为 5 个等级：绿色预警—低为 [0，0.2]，蓝色预警—较低为 [0.2，0.4)，黄色预警——一般为 [0.4，0.6)，橙色预警—较高为 [0.6，0.8)，红色预警—高为 [0.8，1)。

第三节　基于变权理论的预警系统训练样本评估

利用变权理论评估预警系统训练样本历年风险所处等级。变权是权变思想的应用领域之一，最早将变权思想和方法数学化表达并应用于综合决策的是我国著名学者汪培庄教授。他认为，在一个决策过程中，人们对每一因素的权衡都要随着过程的具体进程而不断变化，这是一种随时间变化的权数，即使在一个固定时刻，人们对各因素的权衡也不是定常的，这是一种变权。①

---

①　汪培庄：《模糊集与随机集落影》，北京师范大学出版社 1985 年版。

一　变权基本理论

（一）变权的公理化定义

定义 7.1　惩罚型变权①②③④⑤

映射 W_j：$(0, 1)^m \rightarrow (0, 1)$，$(x_1, \cdots, x_m) \rightarrow W_j(x_1, \cdots, x_m)$ $(j = 1, 2, \cdots, m)$，满足：

W1 归一性：$\sum\limits_{j=1}^{m} W_j(x_1, \cdots, x_m) = 1$；

W2 连续性：$W_j(x_1, \cdots, x_m)$ 关于每个变元 x_k 连续；

W3 惩罚性：$W_j(x_1, \cdots, x_m)$ 关于每个变元 x_k 单调递减。

定义 7.2　激励型变权

映射 W_j：$(0, 1)^m \rightarrow (0, 1)$，$(x_1, \cdots, x_m) \rightarrow W_j(x_1, \cdots, x_m)$ $(j = 1, 2, \cdots, m)$，满足：

W1 归一性：$\sum\limits_{j=1}^{m} W_j(x_1, \cdots, x_m) = 1$；

W2 连续性：$W_j(x_1, \cdots, x_m)$ 关于每个变元 x_k 连续；

W3 激励性：$W_j(x_1, \cdots, x_m)$ 关于每个变元 x_k 单调递增。

定义 7.3　混合型变权

映射 W_j：$(0, 1)^m \rightarrow (0, 1)$，$(x_1, \cdots, x_m) \rightarrow W_j(x_1, \cdots, x_m)$ $(j = 1, 2, \cdots, m)$，满足：

W1 归一性：$\sum\limits_{j=1}^{m} W_j(x_1, \cdots, x_m) = 1$；

W2 连续性：$W_j(x_1, \cdots, x_m)$ 关于每个变元 x_k 连续；

W3 惩罚性与激励性：（1）当 $0 \leqslant x_j \leqslant p_j$ 时，$W_j(x_1, \cdots, x_m)$ 关于每个变元 x_k 单调递减；（2）当 $p_j < x_j \leqslant 1$ 时，$W_j(x_1, \cdots, x_m)$ 关

① 韩东：《常权分析与变权原理》，硕士学位论文，国防科学技术大学，2003 年。

② 刘文奇：《一般变权原理与多目标决策》，《系统工程理论与实践》2000 年第 3 期。

③ 刘文奇：《均衡函数及其在变权综合中的应用》，《系统工程理论与实践》1997 年第 4 期。

④ 李洪兴：《因素空间理论与知识表示的数学框架（Ⅸ）——均衡函数的构造和 Weber - Fechner 特性》，《模糊系统与数学》1996 年第 3 期。

⑤ 陈开岩、王超：《矿井通风系统可靠性变权综合评价的研究》，《采矿与安全工程学报》2007 年第 1 期。

于每个变元 x_k 单调递增。其中 $p = (p_1, \cdots, p_m)$ 为激励策略。

（二）状态变权向量的公理化定义

定义7.4　惩罚型状态变权向量

映射 S_j：$(0, 1)^m \to (0, 1)$，$(x_1, \cdots, x_m) \to S_j(x_1, \cdots, x_m)$ $(j = 1, 2, \cdots, m)$，满足：

S1：$S_j(\sigma_{ij}(x_1, \cdots, x_m)) = S_j(x_1, \cdots, x_m)$，$\sigma_{ij}(x_1, \cdots, x_m)$ 表示交换 $(x_1, \cdots, x_m)$ 中 x_i 与 x_j 的位置；

S2：当 $x_i \geqslant x_j$ 时，$S_i(x_1, \cdots, x_m) \leqslant S_j(x_1, \cdots, x_m)$；

S3：$S_j(x_1, \cdots, x_m)$ 关于每个变元 x_k 连续；

S4：对于任何常权向量 $W^{(0)} = (w_1^{(0)}, \cdots, w_m^{(0)})$，其中 $w_j^{(0)} > 0$ $(j = 1, 2, \cdots, m)$，$\sum_{j=1}^{m} w_j^{(0)} = 1$，令：

$$w_j(x_1, \cdots, x_m) = \frac{w_j^{(0)} S_j(x_1, \cdots, x_m)}{\sum_{j=1}^{m} w_j^{(0)} S_j(x_1, \cdots, x_m)}$$

其中，$w_j(x_1, \cdots, x_m)$ 满足定义7.1，则称 $[(S_1(x_1, \cdots, x_m), \cdots, S_m(x_1, \cdots, x_m)]$ 为惩罚型状态变权向量。

定义7.5　激励型状态变权向量

映射 S_j：$(0, 1)^m \to (0, 1)$，$(x_1, \cdots, x_m) \to S_j(x_1, \cdots, x_m)$ $(j = 1, 2, \cdots, m)$，满足：

S1：$S_j(\sigma_{ij}(x_1, \cdots, x_m)) = S_j(x_1, \cdots, x_m)$，$\sigma_{ij}(x_1, \cdots, x_m)$ 表示交换 $(x_1, \cdots, x_m)$ 中 x_i 与 x_j 的位置；

S2：当 $x_i \geqslant x_j$ 时，$S_i(x_1, \cdots, x_m) \geqslant S_j(x_1, \cdots, x_m)$；

S3：$S_j(x_1, \cdots, x_m)$ 关于每个变元 x_k 连续；

S4：对于任何常权向量 $W^{(0)} = (w_1^{(0)}, \cdots, w_m^{(0)})$，其中 $w_j^{(0)} > 0(j = 1, 2, \cdots, m)$，$\sum_{j=1}^{m} w_j^{(0)} = 1$，令：

$$w_j(x_1, \cdots, x_m) = \frac{w_j^{(0)} S_j(x_1, \cdots, x_m)}{\sum_{j=1}^{m} w_j^{(0)} S_j(x_1, \cdots, x_m)}$$

其中，$w_j(x_1, \cdots, x_m)$ 满足定义7.2，则称 $[(S_1(x_1, \cdots, x_m), \cdots,$

$S_m(x_1, \cdots, x_m)$]为激励型状态变权向量。

（三）均衡函数的公理化定义

定义7.6　映射 B：$(0, 1)^m \to R$ 叫作均衡函数，是指它具有连续的偏导数并且其梯度向量 grad B $= \left(\dfrac{\partial B}{\partial x_1}, \cdots, \dfrac{\partial B}{\partial x_m} \right)$ 为一个状态变权向量。当 grad B 为惩罚（激励）型状态变权时，B 称为惩罚（激励）型均衡函数；当 grad B 为混合型状态变权时，B 称为混合型均衡函数，则其变权模式为：

$$w_j(x_1, \cdots, x_m) = \frac{w_j^{(0)} \dfrac{\partial B}{\partial x_j}}{\sum_{j=1}^{m} w_j^{(0)} \dfrac{\partial B}{\partial x_j}} \tag{7.1}$$

定理1　设 g(t) 为定义在 (0, 1] 上的实值函数且满足 $g'(t)$ 连续且 $g'(t) \geq 0$，则 $B_1(x_1, \cdots, x_m) = \sum_{j=1}^{m} g(x_j)$ 为均衡函数。

定理2　设 h(t) 为定义在 (0, 1] 上的实值函数且满足 $h'(t)$ 连续且 $h'(t) \geq 0$，则 $B_2(x_1, \cdots, x_m) = \prod_{j=1}^{m} h(x_j)$ 为均衡函数。

因此，均衡函数有两种基本类型：（1）$\sum$ 型；（2）$\prod$ 型。以下函数都是均衡函数：

$$\sum\nolimits_1 (x_1, \cdots, x_m) = \sum_{j=1}^{m} x_j \tag{7.2}$$

$$\prod\nolimits_1 (x_1, \cdots, x_m) = \prod_{j=1}^{m} x_j \tag{7.3}$$

$$\sum\nolimits_\alpha (x_1, \cdots, x_m) = \sum_{j=1}^{m} x_j^\alpha \ (\alpha > 0) \tag{7.4}$$

$$\prod\nolimits_\alpha (x_1, \cdots, x_m) = \prod_{j=1}^{m} x_j^\alpha \ (\alpha > 0) \tag{7.5}$$

式（7.2）、式（7.3）依次是式（7.4）、式（7.5）的特例。

根据式（7.4），令 $B(x_1, \cdots, x_m) = \sum_{j=1}^{m} x_j^\alpha \ (\alpha > 0)$，得变权公式 I：

$$w_j(x_1,\cdots,x_m) = \frac{w_j^{(0)}x_j^{\alpha-1}}{\sum_{j=1}^{m}w_j^{(0)}x_j^{\alpha-1}} \tag{7.6}$$

当 $0<\alpha<1$ 时，式（7.6）为惩罚型变权公式；当 $\alpha>1$ 时，式（7.6）为激励型变权公式；当 $\alpha=1$ 时，为常权。在实际应用中，确定 α 的大小是个难题，只能依据于实际问题以及所采用的评估方法，根据经验来确定。

根据式（7.5），令 $B(x_1,\cdots,x_m)=\prod_{j=1}^{m}x_j^{\alpha}(\alpha>0)$，得变权公式 II：

$$w_j(x_1,\cdots,x_m) = \frac{w_j^{(0)}}{x_j\sum_{j=1}^{m}w_j^{(0)}x_j^{-1}} \tag{7.7}$$

二 训练样本经营风险评估

（一）原始数据

收集整理得到 A 项目、B 项目、C 项目 2007—2014 年经营风险评估有关资料，见附录 VII。

（二）分级数据

根据经营风险预警指标分级规则（见表 7-3），确定三个项目经营风险警指标的估算、测量数据，结果见表 7-5、表 7-6 和表 7-7。

表 7-5　　　　A 项目经营风险预警指标的估算、测量数据

年份	C_1	C_2	C_3	C_4	C_5	C_6	C_7
2007	0.7	1	1	0.9	0.2	0.6	1
2008	0.8	1	1	1	0.2	0.6	1
2009	0.7	0.5	0.5	0.8	0.2	0.6	0.6
2010	0.6	0.2	0.3	0.7	0.2	0.6	0.6
2011	0.6	0.5	0.4	0.7	0.2	0.6	0.7
2012	0.6	0.5	0.4	0.7	0.2	0.6	0.7
2013	0.5	0.6	0.1	0.5	0.2	0.6	0.7
2014	0.6	0.5	0.1	0.5	0.2	0.6	0.7

表7-6　　　　　B项目经营风险预警指标的估算、测量数据

年份	C_1	C_2	C_3	C_4	C_5	C_6	C_7
2007	0.7	0.5	0.7	1	0.2	0.6	0.5
2008	0.7	0.6	0.7	1	0.2	0.6	0.6
2009	0.6	0.9	0.7	1	0.2	0.6	0.6
2010	0.6	0.6	0.7	0.9	0.2	0.6	0.7
2011	0.6	0.6	0.7	0.8	0.2	0.6	0.7
2012	0.6	0.7	0.5	0.8	0.2	0.6	0.7
2013	0.6	0.7	0.5	0.9	0.2	0.6	0.7
2014	0.6	0.7	0.6	0.9	0.2	0.6	0.7

表7-7　　　　　C项目经营风险预警指标的估算、测量数据

年份	C_1	C_2	C_3	C_4	C_5	C_6	C_7
2007	0.5	0.7	0.4	0.2	0.4	0.6	0.5
2008	0.7	0.9	0.4	0.2	0.2	0.6	0.5
2009	0.7	1	0.1	0.2	1	0.6	0.5
2010	0.8	0.6	0.3	0.2	0.2	0.6	0.5
2011	0.7	0.6	0.4	0.2	0.2	0.6	0.5
2012	0.6	0.7	0.3	0.2	1	0.6	0.5
2013	0.5	0.7	0.3	0.2	0.8	0.6	0.5
2014	0.6	0.7	0.2	0.2	1	0.6	0.5

（三）变权评估

综合评估值为V，其计算公式为：

$$V = \sum_{j=1}^{m} w_j S_j \tag{7.8}$$

式中：S_j 为预警指标的分级值。

采用变权公式为式（7.6），根据风险评估的特点与经验，取 α 为 1.5 进行激励型变权，变权重计算结果见表7-8至表7-10，变权综合评估结果见表7-11。为了进行对比，又进行了常权重评估，常权综合评估结果见表7-12。

表7-8   A 项目变权重计算结果

年份	C_1	C_2	C_3	C_4	C_5	C_6	C_7
常权重	0.25	0.10	0.17	0.11	0.15	0.12	0.10
2007	0.25	0.12	0.20	0.12	0.08	0.11	0.12
2008	0.25	0.12	0.20	0.12	0.08	0.11	0.12
2009	0.28	0.10	0.16	0.13	0.09	0.13	0.11
2010	0.29	0.07	0.14	0.14	0.10	0.14	0.12
2011	0.29	0.07	0.15	0.13	0.10	0.14	0.12
2012	0.28	0.10	0.15	0.12	0.10	0.13	0.12
2013	0.28	0.12	0.09	0.12	0.11	0.15	0.13
2014	0.30	0.11	0.09	0.12	0.10	0.15	0.13

表7-9   B 项目变权重计算结果

年份	C_1	C_2	C_3	C_4	C_5	C_6	C_7
常权重	0.25	0.10	0.17	0.11	0.15	0.12	0.10
2007	0.27	0.10	0.19	0.14	0.09	0.12	0.09
2008	0.27	0.10	0.18	0.14	0.09	0.12	0.10
2009	0.25	0.12	0.18	0.14	0.09	0.12	0.10
2010	0.25	0.10	0.19	0.14	0.09	0.12	0.11
2011	0.26	0.10	0.19	0.13	0.09	0.12	0.11
2012	0.26	0.11	0.16	0.13	0.10	0.13	0.11
2013	0.26	0.12	0.16	0.14	0.09	0.12	0.11
2014	0.26	0.11	0.17	0.14	0.09	0.12	0.11

表7-10   C 项目变权重计算结果

年份	C_1	C_2	C_3	C_4	C_5	C_6	C_7
常权重	0.25	0.10	0.17	0.11	0.15	0.12	0.10
2007	0.27	0.12	0.16	0.07	0.14	0.14	0.10
2008	0.30	0.14	0.16	0.07	0.10	0.13	0.10
2009	0.29	0.14	0.07	0.07	0.20	0.13	0.10
2010	0.33	0.11	0.15	0.07	0.10	0.14	0.10

年份	C_1	C_2	C_3	C_4	C_5	C_6	C_7
2011	0.32	0.11	0.16	0.07	0.10	0.14	0.10
2012	0.26	0.11	0.13	0.07	0.20	0.13	0.10
2013	0.25	0.12	0.13	0.07	0.20	0.13	0.10
2014	0.27	0.12	0.11	0.07	0.20	0.13	0.10

表 7-11　　　　　　　变权综合评估结果

年份	A 项目	风险等级	B 项目	风险等级	C 项目	风险等级
2007	0.805	红色预警	0.647	橙色预警	0.487	黄色预警
2008	0.842	红色预警	0.665	橙色预警	0.562	黄色预警
2009	0.592	黄色预警	0.674	橙色预警	0.692	橙色预警
2010	0.504	黄色预警	0.636	橙色预警	0.543	黄色预警
2011	0.514	黄色预警	0.620	橙色预警	0.522	黄色预警
2012	0.532	黄色预警	0.592	黄色预警	0.614	橙色预警
2013	0.484	黄色预警	0.613	橙色预警	0.550	黄色预警
2014	0.505	黄色预警	0.628	橙色预警	0.610	橙色预警
平均值	0.597	黄色预警	0.634	橙色预警	0.573	黄色预警

表 7-12　　　　　　　常权综合评估结果

年份	A 项目	风险等级	B 项目	风险等级	C 项目	风险等级
2007	0.746	橙色预警	0.606	橙色预警	0.467	黄色预警
2008	0.782	橙色预警	0.626	橙色预警	0.507	黄色预警
2009	0.560	黄色预警	0.631	橙色预警	0.586	黄色预警
2010	0.460	黄色预警	0.600	橙色预警	0.485	黄色预警
2011	0.476	黄色预警	0.589	黄色预警	0.477	黄色预警
2012	0.506	黄色预警	0.565	黄色预警	0.565	黄色预警
2013	0.429	黄色预警	0.576	黄色预警	0.510	黄色预警
2014	0.444	黄色预警	0.593	黄色预警	0.548	黄色预警
平均值	0.550	黄色预警	0.598	黄色预警	0.518	黄色预警

由表 7 - 11 和表 7 - 12 可知，三个项目经营风险平均等级：B 项目为橙色预警—较高至黄色预警——一般但偏向于橙色预警—较高等级，A 项目和 C 项目均为黄色预警——一般。

三 训练样本管理风险评估

（一）原始数据

收集整理得到 A 项目、B 项目、C 项目 2007—2014 年管理风险评估有关资料，见附录Ⅷ。

（二）分级数据

根据管理风险预警指标分级规则（见表 7 - 4），确定三个项目管理风险预警指标的估算、测量数据，结果见表 7 - 13、表 7 - 14 和表 7 - 15。

表 7 - 13　　　　A 项目管理风险预警指标的估算、测量数据

年份	D_1	D_2	D_3	D_4	D_5	D_6	D_7
2007	0.6	0.5	0.2	1	1	0.9	0.8
2008	0.6	0.5	0.1	1	1	0.9	0.8
2009	0.6	0.5	0.2	1	1	0.9	0.8
2010	0.6	0.5	0.2	1	1	0.9	0.9
2011	0.6	0.5	0.2	1	1	1	0.9
2012	0.6	0.5	0.2	1	1	1	0.9
2013	0.6	0.5	0.2	1	1	1	0.9
2014	0.6	0.5	0.2	1	1	1	0.9

表 7 - 14　　　　B 项目管理风险预警指标的估算、测量数据

年份	D_1	D_2	D_3	D_4	D_5	D_6	D_7
2007	0.7	0.4	0.2	0.6	0.2	0.2	0.8
2008	0.7	0.4	0.2	0.6	0.2	0.2	0.8
2009	0.7	0.3	0.2	0.6	0.2	0.2	0.9
2010	0.7	0.3	0.3	0.6	0.2	0.2	0.9
2011	0.7	0.3	0.3	0.6	0.2	0.2	0.9
2012	0.7	0.3	0.3	0.6	0.2	0.2	0.9
2013	0.7	0.3	0.3	0.6	0.2	0.3	0.9
2014	0.7	0.3	0.3	0.6	0.2	0.3	0.9

表7-15　　　　C项目管理风险预警指标的估算、测量数据

年份	D_1	D_2	D_3	D_4	D_5	D_6	D_7
2007	0.4	0.1	0.8	0.7	0.1	0.1	0.6
2008	0.4	0.1	0.9	0.5	0.1	0.1	0.6
2009	0.4	0.1	0.8	0.1	0.1	0.1	0.6
2010	0.4	0.1	0.9	0.1	0.1	0.1	0.6
2011	0.4	0.1	0.9	1	0.1	0.1	0.6
2012	0.4	0.1	1	0.6	0.1	0.1	0.7
2013	0.4	0.1	1	0.6	0.1	0.1	0.7
2014	0.4	0.1	1	0.6	0.1	0.1	0.8

（三）变权评估

采用变权公式为式（7.6），根据风险评估的特点与经验，取 α 为1.5进行激励型变权，项目变权重计算结果见表7-16至表7-18，变权综合评估结果见表7-19。为了进行对比，又进行了常权重评估，评估结果见表7-20。

表7-16　　　　　　A项目变权重计算结果

	D_1	D_2	D_3	D_4	D_5	D_6	D_7
常权重	0.16	0.08	0.07	0.16	0.18	0.15	0.20
2007	0.14	0.06	0.04	0.19	0.21	0.16	0.20
2008	0.14	0.06	0.03	0.19	0.21	0.16	0.21
2009	0.14	0.06	0.04	0.18	0.21	0.16	0.21
2010	0.14	0.06	0.04	0.18	0.21	0.16	0.21
2011	0.14	0.06	0.04	0.18	0.20	0.17	0.21
2012	0.14	0.06	0.04	0.18	0.20	0.17	0.21
2013	0.14	0.06	0.04	0.18	0.20	0.17	0.21
2014	0.14	0.06	0.04	0.18	0.20	0.17	0.21

表 7 – 17　　　　　　　　　B 项目变权重计算结果

	D_1	D_2	D_3	D_4	D_5	D_6	D_7
常权重	0.16	0.08	0.07	0.16	0.18	0.15	0.20
2007	0.20	0.08	0.05	0.18	0.12	0.10	0.27
2008	0.20	0.08	0.05	0.18	0.12	0.10	0.27
2009	0.20	0.07	0.05	0.18	0.12	0.10	0.28
2010	0.20	0.06	0.06	0.18	0.12	0.10	0.28
2011	0.20	0.06	0.06	0.18	0.12	0.10	0.28
2012	0.20	0.06	0.06	0.18	0.12	0.10	0.28
2013	0.20	0.06	0.06	0.18	0.12	0.10	0.28
2014	0.20	0.06	0.06	0.18	0.12	0.10	0.28

表 7 – 18　　　　　　　　　C 项目变权重计算结果

	D_1	D_2	D_3	D_4	D_5	D_6	D_7
常权重	0.16	0.08	0.07	0.16	0.18	0.15	0.20
2007	0.17	0.04	0.11	0.23	0.10	0.08	0.27
2008	0.18	0.04	0.13	0.20	0.10	0.08	0.27
2009	0.20	0.05	0.13	0.10	0.11	0.10	0.31
2010	0.20	0.05	0.14	0.10	0.11	0.09	0.31
2011	0.17	0.04	0.11	0.26	0.09	0.08	0.25
2012	0.17	0.04	0.12	0.21	0.10	0.08	0.28
2013	0.17	0.04	0.12	0.21	0.10	0.08	0.28
2014	0.17	0.04	0.12	0.21	0.09	0.08	0.29

表 7 – 19　　　　　　　　　变权综合评估结果

年份	A 项目	风险等级	B 项目	风险等级	C 项目	风险等级
2007	0.826	红色预警	0.550	黄色预警	0.501	黄色预警
2008	0.829	红色预警	0.550	黄色预警	0.473	黄色预警
2009	0.824	红色预警	0.575	黄色预警	0.406	黄色预警
2010	0.845	红色预警	0.580	黄色预警	0.427	黄色预警
2011	0.861	红色预警	0.580	黄色预警	0.598	黄色预警

续表

年份	A 项目	风险等级	B 项目	风险等级	C 项目	风险等级
2012	0.861	红色预警	0.580	黄色预警	0.532	黄色预警
2013	0.861	红色预警	0.590	黄色预警	0.532	黄色预警
2014	0.861	红色预警	0.590	黄色预警	0.567	黄色预警
平均值	0.846	红色预警	0.574	黄色预警	0.505	黄色预警

表 7 - 20　　　　　　　　　　常权综合评估结果

年份	A 项目	风险等级	B 项目	风险等级	C 项目	风险等级
2007	0.785	橙色预警	0.480	黄色预警	0.393	蓝色预警
2008	0.778	橙色预警	0.480	黄色预警	0.368	蓝色预警
2009	0.785	橙色预警	0.492	黄色预警	0.297	蓝色预警
2010	0.805	红色预警	0.499	黄色预警	0.304	蓝色预警
2011	0.820	红色预警	0.499	黄色预警	0.448	黄色预警
2012	0.820	红色预警	0.499	黄色预警	0.411	黄色预警
2013	0.820	红色预警	0.514	黄色预警	0.411	黄色预警
2014	0.820	红色预警	0.514	黄色预警	0.431	黄色预警
平均值	0.804	红色预警	0.497	黄色预警	0.383	蓝色预警

由表 7 - 19 和表 7 - 20 可知，三个项目管理风险平均等级 A 项目为红色预警—高，B 项目为黄色预警——一般，C 项目为黄色预警——一般至蓝色预警—较低。

四　经营管理风险评估结论

综合表 7 - 11、表 7 - 12、表 7 - 19 和表 7 - 20，可以得出如下结论：

（一）A 项目经营管理风险处于橙色预警—较高

津巴布韦由于存在较高的政局风险、社会风险、利率风险、汇率风险、融资风险以及经济发展落后等投资障碍因素，导致其投资环境较差。这些风险因素的存在将会给海外矿业投资经营管理带来很多不确定因素，风险较高，导致投资失败率高。因此，我国矿业企业去津巴布韦投资尤其需要谨慎。

另外，A 项目存在较高的生产技术风险，母公司资产负债率高，尤其在津巴布韦融资比较困难，需要引起重视。我国矿业企业去海外进行矿业投资一定要量力而行，在投资前进行充分论证。

（二）B 项目经营管理风险处于黄色预警——一般

在南非进行矿业投资也存在较多的风险因素，例如，社会风险、利率风险、物价水平以及经济发展水平等投资障碍因素。另外，B 项目也存在一定的生产技术、投资决策以及母公司资产负债率高等风险因素，需要重点关注。在南非融资相对比较便利，容易解决资金问题。

（三）C 项目经营管理风险处于黄色预警——一般

加拿大投资环境相对较好，但也存在一些风险因素，例如，经济增长率不高、工资水平较高等。在发达国家进行矿业投资，一般工资水平均较高，带来生产成本的提高，往往导致利润空间缩小，在投资论证时需要加以注意。

另外，C 项目也存在母公司资产负债率较高的问题，但是，在加拿大融资相对比较便利，容易解决资金问题。

（四）投资顺序

综上所述，C 项目更适合投资，B 项目其次，A 项目应谨慎投资，这与实际较为吻合，也与第六章评估结论基本一致。

第四节　海外矿业投资经营管理风险预警系统

一　基于 BP 神经网络的预警系统结构设计

人工神经网络是由大规模神经元互连组成的高度非线性动力学系统，是从自然生理结构出发，研究人的智能行为，模拟人脑的信息处理功能，它具有信息处理的并行性、存储的分布性、连续时间非线性动力学、高度的容错性、自组织性的自学习能力等特点，为解决复杂的矿业问题提供了强有力的工具。[1][2]

（一）神经网络结构

根据海外矿业投资经营管理风险预警指标体系，可以构造一个三层多输出神经网络。

1. 输入神经元

经营风险预警系统：C_1，C_2，…，C_7；

管理风险预警系统：D_1，D_2，…，D_7。

2. 输出神经元

经营风险预警系统：经营风险预警等级 BRWL；

管理风险预警系统：管理风险预警等级 MRWL。

3. 隐蔽层神经元数目

隐蔽层神经元数目确定的基本原则是：一般隐含层的神经元数目（n_h）大于输入神经元数目（n_i）和输出神经元数目（n_o）之和的一半，小于输入神经元数目和输出神经元数目之和。即：

$$\frac{n_i + n_o}{2} < n_h < n_i + n_o \tag{7.9}$$

或按下式确定：

$$n_h \leqslant \sqrt{n_i(n_o + 3)} + 1 \tag{7.10}$$

因此，取 $n_h = 6$。

（二）BP 神经网络学习算法

为讨论方便，输入神经元以 i（i = 1，2，…，7）编号，隐蔽层神经元以 j（j = 1，2，…，6）编号，输出层神经元以 k（k = 1）编号。输入层与隐蔽层各神经元连接权值用 W_{ij} 表示；隐蔽层与输出层各神经元连接权值用 W_{jk} 表示。BP 神经网络结构示意图如图 7 - 1 所示。

---

① 王小汀、叶斌、刘玉彬：《基于神经网络的综采工作面技术经济指标预测》，《系统工程理论与实践》2001 年第 7 期。

② 周翔、朱学愚、文成玉：《基于遗传学习算法和 BP 算法的神经网络在矿坑涌水量计算中的应用》，《水利学报》2000 年第 12 期。

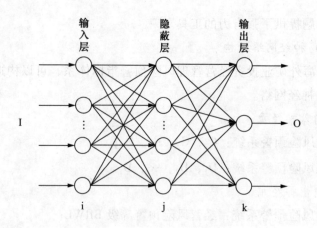

图 7 – 1 BP 神经网络结构示意

BP 神经网络学习算法的过程，由正向传播和反向传播组成。对于图 7 – 1 中隐蔽层第 j 个神经元的净输入为：

$$net_j = \sum_i W_{ij}O_i \tag{7.11}$$

式中：O_i 为输入层第 i 个神经元的输出；net_j 为隐蔽层第 j 个神经元的净输入。

隐蔽层第 j 个神经元的输出为：

$$O_j = f(net_j) \tag{7.12}$$

式中：O_j 为隐蔽层第 j 个神经元的输出；$f(net_j)$ 为隐蔽层第 j 个神经元的作用函数（或称活化函数）。

选用 Sigmoid 型函数，有：

$$f(x) = \frac{1}{1 + e^{-(x + \theta)}} \tag{7.13}$$

式中：x 为神经元的输入；θ 为阈值或偏置值。

输出层第 k 个神经元的净输入为：

$$net_k = \sum_j W_{jk}O_j \tag{7.14}$$

式中：net_k 为输出层第 k 个神经元的净输入。

输出层第 k 个神经元的输出为：

$$O_k = f(net_k) \tag{7.15}$$

式中：O_k 为隐蔽层第 k 个神经元的输出。

BP 神经网络学习过程中的反向传播过程是通过使网络输出与期望输出误差平方和最小化来实现的。在学习过程中，对于训练样本 m，设第 k 个输出神经元网络输出为 O_k^m，期望输出为 Y_k^m，则其误差平方为：

$$E = \frac{1}{2} \sum_k (Y_k^m - O_k^m)^2 \tag{7.16}$$

由于 BP 神经网络学习算法是基于最速下降法的，因此，权值（阈值）的变化项 ΔW_{ij}、ΔW_{jk} 分别与 $\partial E/\partial W_{ij}$、$\partial E/\partial W_{jk}$ 成正比，即有：

$$\Delta W_{ij} = -\eta \frac{\partial E}{\partial W_{ij}} \tag{7.17}$$

$$\Delta W_{jk} = -\eta \frac{\partial E}{\partial W_{jk}} \tag{7.18}$$

可见，学习速率 η 直接影响每一次训练后权值的变化量，影响网络的收敛稳定性和学习效率。η 较大时，权值的变化量较大，学习速度较快，但可能会产生振荡效应而不能收敛；η 较小时，可以使学习过程平稳，但速度慢。由于最速下降法易陷入局部极小，因此，拉梅尔哈特（Rumelhart）等[1]建议在权值的变化项中增加"动量项"，即：

$$\Delta W_{ij}(t+1) = -\eta \frac{\partial E}{\partial W_{ij}} + \alpha \Delta W_{ij}(t) \tag{7.19}$$

$$\Delta W_{jk}(t+1) = -\eta \frac{\partial E}{\partial W_{jk}} + \alpha \Delta W_{jk}(t) \tag{7.20}$$

式中：$\Delta W_{ij}(t+1)$ 为第 $t+1$ 次迭代的权值的变化量；$\Delta W_{ij}(t)$ 为第 t 次迭代的权值的变化量；α 为动量因子。

学习速率 η 的选取一般倾向于选择较小的学习速率，以保证系统的稳定性，可取 $0.01 \leq \eta \leq 0.5$。也可以采用变步长寻优[2]，基本原则

---

① David E. Rummelhart, Geoffrey E. Hinton and Ronald J. Williams eds., *Learning Internal Representations by Rrror Propagation*, Cambridge：The MIT Press, 1985.

② 周翔、朱学愚、文成玉：《基于遗传学习算法和 BP 算法的神经网络在矿坑涌水量计算中的应用》，《水利学报》2000 年第 12 期。

是：当误差平方和增大时，可以加大 η；当误差平方和减小时，可以减小 η。即：

$$\Delta E > 0 \qquad \eta(t+1) = \beta\eta(t) \qquad \beta > 1$$
$$\Delta E < 0 \qquad \eta(t+1) = \gamma\eta(t) \qquad \gamma < 1 \qquad (7.21)$$

式中：ΔE 为误差平方和的变化量；β、γ 为比例因子。

BP 神经网络的学习算法可以概括为以下五个步骤[1]：

（1）从训练样本集中取某一样本，把它的输入信息输入到网络中。

（2）由网络正向计算出各层节点的输出。

（3）计算网络的实际输出与期望输出的误差。

（4）从输出层起始反向计算到第一个隐层，按一定原则向减小误差方向调整网络的各个连接权值。

（5）对训练样本集中的每一个样本重复以上步骤，直到对整个训练样本集的误差达到要求为止。

通过网络训练，达到要求后，网络各节点之间互联权值就完全确定，则称 BP 网络已经学习好。

二 预警系统的训练学习

根据 BP 神经网络的特点，在预警系统训练和学习时，系统的输入值和输出值必须在 [0，1]。这主要是受神经网络所选取的非线性函数的限制。因此，在预警系统训练之前，必须先对训练样本进行数据的初始化（初始化规则见表 7 - 3 和表 7 - 4），以满足系统训练和学习的要求。

（一）预警系统输入数据

经营预警系统的输入数据见表 7 - 5 至表 7 - 7，管理预警系统的输入数据见表 7 - 13 至表 7 - 15。

（二）预警系统输出数据

经营预警系统的输出数据见表 7 - 11，管理预警系统的输出数据见表 7 - 19。

---

① 田景文、高美娟：《人工神经网络算法研究及应用》，北京理工大学出版社 2006 年版。

（三）预警系统的训练学习

将神经网络训练数据输入各个神经网络，利用所开发的 BP 神经网络智能预测系统对网络加以训练学习。

第一步：预警系统参数设置。如图 7 - 2 所示，最大学习步数取100000 次，期望系统平均误差取 0.005，期望单个误差取 0.01。

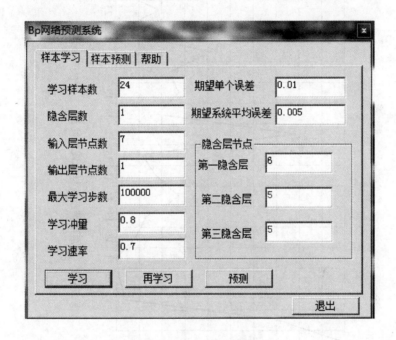

图 7 - 2　预警系统参数设置

第二步：预警系统学习。选择训练样本数据，进行训练学习，得出样本误差曲线，如图 7 - 3 和图 7 - 4 所示。由此可知，样本误差基本达到了要求。

三　案例应用

（一）A 项目 2018—2020 年经营管理风险预警

暂定 A 项目基建期为 3 年，下面对其 2018—2020 年经营管理风险进行预警。根据世界银行和其他权威机构对津巴布韦宏观经济数据的预测，结合 A 项目的具体情况，得到 A 项目 2018—2020 年经营管

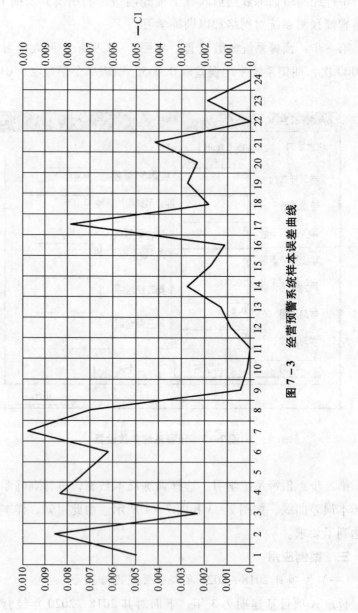

图 7 - 3　经营预警系统样本误差曲线

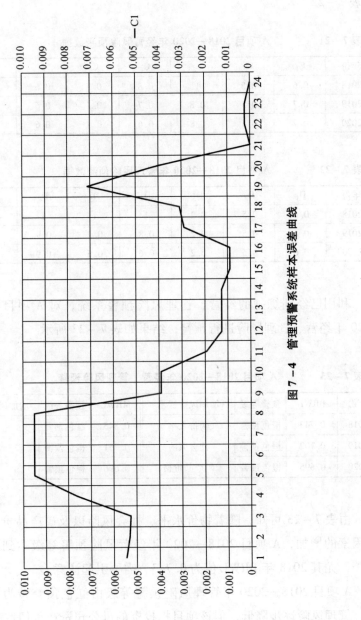

图 7-4　管理预警系统样本误差曲线

理风险预测数据，初始化后得到预警系统输入数据，分别见表 7 – 21
和表 7 – 22。

表 7 – 21   A 项目 2018—2020 年经营风险预测数据

年份	C_1	C_2	C_3	C_4	C_5	C_6	C_7
2018	0.6	0.5	1	0.8	0.8	0.6	0.7
2019	0.7	0.5	0.8	0.7	0.7	0.6	0.7
2020	0.7	0.5	0.8	0.6	0.7	0.6	0.7

表 7 – 22   A 项目 2018—2020 年管理风险预测数据

年份	D_1	D_2	D_3	D_4	D_5	D_6	D_7
2018	0.6	0.5	0.2	1	1	1	0.9
2019	0.6	0.5	0.2	0.8	0.7	0.9	1
2020	0.6	0.5	0.2		0.5	0.9	1

利用已经训练好的经营、管理风险预警系统，对 A 项目 2018—
2020 年经营、管理风险进行预警，结果如表 7 – 23 所示。

表 7 – 23   A 项目 2018—2020 年经营、管理风险预警

年份	BRWL	预警等级	增加风险提示	MRWL	预警等级	增加风险提示
2018	0.743	橙色预警	物价水平	0.845	红色预警	
2019	0.702	橙色预警	社会风险	0.751	橙色预警	资产负债率
2020	0.695	橙色预警	矿产品价格	0.696	橙色预警	

由表 7 – 23 可知，随着物价水平、社会风险以及矿产品价格等风
险因素的增加，A 项目 2018—2020 年经营风险预警等级达到了橙色
预警，尤其 2018 年 BRWL 值为 0.743，需要引起注意。

A 项目 2018—2020 年管理风险预警等级由红色预警转为橙色预
警，管理风险逐步降低，但该项目拟投资的母公司资产负债率高。

（二）B 项目 2018—2020 年经营管理风险预警

暂定 B 项目基建期为 3 年，下面对其 2018—2020 年经营管理风

险进行预警。根据世界银行和其他权威机构对南非宏观经济数据的预测，结合 B 项目的具体情况，得到 B 项目 2018—2020 年经营管理风险预测数据，初始化后得到预警系统输入数据，分别见表 7 - 24 和表 7 - 25。

表 7 - 24　　　　　B 项目 2018—2020 年经营风险预测数据

年份	C_1	C_2	C_3	C_4	C_5	C_6	C_7
2018	0.7	0.7	0.5	0.8	0.8	0.6	0.7
2019	0.6	0.7	0.5	0.8	0.7	0.6	0.7
2020	0.6	0.7	0.5	0.7	0.7	0.6	0.7

表 7 - 25　　　　　B 项目 2018—2020 年管理风险预测数据

年份	D_1	D_2	D_3	D_4	D_5	D_6	D_7
2018	0.7	0.3	0.3	0.6	0.4	0.3	0.9
2019	0.7	0.3	0.3	0.6	0.4	0.3	1
2020	0.7	0.3	0.3	0.6	0.4	0.3	1

利用已经训练好的经营、管理风险预警系统，对 B 项目 2018—2020 年经营、管理风险进行预警，结果如表 7 - 26 所示。

表 7 - 26　　　　　B 项目 2018—2020 年经营、管理风险预警

年份	BRWL	预警等级	增加风险提示	MRWL	预警等级	增加风险提示
2018	0.672	橙色预警		0.646	橙色预警	
2019	0.669	橙色预警	矿产品价格	0.653	橙色预警	汇率风险 资产负债率
2020	0.663	橙色预警		0.647	橙色预警	

由表 7 - 26 可知，随着矿产品价格等风险因素的增加，B 项目 2018—2020 年经营风险预警等级虽然均为橙色预警，但 BRWL 值较以往年度有所增加。

由于汇率风险、资产负债率的增大，B 项目 2018—2020 年管理风险预警等级为橙色预警，需要引起注意。

（三）C 项目 2018—2020 年经营管理风险预警

暂定 C 项目基建期为 3 年，下面对其 2018—2020 年经营管理风险进行预警。根据世界银行和其他权威机构对加拿大宏观经济数据的预测，结合 C 项目的具体情况，得到 C 项目 2018—2020 年经营管理风险预测数据，初始化后得到预警系统输入数据，分别见表 7 - 27 和表 7 - 28。

表 7 - 27   C 项目 2018—2020 年经营风险预测数据

年份	C_1	C_2	C_3	C_4	C_5	C_6	C_7
2018	0.6	0.7	0.2	0.2	0.6	0.6	0.5
2019	0.5	0.7	0.3	0.2	0.5	0.6	0.5
2020	0.5	0.7	0.3	0.2	0.5	0.6	0.5

表 7 - 28   C 项目 2018—2020 年管理风险预测数据

年份	D_1	D_2	D_3	D_4	D_5	D_6	D_7
2018	0.4	0.1	1	0.7	0.2	0.1	0.8
2019	0.4	0.1	1	0.6	0.2	0.1	0.9
2020	0.4	0.1	1	0.6	0.1	0.1	0.9

利用已经训练好的经营、管理风险预警系统，对 C 项目 2018—2020 年经营、管理风险进行预警，结果如表 7 - 29 所示。

表 7 - 29   C 项目 2018—2020 年经营、管理风险预警

年份	BRWL	预警等级	增加风险提示	MRWL	预警等级	增加风险提示
2018	0.508	黄色预警		0.570	黄色预警	
2019	0.486	黄色预警	无	0.563	黄色预警	汇率风险 资产负债率
2020	0.486	黄色预警		0.554	黄色预警	

　　由表 7-29 可知，C 项目 2018—2020 年经营风险预警等级均为黄色预警，而且 BRWL 值有逐年降低的趋势。

　　由于汇率风险、资产负债率的增大，C 项目 2018—2020 年管理风险预警等级虽然均为黄色预警，但 MRWL 值较以往年度略有增加。

第八章 海外矿业投资经营管理风险防范策略

商务部对外投资和经济合作司每年都会定期发布《对外投资合作国别（地区）指南》，该指南详细介绍了我国企业投资目的地（国家或地区）的基本情况、经济形势、政策法规、投资机遇和风险等，对开展国际投资和合作提供了基础信息，能够全面地反映各国的经济形势和投资环境，客观地体现各国的商业机遇和经营风险，使对外投资企业能够了解对外投资目的地的基本情况，减少决策的盲目性。这些基础信息为制订风险防范方案提供了依据，尤其在投资之前需要详细研究。

根据海外矿业投资经营管理风险的生成机制，以规避和降低风险为目标，结合海外矿业投资生命周期不同阶段风险防范的侧重点不同以及相关具体案例，提出如下主要风险防范策略。

第一节 海外矿业投资经营风险防范策略

一 政治法律风险防范策略

（一）政治风险防范策略

政治风险，又称国别风险，是指由于政局动荡、安全无保障使项目无法正常生产和运营而带来的风险。一国政局是否稳定也决定着外国投资者对该国的投资，投资者一般不会选择经常发生战争、内乱、局势动荡的国家进行投资。

1. 典型案例

在许多拉美国家严格限制和审查外国直接投资时，秘鲁政府采取了对外开放政策，通过放宽对外商的限制来吸引投资。为促进在石油勘探和开采领域的投资，秘鲁政府专门通过了一部新的石油法（232331 号法律），该法的亮点是为石油企业利润再投资提供税收优惠。然而，当秘鲁新任总统加西亚（Garcia）上台后，单方面终止了税收优惠政策，并在当年声称："外国石油公司滥用前任政府给予的税收优惠政策，现任政府要求享受该政策的外资石油公司补缴减免的税款，同时将税率由原来的 41％ 提高到 68％；还要求外国石油公司增加在石油勘探领域的投资，取消与三家最大外国石油公司（包括 Belco）签订的产品分成合同，并要求就合同内容进行为期 90 天的重新谈判。"经过谈判，有两家公司与秘鲁政府达成了新的协议，而 Belco 石油公司却拒绝按照秘鲁政府要求增加投资，拒绝补缴税款，拒绝接受新的税率。随后，该公司在秘鲁的全部资产被征收，由秘鲁国家石油公司接管。Belco 石油公司曾在美国投保了美国国际集团（AIG）的政治风险保险，在资产被征收后，该公司向 AIG 提出 2.3 亿美元的索赔，这是当时金额最大的一笔政治风险索赔案件。①

分析：投资者处在不断变化的全球市场中，需要随时关注业务拓展中面临的各种特定风险，要使投资取得成功，就必须在投资决策和业务经营过程中，全面考察存在的各种风险，并采取有效措施规避风险。

2. 风险防范要点

在投资前期，应全面分析与评估拟投资东道国的政治风险，包括是否经常发生战争、内乱以及政权更迭，矿业政策，环保标准以及征收风险等。政治风险高的国家应实行一票否决，当然，还要结合与我国的外交关系和国家战略等因素综合决定。根据东道国的政治风险情况，制定相应的投资战略和进入方式。

在投资中期，我国企业已经进入东道国进行矿业项目投资与运营，主要防范要点是：应尽早建立政治风险识别、判断和应对机制，一旦出现高风险，积极利用外交等手段寻求庇护，确保财产与人身安

①　明洪盛：《国际石油合作项目中的政治风险分析及管理》，《当代经济》2009 年第 21 期。

全，将可能出现的政治风险对所投资项目的影响程度降到最低。

在投资后期，应视当时的政治局势决定是否再投资其他项目或撤资。

3. 风险防范策略

（1）政治风险准保险。国外投资抵御政治风险的方法很多，应尽量减少投资者风险性资产，增大投资者对可能引发财产没收事件的控制能力，减少东道国政府进行没收和充公的机会，或者减少对东道国直接投资的价值。这些方案尽管在理论上有很大的吸引力，但事实上却很难达到目的，因为这些措施与东道国的利益都是对立的，而东道国法律的存在降低了这些措施的有效性。

然而，抵御政治风险还有其他更加微妙的方式，目的就是不让政府参与项目，这种方式在西方被称为"软性政治风险保险"。具体方法包括：与当地公司成立合资企业、争取多边机构参与项目、确保项目的"辛迪加贷款者"来自更多的国家，包括东道国银行。

（2）国家间条约。如果东道国政府和投资者的母国政府签订某种国家间条约，那么政治风险将会大大降低。世界上比较流行的签约方式有双边投资条约（BIT）和商业经济条约两种。这些条约是东道国政府履行其义务的有效机制。实际上，一旦侵犯了条约中投资者获得保证的权力，其行为不仅违反通行的国际法标准，而且违反了与投资者母国签订的条约。

（3）政治风险保险。出口信贷机构的政治风险保险。以美国海外私人投资公司（Overseas Private Investment Corporation，OPIC）为例。OPIC 于 1971 年开始运营，作为美国同时也是世界上首家海外投资保险机构，它具有公、私两方面性质：一方面，法律明文规定该公司是"在美国国务院政策指导下的一个机构"，其法定资本由国库拨款；另一方面，该公司作为法人，完全按照公司的体制和章程经营管理。即支持私人海外投资的联邦机构。在承保险别上，美国起初仅承保货币禁兑险，后来逐渐扩大到战乱险、征收险等政治风险。主要有政治风险保险、项目融资、投资基金等业务。

多边机构的政治风险保险。多边投资担保机构（Multilateral Investment Guarantee Agency，MIGA）成立于 1988 年，是世界银行集团里成立时间最短的机构，1990 年签署第一笔担保合同。多边投资担保机构的宗旨是向外国私人投资者提供政治风险担保，包括征收风险、货币转移限制、违约、战争和内乱风险担保，并向成员国政府提供投资促进服务，加强成员国吸引外资的能力，从而推动外商直接投资流入发展中国家。作为担保业务的一部分，多边投资担保机构也帮助投资者和政府解决可能对其担保的投资项目造成不利影响的争端，防止潜在索赔要求升级，使项目得以继续。多边投资担保机构还帮助各国制定与实施吸引和保持外国直接投资的战略，并以在线服务的形式免费提供有关投资商机、商业运营环境和政治风险担保的信息。

私营保险市场。在英国、美国等发达国家，私营保险市场发展迅速。私营保险公司一般将政治风险分为资产险和合同险两类。资产险保的是征用、没收和设备的重新占用。合同险保的是由于合同中断而发生的损失或政治动乱引起的其他风险。私营保险的优点在于：它更灵活，可以根据投资者的需要量体裁衣，可以在短时间内谈判成功，可严格保密，不受政治因素的制约。

（4）自我管理。如果投资者希望达到控制和管理政治风险的目的，而又不愿意支付政治风险保险的费用，那么就需要强化自我管理措施，通过战略合作或细致计划防止损失发生。通常自我管理要注意处理三个方面的问题：第一，要在做出投资决策前评估政治风险。第二，要注意与东道国签署各种协议和合同。尽管这些协议和合同并不能阻止东道国改变法律或政策，但是，可以在出现争议时以此为依据通过国际仲裁等方式获得赔偿，很多时候东道国会承诺放弃主权豁免。第三，寻找一个多边机构参与到项目中来，比如让国际金融公司（IFC）、国际开发协会（IDA）、亚洲开发银行（ADB）、亚洲基础设施投资银行（AIIB）、美洲开发银行（IADB）和非洲开发银行（ADB）等机构投资入股或提供债权资金。显然，东道国政府在征收一个存在世界银行财务利益的项目时会三思而后行。

（二）法律风险防范策略

任何国际交往都是以本国利益至上为原则的，所以，东道国会为了本国利益而制定一些鼓励或者限制外资的政策和法律法规。这些政策和法规会深刻地影响投资国的投资战略目标、投资方式、投资主体以及投资经营活动等。导致一国政策法律频繁变动的原因有很多，通常主要有：东道国法制落后，法律机制不完善；其经济基础变革迅速，经常要改变、撤销一些不适合国内经济的政策、法律；保护本国产业、经济利益的需要；本国政治利益的需要等。当投资者的投资与东道国国家利益目标不相一致时，东道国无法暴力夺回资源利益，就会隐性地动用外汇、财政、经济保护主义等政策，甚至频繁修改法律来限制外国投资者在本国的投资收益。①

1. 典型案例

蒙古国的矿产开发尚处于初步开发阶段，政府对外国投资者投资矿业总体持欢迎态度，但在其政策推行过程中，受政治、经济、社会等各方面因素的影响，该国政策不稳定、法律修订频繁，对投资者权益保护不力的情况时有发生。1997 年颁布的《蒙古国矿产资源法》曾被认为是发展中国家最优惠的《矿产法》之一。但自 2004 年以来，蒙古国政权跌宕起伏，人事更迭频繁，各方政治力量的博弈造成投资政策的不稳定，致使其相关法律也处于可能的变动之中，外国投资者在蒙古国投资面临着更为严格的投资法律环境。2006 年的新《矿产法》大幅增加了勘探特别许可费、开采特别许可费、矿产资源开发费、外籍劳务岗位费等，并对外国劳务比例做出限制，增加了企业运营成本和管理负担。一系列相关的法规政策，其立法、监管和政治行动频繁，对矿业投资环境产生了较大的影响，投资蒙古国矿业的风险日益加大。

2009 年 4 月，蒙古国发布总统令，无限期停止颁发新的矿产勘探许可证，并禁止转让勘探许可证和采矿许可证。对于外国投资者进入蒙古国矿业投资设置了一定的障碍。2009 年，蒙古国《有关限制在汇水盆地和林区勘查矿产的法律》对矿产勘查和采矿权提出了限制条

---

① 田晓云：《中国企业海外矿业投资法律风险防范研究》，《商业时代》2014 年第 19 期。

件。2012 年 5 月，蒙古国议会通过并实施《关于外国投资战略领域协调法》（SFI 法案），该法将矿产资源、银行金融和新闻通信三个行业确定为具有战略意义的领域，外国投资者在投资上述战略部门的企业时，如果所占股份超过 49% 并且投资金额超过 7600 万美元，则须由政府提交议会做出决定。该法对许可申请的审核程序及标准做出了严格规定。

分析：政策不稳定、法律变动的频繁和不确定性，是外国投资者在蒙古国面临的最为突出的法律风险，大大影响了外国投资者的投资经营活动，损害了投资者的利益。

2. 风险防范要点

在投资前期，应全面评估东道国矿业开发的相关法律法规，尤其注意考察环境保护的各种法规，若环境法规比较严格，会增加投资成本甚至导致投资失败。在投资中期和后期，可能存在的法律风险是指由于东道国法律及政策做出重大调整，造成项目原定目标难以实现甚至无法实现而带来的风险。建议我国矿业企业应密切关注东道国政府未来相关政策的变化情况，及早分析研究，采取合理对策，以规避可能出现的政策风险对本项目带来的损失。

3. 风险防范策略

（1）法律政策变动风险防范。法律变动可能涉及东道国与外国投资有关的各种法律，包括准入的规定（影响后续再投资等）、投资者待遇、劳动法、环境保护法、税收及有关费用等。东道国政策法律发生负面变动时：第一，应对政策法律变动的具体内容和规定进行仔细研究，如果其内容涉及投资者与东道国所签订的稳定合同规定的内容，则应依据稳定合同积极与东道国政府进行协商谈判，据理力争，尽可能在稳定合同条件下维护自己的权益。第二，应将情况尽早通报给我国政府相关部门以取得支持，政府和企业联手与东道国政府进行外交途径的谈判也是必要的。如果出现谈判失败，则可依据稳定合同所规定的争议解决方式寻求司法或仲裁解决。第三，投资者在仔细研究变动后法律规定的基础上，如果对有关规定与东道国政府有不同理解时，应通过司法途径寻求补救；而对于某些明显不合理的立法或法令，在东道国法律赋予的合法权利范围内，依照法定途径向相关立法或政府部门提出正式意见，以促使所施加的立法或法令做出合理修改或缓和措施。

（2）环境保护风险防范。海外矿业投资很容易面临环境保护问题，这是由矿业开发的物理性质所决定的。矿业勘探和矿产开采对矿区地质环境的改变，有可能导致地质灾害，也有可能对矿区或邻近地区造成环境污染，这些都使矿业投资与开发极易引起大众的关注，而且各种国际环境保护团体、东道国的环境保护机构及环境保护组织、当地居民，都对外国投资对环境产生的影响非常关注。例如，蒙古国《矿产法》突出强调了保护自然环境的重要性，对矿业勘探和开采阶段的自然环境保护有十分严格、具体的规定。

为降低海外矿业投资的环境保护风险，在投资之前，应调查研究东道国环境保护法规和政策，按照东道国政府对环境保护的要求建立并完善 HSE 管理体系，并将环境保护作为企业社会责任的重要组成部分。在申请环境许可证和执照时，注重矿区周边环境调查和环境影响评价，严格遵循东道国相关法律程序和条件，并保持项目运营所需的环境许可证和执照的有效性。在矿山开发建设中，应妥善处理好环境保护、原住民的安置、移民和再就业等问题；遵守东道国环境管理、环境保护等方面法律规定；采用新技术、新工艺进行环保管理；高度关注废弃物和有害物排放对矿区地质环境的改变；及时治理尾矿库，避免对矿区或邻近地区造成环境污染；尽力排解东道国或者国际人权、环境保护组织对矿产资源正常开采的不当干预。[①]

二 宏观经济风险防范策略

（一）典型案例

以巴西为例。从经济发展水平来看，2011 年以来，国际环境发生变化，美国和欧元区经济低迷，国际原材料价格下跌，贸易需求量下降，加之巴西国内经济存在高利率、高税收、投资不足等问题，制约了巴西经济的增长速度。为保持经济能够持续发展，巴西政府采取了

---

① 梁咏：《中国投资者海外投资法律保障与风险防范》，法律出版社 2010 年版。

一系列减税降息、鼓励投资、加快基建、拉动消费等刺激性措施，但收效甚微，经济增长乏力。2014 年，巴西 GDP 为 2.3 万亿美元，同比增长 0.1%，人均 GDP 为 1.16 万美元。

从物价水平来看，巴西地理统计局（IBGE）公布的数据显示，巴西 2015 年通货膨胀率为 10.67%，大大高于 2014 年的 6.41%，是政府通胀管理目标 4.5% 的两倍多，创 13 年来最高纪录。巴西央行预测 2016 年巴西通胀率为 6.87%。这表明当前巴西通货膨胀仍居高不下，巴西"高通胀、负增长"的经济格局一时难以改变。2015 年，巴西物价上涨幅度最大的是电力和燃油，分别比 2014 年上涨了 51% 和 21.43%。在电价和油价上涨的作用下，巴西其他物价也不断攀升，给民众生活带来了较大影响。2015 年，巴西食品价格上涨 12.53%，比 2014 年增加 4 个百分点；住房成本上涨 18.31%，比 2014 年增加 9.51 个百分点；交通成本上升 10.16%，比 2014 年增加 6.41 个百分点。不过，家庭日用品、服装和通信成本涨幅最小，分别为 5.36%、4.46% 和 2.11%。

分析：巴西的高通货膨胀率，尤其电力、燃油等价格的不断攀升，给海外投资者带来了一定的投资风险，主要表现在矿山生产成本比预期增加较多，带来利润下降甚至亏损。因此，投资者需要加以重视。

（二）风险防范要点

在投资前期，应详细分析东道国经济发展质量和历史上通货膨胀情况，应尽量避免进入经济落后且通货膨胀率高的国家进行投资。在投资中期，宏观经济风险防范的重点是东道国的通货膨胀情况，应建立预警和应对机制，采用采购合同、低负债、终止投资等形式规避通货膨胀风险。

（三）风险防范策略

1. 考虑通货膨胀因素，调整投资分析的变量

由于资金成本一般由纯利率、通货膨胀附加率、变现力附加率、违约风险附加率、到期风险附加率等组成。企业对矿业投资项目评价时，预期项目收益率的计算要加入通货膨胀附加率因素，并且考虑纯利率的变动。同时也要考虑到通货膨胀对现金流量的影响。由于通货

膨胀对现金流量影响的复杂性，一方面通货膨胀导致成本增加，另一方面成本的增加还有抵税的作用等，因此，增加的现金流量必须是抵税的现金流量。在考虑通货膨胀对现金流量的影响时，也要研究现金流量的各个组成部分，以确定通货膨胀对每一项现金流量的影响。通常情况下，通货膨胀时期，企业用调整后的折现率或调整后的现金流量计算项目的净现值、内部收益率、动态投资回收期等指标来决定项目投资的取舍，以确保投资的相对准确。

2. 采用灵活的筹资策略

在通货膨胀的环境下，由于通货膨胀率往往高于银行贷款利率涨幅，实际借款利率反而是下降的，甚至会出现负利率的情况。此时，增加借款会降低企业的综合资本成本，所以，企业应适当提高借款的比重。另外，企业可采用高股利的分配政策，树立良好的公司形象，获取自有资金，使企业获取长期稳定的发展条件和机会。

3. 加强应收款项的管理

在通货膨胀的环境下，几乎所有企业资金的需要量都在不断扩大，资金严重紧缺，所以，收回企业之间相互拖欠的应收账款比较困难。因此，在通货膨胀期间，企业应适当调整信用政策，综合考虑信用标准、信用条件及现金折扣，以保证企业既能扩大销售又能缩短信用期间，减少应收账款的数额。同时，还应该加大应收款项的回收力度，提高应收款项的周转率，减少融资数量，减轻资金短缺压力。

4. 通过多途径降低生产成本

通货膨胀使企业生产所需原材料价格上升，同时工人工资也会有一定幅度的增长。为控制原材料成本，企业可以在通货膨胀发生前或不太严重时囤积较多原材料；多选择几家质量有保证的供应商对其原材料的供货价格进行对比和谈判，或者采取大批量采购的方式达到降低原材料成本的目的。[1][2]

---

① 曲洪艳：《通货膨胀环境下企业投融资风险规避措施研究》，《中国商贸》2011 年第 33 期。

② 龙伟：《通货膨胀下企业经营风险分析及对策研究》，《思想战线》2011 年第 S1 期。

三 社会风险防范策略

社会风险指由于政治权力失控、法律权利失衡、道德失范等使项目无法正常生产和运营而带来的风险，主要体现在社会治安乱、暴力犯罪多、工会罢工次数多等现象。其中，社会治安乱、暴力犯罪多更为常见，影响更大，以下针对此进行重点分析。

（一）典型案例

南非于 1994 年在第一次全民族选举后成为一个全民主主义国家，自 1994 年以来，南非国会一直执行欢迎投资者友好投资的经济政策。保护合法财产、劳动生产率高、低税率、合理的法规、腐败少和信用好是南非良好投资环境的重要因素。但近年来南非境内发生了多起针对华商和华资企业的伤害事件，这对华商和华资企业在南非的投资信心产生了较大的影响。

2015 年 4 月 14 日，南非海滨城市德班附近黑人城镇发生暴力排外事件，并持续升级。排外事件主要针对一些来自非洲其他国家的外来移民。骚乱造成至少 5 人死亡，上千名外国人流离失所，街头持刀自卫，寻求庇护。多家外国人经营的商店被洗劫和焚烧。2015 年 4 月 15 日，中国侨胞较为集中的约翰内斯堡市也已发生外籍商家遭哄抢事件，人员遭暴力殴打。2015 年 1—5 月，有 10 名中国侨胞在南非遭劫遇害，其中大部分遭歹徒控制后开枪杀害。

（二）风险防范要点

规避社会风险的措施是投资企业应尽早建立社会风险识别、判断和应对机制，保障人身和财产安全，及时与当地工会组织、政府部门和我国驻当地大使馆等进行沟通，寻求保护，将可能出现的社会风险对项目的影响程度降到最低。

（三）风险防范策略

1. 树立企业安全意识，建设企业安全文化

海外投资社会风险管理工作的首要任务是增强员工做好社会风险工作的责任感和使命感，增强从公司管理层、社会风险管理部门、海外项目部负责人到全体员工对于社会风险的认识，牢固树立高警觉性、高敏感度的社会风险防范观念。任何人在发现有社会风险事件将

要发生的势头时，应及时向风险管理部门汇报，将可能发生的社会风险损失降到最低。①

2. 建立多渠道的社会风险信息网络和情报交流体系

企业社会风险管理部门在日常工作中，应与我国政府部门、项目所在国的有关部门、国际专业安保机构、兄弟单位、项目所在国的宗教领袖及知名人士等建立良好关系，定期向中国使领馆汇报项目的社会风险情况和获取相关的信息，并和兄弟单位建立社会风险信息定期通报制度，定期参加组织的信息交流和风险提示会，从而获取各种提示和预警。与所在国相关机构和人员做好沟通，定期拜访当地政府和警察局，了解社会动态，及时掌握所在国和项目周边安全形势。

3. 制订和完善社会风险应急预案，提高应急处置能力

为提高海外项目社会风险事件的整体应急反应能力，确保在紧急情况下能及时、有序地采取应急措施，最大限度地预防和减少社会风险事件及其造成的损害，有效保护人员和财产安全，应制订相应的风险应急预案，提高应急处置能力。风险应急预案应适用于海外项目对所有可能影响到社会风险事件的应急管理，指导范围包括企业总部、涉外企业和海外项目部。

4. 健全海外安全培训体系，提高风险管理能力和防范技能

近年来发生的大量海外华人社会风险事件的一个主要原因在于海外华人缺乏足够的社会风险防范意识以及对各种社会风险如何规避、控制及化解缺乏应有的知识和实务能力。因此，企业需要健全海外项目社会风险培训体系，增强员工自我保护意识和能力，提高风险管理能力和防范技能，以保障海外项目员工和财产安全。只有严格培训，严格考核，在充分调研海外员工社会风险培训需求的基础上，明确培训对象，安排有针对性的培训内容，建立一套完善的培训和考核方式，才能有效提升海外项目社会风险管理水平，才能切实提高海外员工防范社会风险的意识和技能。

---

① 聂晓愚、林海斌、曲岩：《石油企业海外投资中社会风险预警管理策略研究》，《产业与科技论坛》2014 年第 14 期。

5. 确保防范社会风险的资金投入，提高防范能力

在企业进行社会风险防范的过程中，无论是进行物防、技防还是人防，从人员培训到应急物资准备、从日常社会风险管理到发生社会风险事件时人员及物品的安置，都必须建立在资金投入保障的基础上。只有保障应用于社会风险预警管理资金的稳定投入，才能做好社会风险预警管理工作。

四　矿业市场风险防范策略

矿业市场风险是指由于地质资源储量及潜力、矿产品市场价格以及矿区基础设施等给项目生产与运营所带来的风险。

（一）典型案例

我国某钢铁企业投资津巴布韦某铬矿项目，该项目市场风险主要来自以下两个方面：第一，由于铬铁市场的供需状况与不锈钢市场密切相关，如果对不锈钢生产的增长预期与实际出现偏差，则可能直接导致铬铁市场的供需状况与预测结果发生偏离，使主要产品铬铁的实际销售价与预测价格产生差异，进而对该项目获利能力产生不利影响。因此，铬铁的预测价格越合理，项目的价格风险越小。第二，如果项目主要材料燃料消耗，如采选辅助材料、冶炼厂还原剂、溶剂、LPG 等的实际采购价与预测价格发生偏离，将使项目生产成本增加。该项目所消耗的原材料、辅助材料和燃料为铬精矿及一般工业产品，津巴布韦的资源较为丰富，而且紧靠工业基础雄厚、能源供应充足可靠的南非，供应较为有保障。因此，未来市场实际采购价与预测价格发生较大偏离的可能性较小。

（二）风险防范要点

在投资前期，应重点关注所投资区域的矿产资源潜力和基础设施。矿产资源潜力较高的区域，有利于今后进一步扩大投资，充分利用原有矿山的设备，增加投资收益；基础设施较好的区域，有利于矿山生产的顺利进行，有利于降低矿山生产成本，增加投资收益。

在投资中期，应重点关注矿产品价格的波动状况，适时调整矿山生产规模和经营策略；同时应关注项目生产所需消耗的原材料、辅助材料和燃料的供应来源与价格情况，做好应急预案。

（三）风险防范策略

1. 矿产资源潜力风险防范策略

矿产资源潜力风险防范的主要策略是根据加拿大 Fraser 研究所对全球各国和地区矿产潜力评估排名，有选择地投资矿产资源丰富及矿产资源潜力较大的地区。另外，该类地区矿业生产基础相对较好，投资成本相对较低。

2. 矿产品市场价格风险防范策略

经济发展的周期性特征决定了矿产品的需求和市场价格具有明显的周期性。防范矿产品市场价格风险，必须加强价格研究工作，合理规避风险。应准确把握影响所投资矿产品市场价格的主要因素，清醒地认识矿产品价格短期与长期走势并进行科学预测。一般来说，要分析三个层面：一是宏观经济层面，主要分析世界经济走势；二是产业层面，重点分析产业链发展趋势，准确定位供给和需求；三是历史价格层面，尤其重点分析历史价格与经济发展阶段之间的关系。

3. 基础设施风险防范策略

基础设施风险主要来自交通、通信、水电等的建设状况以及原材料、燃料等物资供应情况。交通、通信、水电等的建设状况一般应在投资前期进行充分调研和论证；矿山生产所需原材料、燃料等物资供应风险，即物资采购风险，一般是矿山投资生产经营过程中必须重点关注的主要风险之一。

物资采购风险的基本使命就是以尽可能低的价格，得到符合企业生产所需的生产物资。企业年销售收入的 50%—70% 用在物资采购上，物资采购是企业经营的一个核心环节，是企业降低成本、获取利润的重要来源。企业的物资采购包括采购计划制订、采购审批、供应商选择、价格咨询、采购招标、合同签订与执行、货物验收、核算、付款、物资领用等诸多环节，由于受多种因素的影响，采购的各个环节中都存在各种不同的风险。

企业物资采购风险虽然无法完全避免，但可以采取科学的方法进行防范。例如，做好年度采购预算及策略规划；慎重选择供应商，重视供应商的筛选和评级；严格审查订货合同，尽量完善合同条款；拓宽信息渠道，保持信息流畅；完善风险控制体系，充分运用供应链管理优化供应和需求；加强过程跟踪和控制，发现问题及时采取措施处理，以降低采购风险；与供应商建立并保持良好的合作关系，做到与顾客共创价值。①

五　自然资源风险防范策略

自然资源风险是指由于气候条件、自然灾害、地质资源储量变化以及矿石品位等给项目生产与运营所带来的风险。由于气候条件和自然灾害属于不可抗力，因此，以下重点探讨地质资源储量变化以及矿石品位风险防范策略。

（一）典型案例

案例一：地质资源储量变化风险。我国某钢铁企业投资南非某铬矿项目，尽管项目占有资源量巨大，各级别资源量达 7375 万吨，足以支撑 25 年合资期限内每年 100 万吨可销售矿的要求，但勘探资料会与实际生产时遇到的状况存在不同程度的偏差。因此，应尽可能将实际生产中产生的偏差维持在设计可控范围之内，从而降低项目的资源风险。

在国内，也经常发生由于地质资源储量变化而带来的风险。例如，我国的铝土矿矿床以沉积型为主，在铝土矿开发建设中，因勘探网度难以控制矿体形态并求得地质资源量，经常发生矿体不连续、矿石量大幅度减少的现象，这样，不但导致矿山基建工程量增加很多、投（达）产时间延长，而且迫使矿山生产规模减小。我国某铝土矿原勘探报告认为，该矿区矿体连续性良好，矿体外形形态较规则，当时按Ⅰ类型分别计算 B 级、C 级和 D 级储量。很明显，原勘探报告按Ⅰ类勘探类型确定的网度，直接作为设计与建设的依据，其控制程度是不够的，其直接后果便是采出矿量与勘探储量相比相对误差偏大。

案例二：矿石品位风险。无论是国内还是海外矿业权交易活动中，矿业资料造假成风，虚报、夸大勘探数据的现象屡见不鲜，令收

---

① 江健凡、许火之：《企业物资采购中存在的风险及其防范措施》，《铜业工程》2006年第 3 期。

购企业头疼不已。资源是矿业并购的核心，资源上的误判，无疑会导致重大的并购失败。我国企业在海外买到废矿的例子不胜枚举。

2008 年，中石化花费 18 亿美元收购加拿大 Tanganyika 石油公司 100% 股权，获得该公司在叙利亚和埃及的石油勘探和开采权。但中石化很快发现，该公司拥有的油田蕴藏的并不是中石化试图收购的易开采、适合炼化的"甜油"，而是含硫量高、炼化成本比"甜油"高一倍的"苦油"。而且，目前中国和叙利亚当地都缺少炼化高硫油的技术和设备，高硫原油也因低于交易标准不被世界原油市场所接受。这些油田的原油既不能炼化，又不能运回国内，也不符合国际原油交易标准，100 多亿元的投资就这么打水漂了。

中钢集团曾于 2008 年花费 13 亿澳元收购了澳大利亚中西部股份有限公司，获得了该公司位于澳大利亚西部矿山的权益。但是，当收购完成之后，中钢集团才发现，所收购的不是赤铁矿这种优质铁矿，而是开发成本高、价值低的磁铁矿，加上中钢集团未收购配套的港口、铁路等矿石出口通道，矿石开采出来也难以运输，中钢集团面临着 100 亿元的亏损。中冶集团 2007 年花费 1 亿美元收购的阿根廷希拉格兰德铁矿也因矿石品位不高，多年来一直处于亏损状态。

（二）风险防范要点

在投资前期，应重点分析所投资区域的气候条件（包括温度、雨量、霜冻天的长短等）和自然灾害情况（尤其重大自然灾害发生的情况），为矿山设计做好前期准备工作，并做好应急预案。

在投资中期，应重点分析所投资矿山的地质资源储量（尤其可控资源量）以及所投资矿石的平均品位。地质资源储量大，但可控资源量所占比例不高，则应考虑生产探矿成本及风险；所投资矿石的平均品位不高或变化较大，在矿山设计时，就应考虑先采富矿后采贫矿，尽早回收投资。

（三）风险防范策略

1. 地质资源风险防范策略

地质资源是矿山项目开发的对象，更是项目开发成败的关键所在。因为地质资源深埋于地下，其资源储量、品质的可靠性、准确性，仍然还存在探矿规范允许的 35%—40% 的风险性误差。以有色金属矿床为例，其大多属于复杂和较复杂勘探类型矿床，因而其允许误差通常处于上限，尤其是地下深埋矿床，不能应用浅部矿床坑探工程作为对钻探工程进行验证的手段，资源的可靠性和准确性又必然会相对降低，故出现风险的概率就会加大。

已探明并且可做设计依据的矿床地质资源量，是矿山建设规模和相应服务年限拟定的基础依据。当资源储量减少幅度较大时，就会造成矿山原拟定的生产规模偏大，服务年限和矿产品产量减少，其经济风险将表现在基建投资偏高、单位矿石生产成本提高、投资经济效益明显下降等方面。[①]

另外，由于我国企业参与海外矿产资源开发的时机相对较晚，一些优质的矿产资源已经被国际矿业巨头捷足先登，现有矿山项目的总体条件较差，因此，在项目甄别上要格外谨慎。要通过专业的机构确认矿权有效期、合法性、资源储量的可靠性和未来前景。

2. 矿石品位风险防范策略

矿石品位风险主要表现在矿石品位下降给矿山生产和经营所带来的风险，其产生的主要原因包括地质条件复杂、勘探资料粗糙、生产贫化率高以及管理不规范等方面，防范该风险的主要策略有[②]：

（1）增加勘探，系统设计。对于较复杂或勘探网度较大的矿体要及时进行基建勘探，同时也要及时进行生产勘探，查清楚矿体的上下盘边界和矿体的分支、复合以及夹石等情况，为回采设计提供较准确的二次圈定地质资料。

（2）降低贫化率。回采过程中设计贫化岩石混入与掘进岩石混入性质不同。以金属矿为例，回采过程中适当的岩石混入属于为提高矿石回采率的设计贫化，采用地表干选系统是解决采场出矿过程中设计岩石混入的重要手段，因为没有增加总尾矿量，只是提前分离出部分

---

① 郑明贵、蔡嗣经：《金属矿山项目开发中的风险因素分析》，《金属矿山》2007 年第 1 期。

② 霍俊发：《低品位铁矿床开采降低矿石贫化率的技术措施》，《现代矿业》2013 年第 12 期。

岩石，能够提高入选品位、选矿金属回收率，降低选矿成本，而且还有可能减少尾矿带走的金属量，因为干选废石品位可能比湿选尾矿品位要低。掘进岩石的混入增加了总尾矿量（废石量），经过干选抛废后必然要带走部分金属量，而且也不可能将混入的掘进岩石全部抛出，造成了矿石的二次贫化，直接导致企业入选品位下降、选矿比上升、选矿金属回收率下降、精矿产量下降、选矿成本上升，给企业造成巨大的经济损失。

（3）建立严格的出矿管理制度。明确采场岩石分装分运的具体要求，特别是分层松动出矿时的岩石必须做到分装分运；建立严格的考核机制，对于不执行制度的，要加大处罚力度，减少出矿过程中矿石贫化，确保矿石的采出品位不低于设计指标。

六　生产技术风险防范策略

（一）风险防范要点

海外矿业投资经营过程中，生产技术风险一般为可控制的风险，应结合矿山地质资料及技术资料等进行全面分析。生产技术风险的防范要点包括水文地质灾害风险防范、勘探技术风险防范、采选冶生产技术的适配性以及安全生产风险防范等。

（二）典型案例及风险防范策略

我国某矿业企业投资海外某矿山项目，该项目目标公司为正在生产运营的企业，采用的采矿、选矿和冶炼等生产工艺成熟、可靠、适用。但是，由于所投资矿山矿层薄、现有的开采方法采矿成本较高，随着原材料及电力涨价、劳动力成本的增加，导致采矿成本增大，势必影响项目的经济效益。因此，应对矿山开采技术进行研究，提出适合的开采方法，降低采矿成本，以降低矿山开采的技术风险。

从矿山过去几年的生产指标看，由于市场、原料等多方面的原因，冶炼厂的实际生产没有达到设计能力，但该项目完成后，随着原料供应的增加和工艺技术的改善，生产技术经济指标和产能都可以得到全面提高。但仍需对现有企业生产状况做更深一步的调查分析，采取有效技术措施，防止设计生产能力利用率、生产成本等与未来实际生产产生偏差，从而达不到未来企业预期的目标。

现有冶炼厂采用开放式电炉，其技术竞争力有逐步降低的趋势，在项目评估时，考虑了对未来企业更新改造的再投入资金，以便适时更新设备，保持具备技术竞争力的设备生产效率和能耗水平。

第二节　海外矿业投资管理风险防范策略

一　财务风险防范策略

财务风险是指由于资金供应不足或者来源中断导致项目实施周期拖延甚至被迫终止，以及由于贷款利率或汇率等因素变化导致项目融资成本增加而造成的风险。

（一）典型案例

中信泰富在澳大利亚投资 SINO–IRON 铁矿项目，该项目是西澳最大的磁铁矿项目，总投资约 42 亿美元，很多设备和投入都必须以澳元来支付。整个投资项目的资本开支，除当时的 16 亿澳元之外，在项目运行的 25 年期内，还将在全面营运的每年度投入至少 10 亿澳元，为了降低项目面对的货币风险，中信泰富分别与花旗银行香港分行、渣打银行、Rabobank、Natixis、瑞信国际、美国银行、巴克莱银行、法国巴黎银行香港分行、摩根士丹利资本服务、汇丰银行、国开行、Calyon、德意志银行 13 家银行签订了 24 款杠杆式外汇买卖合约。实际上是做空美元、做多澳元。

然而，自 2008 年 7 月以来，澳元汇率波动加大，从 7 月中旬到 8 月短短一个月间，澳元开始出现持续贬值，澳元兑美元跌幅也高达 10.8%。2008 年 10 月，中信泰富已经确认 8 亿港元的损失，可能的损失高达 147 亿港元。如果澳元汇率再出现波动，不排除总体亏损金额会比 147 亿港元更高。中信泰富的公告表示，有关外汇合同的签订并没有经过恰当的审批，其潜在风险也没有得到评估。

（二）风险防范策略

财务风险防范的措施主要有：①积极筹措企业自有资金，利用母公司的整体优势，扩大筹措自有资金的来源和渠道；②积极争取我国和当地政府的政策性资金支持，最大限度地降低项目融资成本；③加强对利率和汇率等因素的分析研究，并考虑相应的措施，如采用固定利率合同、汇率的套期保值等降低该项风险，以保证资金供应，锁定企业利润。

二 跨文化风险防范策略

（一）树立正确的跨文化管理理念

正确的跨文化管理理念是跨文化风险防范的首要策略。跨文化风险是客观存在的，也是复杂多样的，因此，在海外矿业投资管理过程中要有充分的思想准备。东道国特有的语言、价值观念、思维模式、宗教及风俗习惯、商务管理及禁忌等文化因素在跨文化管理中会形成障碍，从而影响企业管理战略的实施。理解文化差异是进行跨国文化管理的必要条件，因而要重视对东道国语言、文化、经济、法律等知识的学习和了解。同时，不同类型的文化差异可以采取不同的应对措施。因管理风格和方法的不同而产生的冲突可以通过互相学习来加以改变；因生活习惯和行为方式不同而产生的冲突可以通过文化交流来解决。只有把握不同类型的文化差异，才能有针对性地提出解决文化冲突的办法。

（二）跨文化冲突管理策略

跨文化管理中最棘手的问题是文化冲突。不同形态的文化相互碰撞、相互排斥的过程即为文化冲突，只有找到不同文化的结合点，实施平衡的管理模式，文化冲突才能迎刃而解。在管理过程中，首先寻找超越文化冲突的公司经营管理目标，以形成具有不同文化背景员工共同的行为准则，从而最大限度地利用企业的潜力与价值。不同文化背景的人彼此相处，必须建立跨文化沟通机制。企业管理者需要有意识地建立各种正式的和非正式的、有形的和无形的跨文化沟通渠道。

（三）重视跨文化培训

跨文化培训，是解决文化差异和跨文化管理中一个有效的途径。跨文化培训内容包括对文化的认识、文化敏感性训练、语言学习、跨文化沟通、冲突处理及地区环境模拟等。跨文化培训的主要方法是对全体员工，特别是母公司外派员工进行文化敏感性训练。该训练的目的是加强员工对不同文化环境的反应和适应能力。具体做法包括将具有不同文化背景的员工集中在一起进行专门的文化培训、实地考察、情景对话、角色扮演，以便消除员工心中的文化障碍和角色束缚。增强每个人对不同文化环境的适应性，加强不同文化之间的合作意识和联系。这样，可减少海外管理人员可能遇到的文化冲突，使他们迅速适应当地环境，维持企业内良好的人际关系，保障有效沟通，实现当地员工对企业经营管理理念的理解与认同等，造就一批高质量跨文化管理人员。

（四）实施本土化策略

本土化策略已经被许多跨国经营企业证明为一条有效的跨文化管理策略。要本着"思维全球化和行动当地化"的原则来进行跨文化管理。通常跨国企业在海外进行投资，就必须雇用一部分当地职员。因为当地职员熟悉当地的风俗习惯、市场动态以及政府的各项法规，这不仅有利于跨国企业在当地拓展市场，而且有利于跨国企业降低海外派遣人员和跨国经营的高昂费用，与当地社会文化融合，减少当地社会对外来资本的反感情绪。[1][2]

三　人力资源风险防范策略

人力资源风险，又称为劳工风险，是指由于管理技术人员和熟练操作工人的流失及劳资关系的不稳定使项目无法正常生产和运营而带来的风险。

（一）典型案例

例如，中钢南非困局。[3] 自1991年在南非考察铬矿项目开始，中钢在南非的铬矿基地已发展成为年产能约130万吨，仅次于英国斯特拉塔公司（Xstrata）的全球第二大铬铁生产商。目前，中钢在南非的

① 方智勇、郭正安：《跨文化管理风险成因及防范策略》，《当代经济》2006年第9期。

② 周健、杨高升：《国际工程项目跨文化风险评估机制与应对策略研究》，《科技管理研究》2014年第23期。

③ 邓瑶：《中钢南非困局》，和讯网，2011年7月2日，http://news.hexun.com/2011-07-02/131089562.html，2015年11月20日。

主要项目包括中钢南非铬业有限公司（ASA）和中钢—萨曼可铬业有限公司（Tubatse）。在南非艰苦打拼了 20 多年之后，中钢已堪称在南非投资的中国资源类企业中的佼佼者。

然而，2011 年 4 月，中钢南非铬铁基地的主要负责人中钢非洲代表处总代表、中钢南非铬业有限公司执行董事兼首席执行官、中钢南非有限公司董事总经理张素伟却突然主动离职，中钢在南非的困境开始为外界察觉。据称主要原因是无法周全解决 BEE 股东利益分配、包销权等难题，导致中钢在南非的铬业资产面临着巨大的风险。

（二）风险防范策略

人力资源风险的防范策略主要是未来企业应建立完善的人事制度，建立健全全方位人力资源绩效考核指标体系；建立符合当地实际的企业文化，将富有凝聚力和向心力的母公司特色文化注入未来企业中去；建立具有吸引力的薪酬制度，科学招聘，吸引有用人才，将可能出现的人力资源风险对项目的影响程度降到最低。

四 无形资产风险防范策略

防范无形资产风险的主要策略是管理者需要加强对无形资产管理的重视程度，制定尽可能完善的管理机制。具体来说，主要包括①：

（一）建立无形资产最佳投资经营量

在对收益与风险进行权衡后，选择无形资产的最佳投资经营量。

（二）建立无形资产风险分散和补偿机制

了解影响本项目无形资产的预期收益、使用寿命、经济价值的相关因素，针对这些相关因素，分别设置相应的风险控制部门，一旦某些风险指标出现异常，则可用相应的风险控制与补偿机制来规避风险。

（三）建立无形资产内部控制机制

一套有效的无形资产内部控制制度，是企业堵塞漏洞、消除隐患、保护无形资产安全的重要保证，是保证企业财务报告的可靠性、

---

① 武幸凤、赵国浩：《无形资产对煤炭企业收益与风险的影响研究》，《工业技术经济》2012 年第 5 期。

确保企业遵循有关无形资产管理的法律法规的重要条件。更重要的，它是企业进行有效的无形资产管理，获得最佳经营效果和效率的前提。

海外矿业投资未来企业应当制定无形资产业务流程，明确无形资产投资预算编制、自行开发无形资产预算编制、取得与验收、使用与保全、处置与转移等环节的控制要求，并设置相应的记录或凭证，如实记载各环节业务开展情况，及时传递相关信息，确保无形资产业务全过程得到有效控制，减少由此带来的损失。

五　决策风险防范策略

（一）典型案例

截至 2010 年年底，中石油、中石化和中海油三大石油公司投资海外的油田及工程项目总计 144 个，累计投资金额高达 700 亿美元。中国石油大学 2010 年一份报告显示，受管理制度及国际投资环境等因素的影响，三大石油公司在海外的亏损项目更是达到 2/3。2011 年 7 月初，中铝集团宣布"澳大利亚昆士兰奥鲁昆铝土矿资源开发项目最终告吹"，项目损失高达 3.4 亿元。2009 年年底，中化集团在海外投资的 3 个油气田项目，累计亏损 1526.62 万美元。据业内统计，"十一五"期间，中国企业海外矿业并购的失败率超过 95%。在对海内外矿业投资失败的各个典型案例反思中，发现失败原因最多的是"决策失误"。既然存在决策失误，就存在其"发生机制"。在缺乏相关法律约束和投资论证程序的情况下，海内外矿业投资往往演变成了企业"一把手的投资"：领导主观臆断、盲目自负、独断专行。因此，在海外矿业投资工作中，应该严格落实责任制。

（二）风险防范策略

为了防范决策风险，在投资前期，应科学地论证项目，优先选择抗风险能力较强的项目进行投资。对拟投资项目进行科学论证，必须严格遵守项目论证程序，严把论证的每一个环节。在投资中期，即在未来企业经营管理过程中，必须要遴选高素质的管理团队并尽可能完善内部决策机制。企业经营管理决策需要专业人才及多种经营管理方面的专家，因此，企业应着重挑选和培养一批高素质的管理人员，同时企业的所有中高层员工都要逐步树立决策风险意识，增强管理意识，培养管理能力。健全的内部决策机制是有效决策的必要条件，其衡量标准就是看其是否与决策的运行规律相符。企业管理运行机制中，决策系统各要素之间的相互关系和内在机能，客观地反映着决策机体的运动变化规律，并决定着企业决策行为的有效程度。决策机制在企业经营管理机制中处于主要地位，不仅是设计其他机制的基础，同时又贯穿于其他各机制运行的始终。

附　录

附录 I　语言值"温暖"的云模型代码

当 $E_x = 20$，$E_n = 0.5$，$H_e = 0.07$ 时的语言值"温暖"的云模型代码为：

```
Ex = 20
En = 0. 5
He = 0. 07
hold on
for i = 1 : 1000
Enn = randn( 1 ) * He + En;
x( i ) = randn( 1 ) * Enn + Ex;
y( i ) = exp( - ( x( i ) - Ex)^2/( 2 * Enn^2) );
plot( x( i ), y( i ), '*')
end
```

附录 Ⅱ 　风险等级云代码

1. $H_e = 0.005$ 时的各风险等级云代码

Ex1 = 0. 1

En1 = 0. 085

He1 = 0. 005

Ex2 = 0. 3

En2 = 0. 085

He2 = 0. 005

Ex3 = 0. 5

En3 = 0. 085

He3 = 0. 005

Ex4 = 0. 7

En4 = 0. 085

He4 = 0. 005

Ex5 = 0. 9

En5 = 0. 085

He5 = 0. 005

hold on

for i = 1 : 1000

Enn1 = randn(1) * He1 + En1 ;

x1(i) = randn(1) * Enn1 + Ex1 ;

y1(i) = exp(- (x1(i) - Ex1)^2/(2 * Enn1^2)) ;

```
plot( x1( i) , y1( i) , '*')

Enn2 = randn( 1) * He2 + En2 ;
x2( i) = randn( 1) * Enn2 + Ex2 ;
y2( i) = exp( - ( x2( i) - Ex2)^2/( 2 * Enn2^2) ) ;
plot( x2( i) , y2( i) , '*')

Enn3 = randn( 1) * He3 + En3 ;
x3( i) = randn( 1) * Enn3 + Ex3 ;
y3( i) = exp( - ( x3( i) - Ex3)^2/( 2 * Enn3^2) ) ;
plot( x3( i) , y3( i) , '*')

Enn4 = randn( 1) * He4 + En4 ;
x4( i) = randn( 1) * Enn4 + Ex4 ;
y4( i) = exp( - ( x4( i) - Ex4)^2/( 2 * Enn4^2) ) ;
plot( x4( i) , y4( i) , '*')

Enn5 = randn( 1) * He5 + En5 ;
x5( i) = randn( 1) * Enn5 + Ex5 ;
y5( i) = exp( - ( x5( i) - Ex5)^2/( 2 * Enn5^2) ) ;
plot( x5( i) , y5( i) , '*')
end
```

2. $H_e = 0.007$ 时的各风险等级云代码

```
Ex1 = 0. 1
En1 = 0. 085
He1 = 0. 007

Ex2 = 0. 3
En2 = 0. 085
He2 = 0. 007
```

```
Ex3 = 0. 5
En3 = 0. 085
He3 = 0. 007

Ex4 = 0. 7
En4 = 0. 085
He4 = 0. 007

Ex5 = 0. 9
En5 = 0. 085
He5 = 0. 007


hold on
for i = 1 : 1000
Enn1 = randn( 1 ) * He1 + En1 ;
x1( i ) = randn( 1 ) * Enn1 + Ex1 ;
y1( i ) = exp( - ( x1( i ) - Ex1 )^2/( 2 * Enn1^2 ) ) ;
plot( x1( i ) , y1( i ) , '*')

Enn2 = randn( 1 ) * He2 + En2 ;
x2( i ) = randn( 1 ) * Enn2 + Ex2 ;
y2( i ) = exp( - ( x2( i ) - Ex2 )^2/( 2 * Enn2^2 ) ) ;
plot( x2( i ) , y2( i ) , '*')

Enn3 = randn( 1 ) * He3 + En3 ;
x3( i ) = randn( 1 ) * Enn3 + Ex3 ;
y3( i ) = exp( - ( x3( i ) - Ex3 )^2/( 2 * Enn3^2 ) ) ;
plot( x3( i ) , y3( i ) , '*')

Enn4 = randn( 1 ) * He4 + En4 ;
```

```
x4(i) = randn(1) * Enn4 + Ex4;
y4(i) = exp( - (x4(i) - Ex4)^2/(2 * Enn4^2));
plot(x4(i), y4(i), '*')

Enn5 = randn(1) * He5 + En5;
x5(i) = randn(1) * Enn5 + Ex5;
y5(i) = exp( - (x5(i) - Ex5)^2/(2 * Enn5^2));
plot(x5(i), y5(i), '*')
end
```

3. $H_e = 0.009$ 时的各风险等级云代码

```
Ex1 = 0.1
En1 = 0.085
He1 = 0.009

Ex2 = 0.3
En2 = 0.085
He2 = 0.009

Ex3 = 0.5
En3 = 0.085
He3 = 0.009

Ex4 = 0.7
En4 = 0.085
He4 = 0.009

Ex5 = 0.9
En5 = 0.085
He5 = 0.009
```

```
hold on
for i = 1 : 1000
Enn1 = randn( 1 ) * He1 + En1 ;
x1( i ) = randn( 1 ) * Enn1 + Ex1 ;
y1( i ) = exp( - ( x1( i ) - Ex1 )^2/( 2 * Enn1^2 ) ) ;
plot( x1( i ) , y1( i ) , '*')

Enn2 = randn( 1 ) * He2 + En2 ;
x2( i ) = randn( 1 ) * Enn2 + Ex2 ;
y2( i ) = exp( - ( x2( i ) - Ex2 )^2/( 2 * Enn2^2 ) ) ;
plot( x2( i ) , y2( i ) , '*')

Enn3 = randn( 1 ) * He3 + En3 ;
x3( i ) = randn( 1 ) * Enn3 + Ex3 ;
y3( i ) = exp( - ( x3( i ) - Ex3 )^2/( 2 * Enn3^2 ) ) ;
plot( x3( i ) , y3( i ) , '*')

Enn4 = randn( 1 ) * He4 + En4 ;
x4( i ) = randn( 1 ) * Enn4 + Ex4 ;
y4( i ) = exp( - ( x4( i ) - Ex4 )^2/( 2 * Enn4^2 ) ) ;
plot( x4( i ) , y4( i ) , '*')

Enn5 = randn( 1 ) * He5 + En5 ;
x5( i ) = randn( 1 ) * Enn5 + Ex5 ;
y5( i ) = exp( - ( x5( i ) - Ex5 )^2/( 2 * Enn5^2 ) ) ;
plot( x5( i ) , y5( i ) , '*')
end
```

4. $H_e = 0.011$ 时的各风险等级云代码

Ex1 = 0. 1

En1 = 0. 085

```
He1 = 0. 011


Ex2 = 0. 3
En2 = 0. 085
He2 = 0. 011


Ex3 = 0. 5
En3 = 0. 085
He3 = 0. 011


Ex4 = 0. 7
En4 = 0. 085
He4 = 0. 011


Ex5 = 0. 9
En5 = 0. 085
He5 = 0. 011


hold on
for i = 1 : 1000
Enn1 = randn( 1 ) * He1 + En1 ;
x1( i ) = randn( 1 ) * Enn1 + Ex1 ;
y1( i ) = exp( - ( x1( i ) - Ex1 )^2/( 2 * Enn1^2 ) ) ;
plot( x1( i ), y1( i ), '*')


Enn2 = randn( 1 ) * He2 + En2 ;
x2( i ) = randn( 1 ) * Enn2 + Ex2 ;
y2( i ) = exp( - ( x2( i ) - Ex2 )^2/( 2 * Enn2^2 ) ) ;
plot( x2( i ), y2( i ), '*')
```

```
Enn3 = randn(1) * He3 + En3;
x3(i) = randn(1) * Enn3 + Ex3;
y3(i) = exp( - (x3(i) - Ex3)^2/(2 * Enn3^2));
plot(x3(i), y3(i), '*')

Enn4 = randn(1) * He4 + En4;
x4(i) = randn(1) * Enn4 + Ex4;
y4(i) = exp( - (x4(i) - Ex4)^2/(2 * Enn4^2));
plot(x4(i), y4(i), '*')

Enn5 = randn(1) * He5 + En5;
x5(i) = randn(1) * Enn5 + Ex5;
y5(i) = exp( - (x5(i) - Ex5)^2/(2 * Enn5^2));
plot(x5(i), y5(i), '*')
end
```

附录Ⅲ　风险因素识别专家调查表

尊敬的＿＿＿＿＿＿专家：

　　您好！

　　江西理工大学郑明贵课题组正进行国家社会科学基金项目"海外矿业投资经营管理风险评估与预警系统研究"（项目编号：12CGL008）的研究工作，该课题主要针对海外矿业投资经营管理风险评估与预警系统的理论与方法进行研究，其中评估指标体系的构建是本课题研究的关键。我国去海外开发利用矿产资源，在经营管理过程中将面临各种风险，请列出重要的风险因素以及每个风险的主要影响因素。可供参考的经营风险有政治法律风险、宏观经济风险、社会风险、矿业市场风险、自然资源风险和生产技术风险等；可供参考的管理风险有决策风险、财务风险、跨文化风险、人力资源风险和无形资产风险等。

　　请您根据您的知识经验将您认为要考虑的因素填在表Ⅲ－1中，同时您可以加入可供参考的风险中所没有的。感谢您在百忙之中对本课题研究提供的指导和帮助，谢谢！

表Ⅲ－1　　　　　　　　风险因素识别表

风险	主要影响因素

附录Ⅳ 三个项目经营风险二级指标情况

表Ⅳ－1 A 项目二级指标风险情况

指标	风险情况
OI_{11}	虽然近三年政局基本稳定，但在大选之前和之前一段时间，民盟与民革运的矛盾会再次凸显
OI_{12}	21.8 分
OI_{13}	所有的矿业和建筑业项目以及可能会对环境造成较大影响的大中型农业项目，均需向津巴布韦环境保护局申请进行环保评估
OI_{14}	征收风险低
OI_{21}	756 美元
OI_{22}	5.60%
OI_{31}	社会治安状况总体较好，近几年因经济的持续恶化，导致盗窃和抢劫案件增多，但恶性案件不多
OI_{32}	除 2010 年爆发了全国性罢工外，罢工情况较少
OI_{41}	38 名
OI_{42}	2013 年铬矿价格疲软，高铬价格略有走强，但趋势仍以稳定为主
OI_{43}	128 名
OI_{51}	大部分为亚热带气候，4—8 月为凉季，9—11 月为热季，11 月至次年 3 月为雨季，年均气温 22℃
OI_{52}	一再出现干旱；偶尔也会出现洪水和严重的风暴
OI_{53}	津巴布韦境内有两个铬矿带，一个为著名的大岩墙（GreatDyke）矿带，另一个为 Mberengwa 南部地区的 Limpopo 矿带，本次涉及的投资在大岩墙矿带。该矿带拟开发的四个矿区的资源总量为 1.08 亿吨，可采矿量 7099 万吨，成品矿量 4999 万吨。可控资源量为资源量的 62%
OI_{54}	矿石中的 Cr_2O_3 品位高，40% 左右，杂质和有害元素含量低

指标	风险情况
OI_{61}	埋藏深度 400—500 米，一般有 2—3 层矿，每层矿之间距离约 100 米；矿层厚度 0.12—0.3 米，矿体薄且缓，倾角 19°—26°，矿体厚度 0.12—0.3 米。大岩墙矿体分为南部、中部和北部，几乎纵贯津巴布韦，总长度约 500 公里。该矿体特征为缓、薄，矿体倾角 19°—26°，厚度为 10～20 厘米，这样的矿体特点给提高生产能力带来一定的难度，并使开采成本过高
OI_{62}	从前期对 PeakMine 矿段周边地段进行物探工作成果来看，该矿区可能存在新的矿体，Zimasco 公司已经安排了生产钻探任务，将于近期实施。由于公司所属矿区范围大，尽管 Zimasco 公司的地质部门对矿山地质做了较多的工作，但勘探工作尚且不够，特别是缺少水文地质资料。对矿山今后的矿石资源界定仍需进行大量的工作，勘探工作还需要进一步扩展
OI_{63}	358.47 美元/吨铬矿
OI_{64}	安全设施外包给 GuardAlert（Pvt）有限公司、Catiss 安全和保密投资有限公司，安全防范措施较为细致

表 IV – 2　　　　　　　　B 项目二级指标风险情况

指标	风险情况
OI_{11}	政局稳定
OI_{12}	44.5 分
OI_{13}	环境保护法规严格，当地人民自觉环保
OI_{14}	南非矿业国有化的呼声虽然很高，但一直没有提上日程，因此征收风险较小
OI_{21}	7507 美元
OI_{22}	5.70%
OI_{31}	世界上高犯罪率国家之一，各种形式犯罪是最突出的社会问题
OI_{32}	南非工会组织势力十分强大。南非总工会的权威仅次于执政党。所以，常常罢工，也特别难解雇人。黑人罢工在南非几乎每天都有，并不稀奇。近年来，南非矿业劳资纠纷频发，矿工经常罢工

续表

指标	风险情况
OI_{41}	34 名
OI_{42}	2013 年铬矿价格疲软，高铬价格略有走强，但趋势仍以稳定为主
OI_{43}	63 名
OI_{51}	属暖温带气候，年均气温 10—24℃，6—8 月为冬季
OI_{52}	南非旱季经常会发生旱灾，林波波省几年一遇的洪灾，西开普省等其他林业发达地区常遇森林火灾，大西洋沿岸的飓风等。但总的来说，南非自然灾害很少
OI_{53}	Tweefontein 矿区 MG1 矿层资源总量为 2299 万吨，可控资源量为资源量的 46%；MG2 矿层资源总量为 4753 万吨，可控资源量为资源量的 32%
OI_{54}	Tweefontein 矿区 MG1 和 MG2 矿层平均 Cr_2O_3 含量为 39%
OI_{61}	Tweefontein 矿区 MG2 矿层为沉积型多层缓倾斜薄矿体，三层矿层平均厚度分别为 0.40 米、1.00 米和 0.55 米，矿层倾角为 14°，矿体变化不大，矿层比重为 4.22 吨/立方米。Tweefontein 矿区 MG1 矿层、MG2 矿层的矿层顶板均为辉岩，未见大的地质构造和断层，节理裂隙不发育，矿层及矿层顶板均较稳固，沿走向方向有两条较大的方解石石脉穿过矿层，两个矿层的地下涌水量较小，水文地质条件简单
OI_{62}	Tweefontein 矿区资源的连续性和厚度都是很特殊的，为了探明向斜结构在矿区内已经钻探了 40 个钻孔。矿层描述比较模糊是由于各种矿层或多或少地出现在各个位置，它们或分离或聚合
OI_{63}	309.75 美元/吨铬矿
OI_{64}	矿山设立矿山安全生产机构，下设生产安全及环保部，承担日常安全及环保的管理工作，各生产班组明确设有 1 名安全生产监督员，确保每一工作面的安全措施落到实处

表 Ⅳ - 3　　　　　　　　　　　C 项目二级指标风险情况

指标	风险情况
OI_{11}	政局稳定
OI_{12}	77.2 分
OI_{13}	加拿大法律规定，所有建设项目（包括外资项目）在决策前都必须经过环境可行性评估。加拿大环境保护法律法规复杂，名目繁多
OI_{14}	征收风险低
OI_{21}	52232 美元
OI_{22}	1.50%
OI_{31}	社会治安较好，犯罪率很低
OI_{32}	加拿大工会组织涉及领域较广，大多数工人都有罢工的权利，加拿大的罢工相当频繁
OI_{41}	16 名
OI_{42}	2013 年，受全球钢铁过剩的影响，铁矿石价格总体呈下行趋势。导致利空，矿价不断下跌
OI_{43}	13 名
OI_{51}	北部地区处于高纬度，冬季寒冷漫长，气温通常在 0℃ 以下，某些北部地区最低可达 -60℃，人迹罕至，大雪冰雨频繁，行车艰难，事故频发，大部分地区都被冰雪覆盖；南部地区四季分明，春季为雨季，夏季最高温度为 30℃
OI_{52}	加拿大大部分地区位于寒带，是一个土地广袤、地理环境复杂、自然灾害多发的国家，同时还面临着事故灾难和流行病肆虐等威胁。主要的自然灾害是冬季的暴风雪，偶有水灾发生，而且加拿大的地质活动相当活跃，有着频繁的地震以及许多可能喷发的活火山。超过 200 座年轻的火山集中在加拿大西部，这些火山群为环太平洋火山带的一部分。加拿大地界上也集中了许多火山，被分为超过 150 个火山带。加拿大的地理位置决定了其具有重大自然灾害的潜在风险
OI_{53}	Kami 项目铁矿储量为 66850 万吨，可控储量为资源量的 65%
OI_{54}	全铁品位（TFe%）平均为 29.5%，柔软易碎富含赤铁矿，杂质低
OI_{61}	分布在拉布拉多地槽西侧，厚 1—2 公里，由石英岩、白云岩、板岩、燧石角砾岩和含铁层组成，主要矿层厚 70—240 米，以露天开采为主
OI_{62}	矿区 2006 年至 2012 年不断在勘探，有详细的勘探记录，有发现和开采世界级矿床的记录
OI_{63}	256.39 美元/吨铁矿
OI_{64}	严格按照国家安全法规文件，制定安全生产责任制和技术操作规程

附录 V　二级指标值对风险等级
隶属度的编程代码

以二级指标值为 0.1 对风险等级 $N_1(0.1,0.085,0.008)$ 的隶属度的编程代码为例。其他同理可得。

```
Ex = 0.1;
En = 0.085;
He = 0.008;
X = 0.1;
hold on
for i = 1 : 1117
Enn = randn(1) * He + En;
y = exp( - (X - Ex)^2/(2 * Enn^2));
A(i) = y;
end
B = sort(A)
M = B((length(B) + 1)/2)
```

附录Ⅵ　三个项目管理风险二级指标情况

表Ⅵ-1　　　　　　　　　**A 项目二级指标风险状况**

二级风险	指标风险状况	指标值
MI_{11}	项目所得税后财务内部收益率为 18.26%	0.6
MI_{12}	一般	0.6
MI_{13}	该项目的组织机构维持现有的公司—厂矿—车间三级管理机制。公司总部作为一级管理机构，下属地下矿、露天矿、选矿厂和冶炼厂等作为二级管理机构，车间作为三级管理机构	0.3
MI_{21}	津巴布韦以黑人为主，白人、有色、亚洲人只占极少部分。黑人主要分绍纳和恩德贝莱两大部族，绍纳人口共占总人口的 79%，恩德贝莱人共占总人口的 17%，除这两大部族外，还有小部族通加人、旺达人和尚加尼人。津巴布韦的官方语言为英语、绍纳语、恩德贝莱语。在黑人当中，绍纳人讲绍纳语，恩德贝莱人讲恩德贝莱语，其他小部族讲通加语、旺达语和尚加尼语等，所有这些语言均属班图语系。白人多讲英语，少部分讲阿非里卡语。津巴布韦有 58% 的居民信奉基督教，40% 信奉原始宗教，1% 信奉伊斯兰教	0.6
MI_{22}	津巴布韦 1995 年 3 月 5 日加入世界贸易组织，遵行其规定的商务惯例。且是多边投资担保署成员，签署了国际解决投资纠纷公约、联合国国际贸易法公约，并已与包括中国在内的 17 个国家签订了国际投资保护协定	0.3
MI_{31}	7.2 年	0.4
MI_{32}	2013 年人均国民总收入为 1307 美元	0.2
MI_{33}	企业内部人事制度还不够完善	0.6
MI_{41}	津巴布韦的知识产权法律法规不完善，根据产权联盟及其合作者提供的国际产权指数，津巴布韦排名靠后	0.8

二级风险	指标风险状况	指标值
MI$_{42}$	根据津巴布韦的矿业法相关规定，可以取得勘探权和采矿权，但对于外币投资矿业项目，矿产资源部长可以与采矿租约申请人就某些条款进行协商，增加了不确定性	0.6
MI$_{51}$	标准差系数为 56.59%	1
MI$_{52}$	标准差系数为 120.00%	1
MI$_{53}$	126 名	0.7
MI$_{54}$	年平均资产负债率为 2.0495%	0.1

表VI－2　　　　　　　　　　B 项目二级指标风险状况

二级风险	指标风险状况	指标值
MI$_{11}$	项目所得税后财务内部收益率为 18.29%	0.6
MI$_{12}$	2011 年，总经理离职，而在此之前，B 企业在南非事业部已换过三任总经理	0.7
MI$_{13}$	该项目是合资项目，合资后组织机构的设置维持不变，企业实行董事会领导下的总经理负责制。总经理在董事会授权的范围内负责日常经营管理工作，总经理下设各部门经理，分管各部门的生产经营活动	0.2
MI$_{21}$	南非系多种族、多民族国家，享有"彩虹国度"的美称。有非洲黑人、白人、有色人和亚洲人，非洲黑人主要有祖鲁族、科萨族、索托族、茨瓦纳族、聪加族和斯威士族，白人主要包括阿非利加人和英裔非洲人，有色人主要为格里夸人和开普马来人。亚洲人绝大多数为印度人。南非的官方语言有 11 种，通用语言是英语和阿非利加语。英语日益普及。南非宗教活动较为普遍，全国人口的 73.52% 信奉基督教，其他宗教主要是印度教、伊斯兰教、犹太教和佛教	0.6
MI$_{22}$	南非于 1995 年 1 月 1 日加入世界贸易组织，遵行其规定的商务惯例	0.3
MI$_{31}$	9.9 年	0.3
MI$_{32}$	2013 年人均国民总收入为 11788 美元	0.3

续表

二级风险	指标风险状况	指标值
MI_{33}	企业内部人事制度比较完善	0.4
MI_{41}	南非的知识产权法律法规还不够完善，比如专利方面没有专利审查的专门机构，著作权方面没有正式登记注册权的程序，且 2013 年由其总统签署的《知识产权法修正案》备受争议	0.6
MI_{42}	南非 2004 年 5 月生效的新《矿产资源和石油开发法》规定经过政府授权可以对矿产资源进行勘探开发。根据该法，矿业权人享有在他人所有的土地上勘探、开发和处分矿产资源的权利	0.4
MI_{51}	标准差系数为 23.69%	1
MI_{52}	标准差系数为 10.71%	0.6
MI_{53}	1 名	0.1
MI_{54}	年平均资产负债率为 0.4484%	0.1

表Ⅵ–3　　　　　　　　　C 项目二级指标风险状况

二级风险	指标风险状况	指标值
MI_{11}	项目所得税前财务内部收益率为 29.3%	0.4
MI_{12}	较好	0.4
MI_{13}	该项目采用职能制，各个部门由经理分管工作	0.2
MI_{21}	加拿大是多民族国家，加拿大以英裔和法裔为主，欧洲人后裔和土著居民（印第安人、米提人和因纽特人）次之，其中英裔居民占 28%、法裔占 23%，其他欧裔占 15%，原住民（印第安人、米提人和因纽特人）约占 2%，其余为亚洲、拉美、美洲裔等。加拿大是双语国家，官方语言为英语和法语，据 2008 年统计，加拿大讲汉语的人口占 3.3%，讲德语的人口占 1.4%。加拿大信仰天主教的人占 43.6%，基督教新教占 29.2%，基督教东正教占 1.6%，其他基督教占 2.6%，犹太教占 0.1%，伊斯兰教占 1.9%，其他宗教占 1.4%	0.6
MI_{22}	加拿大于 1995 年 1 月 1 日加入世界贸易组织，遵行其规定的商务惯例	0.3
MI_{31}	12.3 年	0.1

续表

二级风险	指标风险状况	指标值
MI$_{32}$	2013 年人均国民总收入为 41887 美元	0.8
MI$_{33}$	企业内部人事制度较为完善	0.3
MI$_{41}$	加拿大的知识产权相关法律法规比较完善，能够为权利人提供充分的保护	0.2
MI$_{42}$	根据加拿大矿业法规定，符合相关条件的探矿者可以获得探矿权和采矿权，并按规定向联邦和省政府缴纳税或租金	0.3
MI$_{51}$	标准差系数为 118.00%	1
MI$_{52}$	标准差系数为 5.28%	0.3
MI$_{53}$	24 名	0.2
MI$_{54}$	年平均资产负债率为 4.3774%	0.1

附录Ⅶ　三个项目经营风险预警训练样本数据

表Ⅶ-1　　　　　A 项目2007—2014 年经营风险情况

年份	C_1	C_2	C_3	C_4	C_5	C_6	C_7
2007	通胀还在恶化，政局较乱	-6.02	11000.00	2007 年 6 月通货膨胀率大幅上升，加剧国内的社会动荡	26.87	-1.13	350
2008	2008 年 3 月 29 日举行总统、议会和地方政府联合选举后，政局一直不稳。由于反对党对总统选举结果不满，其反对者同执政党支持者发生暴力冲突，引发国内政治危机	-14.8	66212.3	政治暴力事件非常普遍，在经济急剧衰退和通胀超常恶化之下，普通民众生存困难，犯罪案件有所增加	37.31	-0.89	550
2009	2009 年 2 月，在南非等非洲国家的斡旋下，联合政府成立，穆加贝继续担任总统，由 2008 年大选引发的政治僵局被打破	5.7	6	联合政府的成立以及津巴美元化使社会动荡有所缓解	21.64	-0.07	16.6
2010	联合政府成立后，津巴布韦的政治局势得到缓解，基本实现了政治稳定	8.1	3.0	社会状况趋于一般	94.03	0.24	18.5
2011	政治局势基本稳定	9.3	3.50	社会状况趋于稳定	87.31	0.12	24.2
2012	政治局势基本稳定	4.0	3.80	社会状况趋于稳定	86.57	-0.07	24.6

续表

年份	C_1	C_2	C_3	C_4	C_5	C_6	C_7
2013	穆加贝在 2013 年 7 月 31 日的大选中连任，虽其土地改革使社会矛盾激化，失业率飙升，但其较强的个人威信和政治影响力，对全国仍具有较强的控制力	3.4	-0.08	社会治安状况总体较好，2013 年未发生过恐怖袭击，也未有直接针对中国企业或公民的恐怖袭击及绑架事件	86.57	0.60	27.3
2014	穆加贝对党内高层进行人事调整，不稳定因素增加。且穆加贝年事已高，一旦其个人健康出现问题，民盟内部各政治力量的竞争与冲突将明显增多	5.7	-0.19	社会治安总体较好	26.12	0.48	26.5

表Ⅶ-2　　　　　　　　B 项目 2007—2014 年经营风险情况

年份	C_1	C_2	C_3	C_4	C_5	C_6	C_7
2007	非国大提出建设"发展型国家"的理念，强调加快经济发展，妥善解决贫困、犯罪等社会问题	5.4	8.08	社会治安奇差，最大的城市约翰内斯堡犯罪率排在世界第一	26.87	1.46	6.8
2008	2008 年，南非政局发生重大变化。9 月 21 日，总统塔博·姆贝基（Thabo Mbe-ki）宣布辞职。9 月 25 日，国民议会选举非国大副领袖卡莱马·莫特兰蒂（Kgale-maMoth-lante）为新总统。11 月，部分前内阁和地方高官脱离非国大，另成立人民大会党	3.6	8.3	社会治安差	37.31	0.10	13.4

续表

年份	C_1	C_2	C_3	C_4	C_5	C_6	C_7
2009	2009 年 4 月 22 日，南非举行第四次民主选举。非国大以 65.9% 的得票率再次赢得国民议会选举胜利，并在除西开普省以外的八省议会选举中获胜。反对党民主联盟取得西开普省议会选举胜利。5 月 6 日，国民议会选举非国大领袖祖马为南非新总统	-1.5	7.65	社会治安差	21.64	0.10	17.7
2010	政治局势基本稳定	3.1	7.86	南非社会治安形势总体好转，谋杀率急剧下降	94.03	0.10	21.4
2011	在 2011 年 5 月 18 日举行的新一届地方选举中，非国大以 61.95% 的得票率再次获胜	3.6	8.01	与 2010 年相比，包括凶杀、抢劫等在内的恶性刑事案件均有大幅减少，治安状况有所好转，但依然较差	87.31	0.10	25.6
2012	政治局势基本稳定。2012 年 12 月，非国大召开第五十三次全国代表大会，祖马以 75% 的得票率成功连任	2.5	6.0	社会治安较差。犯罪率依然较高	86.57	0.10	27.2
2013	政治局势基本稳定	1.9	5.7	社会治安差。谋杀率、抢劫率等持续上升	86.57	0.10	26.8
2014	2014 年 5 月 21 日南非总统祖马赢得连任，任期 5 年	1.5	6.2	社会治安差。谋杀率、抢劫率等持续上升	26.12	0.10	27.6

表VII-3　　　　　　　C项目2007—2014年经营风险情况

年份	C_1	C_2	C_3	C_4	C_5	C_6	C_7
2007	2006年1月加拿大联邦大选结果标志着保守党的重新崛起和两党政治格局的回归。政局不稳定因素依然存在	2.20	3.19	加拿大治安形势总体良好，犯罪率较低	9.5	0.7	5.2
2008	加拿大政局陷入动荡，两党争夺权利斗争日趋激烈	0.69	4.11	加拿大治安形势总体良好，犯罪率较低	65	0.7	6.8
2009	加拿大三大反对党联合宣布向保守党政府发难，批评加拿大政府在经济危机之时左顾右盼、缺少作为。因此，三党在议会对政府提出不信任案，要求政府下台	-2.77	-1.93	加拿大治安形势总体良好，犯罪率较低	-33	0.7	3.4
2010	政局不稳定因素增多	3.21	2.94	加拿大治安形势总体良好，犯罪率较低	61	0.7	4.7
2011	2011年3月，哈珀领导的保守党政府成为加拿大历史上第一个被议会解散的政府，并宣布同年5月进行第41届联邦议会选举，选举结果于5月2日揭晓，哈珀总理领导的保守党获胜，首次组成多数政府	2.53	3.25	加拿大治安形势总体良好，犯罪率较低	27	0.7	5.3
2012	政局不稳定因素依然存在	1.80	2.30	加拿大治安形势总体良好，犯罪率较低	-25	0.7	3.2
2013	政局稳定性因素增多	1.70	2.20	加拿大治安形势总体良好，犯罪率较低	-7.4	0.7	2.1
2014	国际地缘政治更趋紧张	2.25	1.80	加拿大治安形势总体良好，犯罪率较低	-47	0.7	2.0

附录Ⅷ　三个项目管理风险预警训练样本数据

表Ⅷ-1　　　　　A 项目 2007—2014 年管理风险情况

年份	D_1	D_2	D_3	D_4	D_5	D_6	D_7
2007	15.92	6.7	410	>30	110	159	86
2008	15.92	6.7	340	>30	110	158	89
2009	15.92	6.9	400	>30	110	160	90
2010	15.92	6.8	480	>30	110	159	91
2011	15.92	7.0	640	>30	110	168	93
2012	15.92	7.0	820	>30	110	171	98
2013	15.92	7.2	860	>30	110	171	94
2014	15.92	7.3	860	>30	110	171	95

　　注：1. 由于津巴布韦通货膨胀严重，银行利率实际波动性很高，D_4 难于估算，均取 >30%；

　　2. 资产负债率 D_7 取母公司的资产负债率，下同。

表Ⅷ-2　　　　　B 项目 2007—2014 年管理风险情况

年份	D_1	D_2	D_3	D_4	D_5	D_6	D_7
2007	12.09	8.9	5760	0	24	33	86
2008	12.09	9.0	5850	0	24	32	89
2009	12.09	9.2	5730	0	24	32	90
2010	12.09	9.3	6090	0	24	34	91
2011	12.09	9.4	6960	-8.3	24	36	93
2012	12.09	9.6	7640	-9.1%	24	35	98
2013	12.09	9.8	7410	0	24	43	94
2014	12.09	9.9	6800	0	24	43	95

表Ⅷ-3　　　　C 项目 2007—2014 年管理风险情况

年份	D_1	D_2	D_3	D_4	D_5	D_6	D_7
2007	29.3	14.5	40320	6.25	6.83	10	66
2008	29.3	14.7	43460	-29.4	6.83	8	69
2009	29.3	14.9	41890	-75	6.83	8	70
2010	29.3	15.2	43250	-76.5	6.83	8	68
2011	29.3	15.3	45560	33.3	6.83	12	68
2012	29.3	15.6	51020	0	6.83	13	71
2013	29.3	15.9	52570	0	6.83	15	71
2014	29.3	16.1	51690	0	6.83	16	83

参考文献

［1］雷涯邻:《我国矿产资源安全现状与对策》,《中国矿业报》2006年10月26日第 C03 版。

［2］李志民:《中国海外矿业投资决策过程基本框架和方法》,《钢铁研究学报》2008年第6期。

［3］朱春湖:《中国石油企业对外直接投资的区位选择研究》,硕士学位论文,湖南大学,2006年。

［4］姜雅:《我国矿业企业境外并购现状及思考》,《国土资源情报》2009年第10期。

［5］安邦咨询:《2010年中国海外矿业投资仅四成成功》,中国经营网,2011年6月14日,http://www.cb.com.cn/economy/2011_0614/224333.html,2012年7月8日。

［6］［德］Alfred Weber:《工业区位论》,李刚剑等译,商务印书馆1997年版。

［7］［德］August Losch:《经济空间秩序》,王守礼译,商务印书馆2010年版。

［8］Melvin L. Greenhut, *Plant Location in Theory and in Practice: The Economics of Space*, Chapel Hill: University of North Carolina Press, 1956.

［9］Walter Isard, *Location and Space Economy*, Cambridge: The MIT Press, 1956.

［10］Johanson, J. and Vahlne, J. E., "The Mechanism of Internationalization", *International Marketing Review*, Vol. 7, No. 4, 1990.

［11］Aristidis Bitzenis, "Determinants of Greek FDI outflows in the Balkan region", *Eastern European Economics*, Vol. 44, No. 3, 2006.

[12] Doulas Dow, "A Note on Psychological Distance and Export Market Selection", *Journal of International Marketing*, Vol. 8, No. 1, 2000.

[13] John Child, Sek Hong Ng and Christine Wong, "Psychic Distance and Internationalization: Evidence from Hong Kong Firms", *International Studies of Management and Organization*, Vol. 32, No. 1, 2002.

[14] Paul Brewer, "Psychic Distance and Australia Export Market Selection", *Australia Journal of Management*, Vol. 32, No. 1, 2007.

[15] Hongshik Lee, "The Destination of Outward FDI and the Performance of South Korea Multinationals", *Emerging Markets Finance & Trade*, Vol. 46, No. 3, 2010.

[16] Pavlos Dimitratos, Loanna Liouka and Duncan Ross, "The Multinational Enterprise and Subsidiary Evolution: Scotland Since 1945", *Business History*, Vol. 51, No. 3, 2009.

[17] Subhadip Ghosh, "FDI and the Skill Premium in a North – south Global Economy", *The Journal of International Trade & Economic Development*, Vol. 17, No. 2, 2008.

[18] A. B. Sim and J. Rajendran Pan Dian, "Emerging Asian MNEs and Their Internationalization Strategies – Case Study Evidence on Taiwanese and Singaporean Firms", *Asia Pacific Journal of Management*, Vol. 20, No. 1, 2003.

[19] Kevin Honglin Zhang, "Rise of Chinese Multinational Firms", *The Chinese Economy*, Vol. 42, No. 6, 2009.

[20] Ren Yi, "Motivation of Chinese Investment in Vietnam", *Chinese Geographical Science*, Vol. 16, No. 1, 2006.

[21] Mauro F. Guillén and Esteban García – Canal, "The American Model of the Multinational Firm and the "New" Multinationals from Emerging Economics", *Academy of Management Perspectives*, Vol. 23,

No. 2，2009.

［22］王春兰：《中国对外直接投资区位选择研究》，硕士学位论文，复旦大学，2008 年。

［23］何小芬：《中国对外直接投资区位选择研究》，硕士学位论文，广东商学院，2011 年。

［24］陈静宁：《广东企业投资东盟的区位选择研究》，硕士学位论文，广东外语外贸大学，2009 年。

［25］李金芳：《山东省对外直接投资区位选择研究》，硕士学位论文，山东大学，2008 年。

［26］姜华：《跨国公司海外 R&D 的国家区位选择研究》，硕士学位论文，四川大学，2006 年。

［27］李朋：《我国钢铁集团境外铁矿石资源投资研究》，硕士学位论文，中国地质大学（北京），2008 年。

［28］李轶鹏：《中国服务业外商直接投资的区位选择研究》，硕士学位论文，厦门大学，2009 年。

［29］曾山：《广东高新技术产业的区位选择影响因素与对策分析》，硕士学位论文，暨南大学，2008 年。

［30］赵明、金芳：《实物期权理论——跨国公司理论研究的新视角》，《外国经济与管理》2006 年第 10 期。

［31］Adrian Buckley and Kalun Tse, "Real Operating Options and Foreign Direct Investment: Asynthetic Approach", *European Management Journal*, Vol. 14, No. 3, 1996.

［32］Adrian Buckley, "International Capital Budgeting, Real Operating Options and FDI", *Managerial Finance*, Vol. 22, No. 1, 1996.

［33］Bruce Kogut and Nalin Kulatilaka, "Operating Flexibility, Global Manufacturing, and the Option Value of a Multinational Network", *Management Science*, Vol. 40, No. 1, 1994.

［34］Bruce Kogut, "International Business: The New Bottom Line", *Foreign Policy*, No. 110 (Spri.), 1998, pp. 152 – 165.

［35］Jan Johanson and Lars – Gunnar Mattsson, "Marketing Investments and Market Investments in Industrial Networks", *International Journal of Research in Marketing*, Vol. 2, No. 3, 1985.

[36] 田耘、申婷婷:《跨国公司对外直接投资动机理论的文献综述》,《经济论坛》2007 年第 21 期。

[37] 田耘:《服务业外商直接投资行为研究》,硕士学位论文,上海大学,2007 年。

[38] 康荣平:《大型跨国公司战略新趋势》,经济科学出版社 2001 年版。

[39] John A. Mathews and Dong – Sung Cho, *Tiger Technology: The Creation of a Semiconductor Industry in East Asia*, Cambridge: Cambridge University Press, 2000.

[40] M. Forsgren, "The Concept of Learning in the Uppsala Internationalization Process Model: A Critical Review", *International Business Review*, Vol. 11, No. 3, 2002.

[41] Frederick T. Knickerbocker, "Oligopolistic Reaction and Multinational Enterprise", *Thunderbird International Business Review*, Vol. 15, No. 2, 1973.

[42] Edward M. Graham, Oligopolistic Imitation and European Direct Investment in the United States, Ph. D. dissertation, Harvard University, 1974.

[43] Edward M. Graham, "Transatlantic Investment by Multinational Firms: Arivalistic Phenomenon?", *Journal of Post Keynesian Economics*, Vol. 1, No. 1, 1978.

[44] Edward Brown Flowers, "Oligopolistic Reactions in European and Canadian Direct Investment in the United States", *Journal of International Business Studies*, Vol. 7, No. 2, 1976.

[45] 汪忠、黄瑞华:《国外风险管理研究的理论、方法及其进展》,《外国经济与管理》2005 年第 2 期。

[46] Timothy W. Ruefli, James M. Collins and Joseph R. Lacugna, "Risk Measures in Strategic Management Research: Auld Lang

Syne", *Strategic Management Journal*, Vol. 20, No. 2, 1999.

[47] Eugene A. Rosa, "Metatheoretical Foundations for Post – normal Risk", *Journal of Risk Research*, Vol. 1, No. 1, 1998.

[48] Catherine E. Althaus, "A Disciplinary Perspective on the Epistemological Status of Risk", *Risk Analysis*, Vol. 25, No. 3, 2005.

[49] Baruch Fischhoff, "Managing Risk Perceptions", *Issues In Science And Technology*, Vol. 2, No. 1, 1985.

[50] [德] Ulrich Beck、Johannes Willms:《自由与资本主义》,路国林译,浙江人民出版社2001年版。

[51] Yates, J. F. and Stone, E. R., "Risk Appraisal", In J. F. Yates eds., *Wiley Series in Human Performance and Cognition*, Risk Taking Behavior, John Wiley & Sons Ltd., New York, 1992.

[52] 伍麟:《风险概念的哲学理路》,《哲学动态》2011年第7期。

[53] 黄国英:《大型能源项目投资风险管理研究》,硕士学位论文,西安科技大学,2011年。

[54] 王志诚、周春生:《金融风险管理研究进展:国际文献综述》,《管理世界》2006年第4期。

[55] Ser – Huang Poon and Clive W. J. Granger, "Forecasting Volatility in Financial Markets: A Review", *Journal of Economic Literature*, Vol. 41, No. 2, 2003.

[56] Philippe Jorion, *Value at Risk: The New Benchmark for Managing Financial Risk*, New York: McGraw – Hill Higher Education, 2000.

[57] 申靖:《关于风险管理中VaR方法的文献综述》,《中国集体经济》2011年第24期。

[58] [美] Philippe Jorion:《VAR:风险价值——金融风险管理新标准》,张海鱼等译,中信出版社2000年版。

[59] [意] 皮埃特罗·潘泽、[美] 维普·K. 班塞尔:《用VaR度量市场风险》,綦相译,机械工业出版社2001年版。

[60] J. S. Butler and Barry Schachter, *Improving Value – at – Risk Estimates by Combining Kernel Estimation with Historical Simulation*,

Manuscript, Vanderbilt University, 1996.

［61］郑冲：《VaR 计算方法的最新进展》，《广东财经职业学院学报》
2003 年第 1 期。

［62］王文铭、颜培争：《基于神经网络的矿山企业智能诊断专家系统》，《中国矿业》2004 年第 8 期。

［63］陈孝华、魏一鸣、叶家冕：《地下矿山采掘计划神经网络专家系统研究》，《云南冶金》2002 年第 5 期。

［64］张幼蒂、李新春、韩万林：《综合集成化人工智能技术及其矿业应用》，中国矿业大学出版社 2004 年版。

［65］W. Thomas Miller III, Richard S. Sutton and Paul J. Werbos eds. , *Neural Networks for Control*, Cambridge：The MIT Press，1996.

［66］S. McLoone, M. D. Brown and G. Irwin, "A Hybrid Linear/Nonlinear Training Algorithm for Feedforward Neural Networks", *IEEE Transactions on Neural Networks*, Vol. 9, No. 4, 1998.

［67］李霞、石明安、李随成：《多目标模糊决策理论应用于失效模式与效应分析的研究》，《西安理工大学学报》2007 年第 3 期。

［68］马玉林：《道氏火灾爆炸危险指数法在天然气输气管线风险评价中的应用》，《青海环境》2010 年第 1 期。

［69］陶俊勇、王勇、陈循：《复杂大系统动态可靠性与动态概率风险评估技术发展现状》，《兵工学报》2009 年第 11 期。

［70］边亦海、黄宏伟、李剑：《可信性方法在深基坑施工期风险分析中的应用》，《地下空间与工程学报》2006 年第 1 期。

［71］刘凤：《国外矿产资源开发选区风险评价研究》，硕士学位论文，中南大学，2009 年。

［72］黄继鸿、雷战波、凌超：《经济预警方法研究综述》，《系统工程》2003 年第 2 期。

［73］文俊、王龙、李靖：《区域水资源可持续利用预警系统研究进展》，《云南农业大学学报》2006 年第 3 期。

［74］［美］丹尼斯·米都斯：《增长的极限》，李宝恒译，吉林人民出版社 1997 年版。

[75] 成金华、覃家君、韩欣：《我国资源宏观预警的理论分析》，《软科学》1992 年第 3 期。

[76] 李键、杨玉楠、吴舜泽：《水环境预警系统的研究进展》，《环境保护》2009 年第 6 期。

[77] 周锦培：《基于定性方法风险预警模型研究》，总裁网，2009 年 10 月 26 日，http：//blog. chinaceot. com/blog – htm – do – showone – uid – 31843 – type – blog – itemid – 591795. html，2012 年 12 月 8 日。

[78] 常志鹏：《新闻背景：中海油并购优尼科历程》，中国经济网，2005 年 8 月 3 日，http：//www. ce. cn/cysc/nygd/200508/03/t20050803_ 4330613. shtml，2013 年 2 月 8 日。

[79] 李玉楠、李廷：《中国企业跨国并购的政治风险及其原因探讨》，《中国外资》2011 年第 18 期。

[80] 蔡惠敏：《中国石化企业跨国并购研究》，硕士学位论文，上海交通大学，2008 年。

[81] 刘向东：《中铝并购力拓案例的反思》，《中国中小企业》2010 年第 2 期。

[82] 焦玉书：《境外矿业投资案例分析之一：中钢集团投资澳大利亚恰那铁矿》，一起牛，2015 年 7 月 30 日，https：//www. yiqiniu. com/xinwen/zhibo/1393300，2015 年 8 月 20 日。

[83] 孙洁琳：《中钢与力拓签署协议商讨恰那铁矿合作第 2 轮展期》，新浪财经，2014 年 11 月 17 日，http：//finance. sina. com. cn/chanjing/gsnews/20141117/153720840063. shtml，2015 年 8 月 20 日。

[84] 曾剑：《卡拉拉矿业去年巨亏 46 亿　攀钢钒钛拟向关联方甩包袱》，中国经济网，2015 年 6 月 8 日，http：//finance. ce. cn/rolling/201506/08/t20150608_ 5576250. shtml，2015 年 8 月 22 日。

[85] 李国清、宋长荣：《山东钢铁集团西非唐克里里铁矿项目运作及启示》，《对外经贸实务》2013 年第 11 期。

[86] 《齐鲁晚报》：《山钢完全购得非洲第二大铁矿》，《齐鲁晚报数字

报刊》2015 年 4 月 22 日，http：//epaper. qlwb. com. cn/qlwb/content/20150422/ArticelA20003FM. htm，2015 年 8 月 23 日。

［87］ 上海金融跨业投资沙龙：《经典矿业并购解析：五矿是如何两折拿下澳洲矿业巨头的?》，海外矿投网，2015 年 4 月 7 日，http：//www. ominet. cn/articles/13229/，2015 年 8 月 25 日。

［88］ 何先虎：《中国五矿收购澳大利亚 OZ 矿业的思考》，硕士学位论文，首都经济贸易大学，2014 年。

［89］ 紫金矿业集团股份有限公司：《秘鲁白河铜业公司》，紫金官网，2014 年 5 月 15 日，http：//www. zjky. cn/new/layoutview. asp? id=4053，2015 年 8 月 27 日。

［90］ 新华社：《紫金矿业成功收购一家英国上市公司》，中证网，2007 年 4 月 13 日，http：//www. cs. com. cn/xwzx/03/200704/t20070413_ 1085613. htm，2015 年 8 月 27 日。

［91］ 朱宇平：《境外矿产投资失败案例分析》，《世界有色金属》2013 年第 3 期。

［92］ 紫金矿业集团股份有限公司：《澳大利亚诺顿金田公司》，紫金官网，2015 年 4 月 3 日，http：//www. zjky. cn/new/layoutview. asp? id=4055，2015 年 8 月 29 日。

［93］ 新华网财经：《紫金矿业成功收购澳洲诺顿黄金公司》，新浪网，2012 年 8 月 7 日，http：//finance. sina. com. cn/stock/s/20120807/131612780613. shtml，2015 年 8 月 29 日。

［94］ 新浪财经：《紫金矿业全购诺顿金田获澳外资委放行》，新浪网，2015 年 2 月 26 日，http：//finance. sina. com. cn/stock/hk-stock/ggscyd/20150226/135021598311. shtml，2015 年 8 月 29 日。

［95］ 杨洋：《外经建设在莫桑比克获得世界最大单体钛锆矿矿权》，《中国钛业》2014 年第 4 期。

［96］ 安徽省外经建设（集团）有限公司：《集团简介》，安徽省外经建设（集团）有限公司官网，2015 年 5 月 26 日，http：//www. afecc. com/index. php/company_ introduction. html，2015 年 8 月 31 日。

[97] 云南新立有色金属有限公司：《公司简介》，云南新立有色金属有限公司官网，2015 年 3 月 18 日，http：//www. xinli－ti. com/sub. html？ctn＝About&stn＝Gsjj，2015 年 8 月 31 日。

[98] 刘燕青、眭水炳、钱佳佳：《基于 AHP 的国有企业投资经营风险决策分析》，《中国管理信息化》2009 年第 5 期。

[99] 阮平南、王塑源：《企业经营风险及预警研究》，《决策借鉴》1999 年第 3 期。

[100] 肖祥晨：《企业经营风险管理初探》，《煤炭经济研究》1999 年第 3 期。

[101] 宾爱琪：《论我国企业经营风险管理与控制》，《学术论坛》2009 年第 10 期。

[102] 钞鹏：《东道国政治性因素对跨国投资影响的理论分析》，《云南财经大学学报》2012 年第 1 期。

[103] 袁纬芳、郑明贵、陈家愿：《铝矿资源海外开发战略选区政治风险评价》，《江西理工大学学报》2014 年第 2 期。

[104] 李国伟：《中国石油企业海外经营风险预警机制研究》，硕士学位论文，中国政法大学，2009 年。

[105] 沙景华、佘延双：《矿业融资的国际比较与分析》，《中国矿业》2008 年第 1 期。

[106] 尹筑嘉、蔡德容：《矿产勘查的融资方式研究》，《科技管理研究》2007 年第 3 期。

[107] 李磊：《我国出口导向型上市企业汇率风险影响因素研究》，硕士学位论文，江西财经大学，2009 年。

[108] 陆春芳：《关于企业贷款项目的利率风险估计》，《大观周刊》2011 年第 2 期。

[109] 陈嘉辉：《我国外贸企业面临的利率风险及应对策略》，《国际商务财会》2011 年第 6 期。

[110] 唐光辉：《跨国公司战略联盟的跨文化风险及对策》，《商业时代》2006 年第 11 期。

[111] 谭强：《国际工程承包项目的跨文化风险管理研究》，硕士学

位论文，云南财经大学，2011 年。

[112] 张文：《海外矿业投资的风险分析及对策防范——中国投资者的视角》，《中国矿业》2010 年第 S1 期。

[113] 吴来桂：《中国企业对外直接投资经营风险研究》，硕士学位论文，湖南大学，2009 年。

[114] 张涛：《中国企业海外经营的政治风险分析》，硕士学位论文，北京林业大学，2013 年。

[115] 马宝金：《海外投资政治风险的法律防范研究》，硕士学位论文，天津财经大学，2013 年。

[116] 李娜：《论海外投资的法律风险及其防范》，硕士学位论文，华中师范大学，2007 年。

[117] 赵阳阳：《中国企业海外并购的法律风险及防范对策研究》，硕士学位论文，西南政法大学，2012 年。

[118] 钟伟、刘尚希、陈超：《探究宏观经济风险》，《中国外汇》2012 年第 5 期。

[119] 陈远章：《转型期中国突发事件社会风险管理研究》，博士学位论文，中南大学，2009 年。

[120] 刘国平、齐长恒：《识别和控制投资海外矿业的风险》，《世界有色金属》2005 年第 3 期。

[121] 邵书峰：《论先进文化建设中的文化风险》，《上饶师范学院学报》2004 年第 4 期。

[122] 黄云志、黄建强：《企业人力资源风险存在的理论基础》，《现代企业》2005 年第 8 期。

[123] R. H. Coase, "The Nature of the Firm", *Economica*, Vol. 4, No. 16, 1937.

[124] 谢开勇、邹梅、裴飞云：《认知偏差及对战略决策的影响》，《科技管理研究》2008 年第 12 期。

[125] 王军、王海燕：《认知偏差对管理决策影响研究》，《黑龙江对外经贸》2009 年第 2 期。

[126] 郑雨明：《决策判断中认知偏差及其干预策略》，《统计与决

策》2007 年第 10 期。

[127] 胡资斌:《基于云物元理论的变压器绝缘状态评估的研究》，硕士学位论文，华北电力大学，2012 年。

[128] 蔡文:《物元模型及其应用》，科学技术文献出版社 1994 年版。

[129] 任慧君、岳德鹏、冯露:《基于物元模型的北京市大兴区风沙灾害危险性评价》，《林业调查规划》2011 年第 2 期。

[130] 岳开伟:《基于云物元的电能质量综合评估及其应用研究》，硕士学位论文，北京交通大学，2012 年。

[131] 叶琼、李绍稳、张友华:《云模型及应用综述》，《计算机工程与设计》2011 年第 12 期。

[132] 李德毅、杜鹢:《不确定性人工智能》，国防工业出版社 2005 年版。

[133] 温秀峰:《基于云理论的电力系统运行风险评估的研究》，硕士学位论文，华北电力大学，2008 年。

[134] 王国胤、李德毅、姚一豫:《云模型与粒计算》，科学出版社 2012 年版。

[135] 杨薛明、苑津莎、王剑锋:《基于云理论的配电网空间负荷预测方法研究》，《中国电机工程学报》2006 年第 6 期。

[136] 李德毅、孟海军、史雪梅:《隶属云和隶属云发生器》，《计算机研究与发展》1995 年第 6 期。

[137] 崔天宝:《基于云模型的短期电价预测的研究》，硕士学位论文，华北电力大学，2008 年。

[138] 谢庆、彭澎、唐山:《基于云物元分析原理的电力变压器故障诊断方法研究》，《高压电器》2009 年第 6 期。

[139] 邓晓燕、张申如:《隶属云模型的统计性质和有限精度实现》，《解放军理工大学学报》(自然科学版)2003 年第 6 期。

[140] 丁立、赵成勇:《物元分析在电能质量综合评估中的应用》，第三届电能质量(国际)研讨会论文集，三亚市，2006 年 4 月。

[141] 刘凤:《国外矿产资源开发选区风险评价研究》，硕士学位论

文，中南大学，2009 年。

[142] 肖辉：《中国矿业企业跨国投资风险预警监控研究》，博士学位论文，武汉理工大学，2013 年。

[143] 汪培庄：《模糊集与随机集落影》，北京师范大学出版社 1985 年版。

[144] 韩东：《常权分析与变权原理》，硕士学位论文，国防科学技术大学，2003 年。

[145] 刘文奇：《一般变权原理与多目标决策》，《系统工程理论与实践》2000 年第 3 期。

[146] 刘文奇：《均衡函数及其在变权综合中的应用》，《系统工程理论与实践》1997 年第 4 期。

[147] 李洪兴：《因素空间理论与知识表示的数学框架（Ⅸ）——均衡函数的构造和 Weber – Fechner 特性》，《模糊系统与数学》1996 年第 3 期。

[148] 陈开岩、王超：《矿井通风系统可靠性变权综合评价的研究》，《采矿与安全工程学报》2007 年第 1 期。

[149] 王小汀、叶斌、刘玉彬：《基于神经网络的综采工作面技术经济指标预测》，《系统工程理论与实践》2001 年第 7 期。

[150] 周翔、朱学愚、文成玉：《基于遗传学习算法和 BP 算法的神经网络在矿坑涌水量计算中的应用》，《水利学报》2000 年第 12 期。

[151] David E. Rummelhart, Geoffrey E. Hinton and Ronald J Williams eds. , *Learning Internal Representations by Error Propagation*, Cambridge：The MIT Press, 1985.

[152] 田景文、高美娟：《人工神经网络算法研究及应用》，北京理工大学出版社 2006 年版。

[153] 明洪盛：《国际石油合作项目中的政治风险分析及管理》，《当代经济》2009 年第 21 期。

[154] 田晓云：《中国企业海外矿业投资法律风险防范研究》，《商业时代》2014 年第 19 期。

［155］梁咏：《中国投资者海外投资法律保障与风险防范》，法律出版社 2010 年版。

［156］曲洪艳：《通货膨胀环境下企业投融资风险规避措施研究》，《中国商贸》2011 年第 33 期。

［157］龙伟：《通货膨胀下企业经营风险分析及对策研究》，《思想战线》2011 年第 S1 期。

［158］聂晓愚、林海斌、曲岩：《石油企业海外投资中社会风险预警管理策略研究》，《产业与科技论坛》2014 年第 14 期。

［159］江健凡、许火之：《企业物资采购中存在的风险及其防范措施》，《铜业工程》2006 年第 3 期。

［160］郑明贵、蔡嗣经：《金属矿山项目开发中的风险因素分析》，《金属矿山》2007 年第 1 期。

［161］霍俊发：《低品位铁矿床开采降低矿石贫化率的技术措施》，《现代矿业》2013 年第 12 期。

［162］方智勇、郭正安：《跨文化管理风险成因及防范策略》，《当代经济》2006 年第 9 期。

［163］周健、杨高升：《国际工程项目跨文化风险评估机制与应对策略研究》，《科技管理研究》2014 年第 23 期。

［164］邓瑶：《中钢南非困局》，和讯网，2011 年 7 月 2 日，http：//news. hexun. com/2011 - 07 - 02/131089562. html，2015 年 11 月 20 日。

［165］武幸凤、赵国浩：《无形资产对煤炭企业收益与风险的影响研究》，《工业技术经济》2012 年第 5 期。